"皖籍思想家文库"

编 委 会

皖籍思想家文库

刘飞跃 主编

嵇康

卷

JI KANG JUAN

张盈盈 著

全国百佳图书出版单位
时代出版传媒股份有限公司
安徽人民出版社

图书在版编目(CIP)数据

嵇康卷/张盈盈著. —合肥:安徽人民出版社,2021.6

(皖籍思想家文库 / 刘飞跃主编)

ISBN 978 - 7 - 212 - 11160 - 1

Ⅰ.①皖… Ⅱ.①刘… ②张… Ⅲ.①嵇康(224—263)—思想评论

Ⅳ.①C ②B235.35

中国版本图书馆 CIP 数据核字(2021)第 058861 号

皖籍思想家文库·嵇康卷

刘飞跃　主编　张盈盈　著

出 版 人:陈宝红　　　　　　　　　　责任印制:董　亮

责任编辑:周子瑞　施　豪　　　　　　封面设计:陈　爽

出版发行:时代出版传媒股份有限公司 http://www.press-mart.com

　　　　　安徽人民出版社 http://www.ahpeople.com

地　　址:合肥市政务文化新区翡翠路 1118 号出版传媒广场八楼　邮编:230071

电　　话:0551 - 63533258　0551 - 63533292(传真)

印　　刷:安徽新华印刷股份有限公司

开本:710mm×1010mm　　1/16　　印张:14.5　　字数:190 千

版次:2021 年 6 月第 1 版　　　　2021 年 8 月第 1 次印刷

ISBN 978 - 7 - 212 - 11160 - 1　　　　定价:38.00 元

绪　论

安徽这片文化沃土，自古就广袤而绵延。她山水秀丽、历史神奇、文化丰厚，先后孕育了道家哲学、建安文学、魏晋玄学、新安理学、徽派朴学、桐城文学、现代新学等，诞生了许多享誉中外的思想家，他们在中国思想发展史上，乃至世界文明史上，都产生过重大的影响，具有独特的思想文化价值。

安徽省委省政府、省委宣传部及学界，历来十分重视安徽的地域性文化研究、文化宣传和文化建设，提出了"文化强省"的战略，在打造"文化安徽"品牌、努力让安徽文化"走出去"、为提升我国的文化软实力和人类精神文明建设服务的同时，也扩大了安徽文化的对外影响。如已经出版的"徽学丛书""安徽文化精要丛书"及《安徽文化史》《安徽历史名人辞典》《朱子全书》《方以智全集》《戴震全书》《朱光潜全集》等。这些分别从安徽文化发展史和安徽个别思想家的角度，进行了开拓性的研究和整理，但是集中展示"皖籍"思想家的思想、文化及其研究成果的文献还没有。

"皖籍思想家文库"则填补了这方面的一个空白。

"皖籍思想家文库"首次较为广泛、系统、集中地展现了两千多年来"皖籍"思想家的思想原貌、文化精髓和研究水平，是一个思想长廊，是"文化安徽"的底蕴体现和实现"文化强省"目标的战略举措，也是安徽对外宣传的重大文化品牌，展示了安徽文化自信的源来，更为主要的是落实了习近平总书记系列讲话精神——传统文化是独特的战略资源，是最深厚的文化软实力；中华优秀传统文化是中华民族的精神命脉，是涵养社会主义核心价值观的重要源泉，也是我们在世界文化激荡中站稳脚跟的坚实根基；要认真汲取其中的思想精华，深入挖掘和阐发其"讲仁爱，重民本，守诚信，崇正义，尚和合，求大同"的时代价值。

"皖籍思想家文库"从政治、经济、文化、教育、哲学、美学、宗教、军事等方面，从众多皖籍思想家中选择了管子、老子、庄子、刘安(《淮南子》)、曹操、嵇康、陈抟、朱熹、朱元璋、方以智、戴震、王茂荫、李鸿章、陈撄宁、陈独秀、陶行知、胡适、朱光潜、宗白华、方东美、王稼祥、赵朴初等 22 位自先秦至近现代在我国思想史上有重大影响和代表性的"皖籍"思想家，以"文化皖军"方阵的形式，从思想研究"本论"和思想原典"文选"两个方面加以整理、研究，既呈现了其经典的思想，又展示了其研究的水平，使资料性、学术性、现代性得以统一，实现了对优秀传统文化的创造性转化、创新性发展。

这也是本文库的两大特色。

"皖籍思想家文库"所谓的"皖籍"，包括祖籍或本籍在皖。如淮南王刘安，其祖籍为江苏沛县，但刘安一生都在淮南，属于本籍在皖；朱熹是福建人，但他的祖籍为当时的徽州婺源，属于祖籍在皖；宗白华的祖籍是江苏常熟，但是他出生及幼年都在安徽安庆市，属于曾经本籍在皖。

"皖籍思想家文库"由安徽省社会科学院组织本院哲学、史学、文学、经济学、社会学等方面的专家学者负责指导、编撰，并特邀部分省内，乃至全国"皖籍"思想家研究方面的专家学者参与，如《老子》研究专家华中师范大学刘固盛教授，《淮南子》研究专家安徽大学陈广忠教授，宗白华研究专家首都师范大学王德胜教授，陈独秀研究专家安庆师范大学朱洪教授，胡适研究专家安徽大学陆发春教授，方以智研究专家陶清研究员，方东美研究专家余秉颐研究员，朱光潜研究专家钱念孙研究员，管子研究专家安徽省管子研究会龚武先生，曹操研究专家亳州市文化与旅游局赵威先生，陈抟研究专家亳州市陈抟研究会修功军先生，王茂荫研究专家黄山市社会科学联合会陈平民先生，王稼祥研究专家中共安徽省委党史研究室施昌旺先生等。

"皖籍思想家文库"是 2017—2018 年度中共安徽省委宣传部重大文化建设项目，共 22 册，包括《管子卷》《老子卷》《庄子卷》《刘安卷〈淮南子〉》《曹操卷》《嵇康卷》《陈抟卷》《朱熹卷》《朱元璋卷》《王茂荫卷》《方以智卷》《戴震卷》《李鸿章卷》《陈独秀卷》《陈撄宁卷》《陶行知卷》《胡适卷》《朱光潜卷》《宗白华卷》《方东美卷》《王稼祥卷》《赵朴初卷》等，每册 25 万~30 万字，包含"本论"和"文选"两部分内容，其中思想家思想研究"本论"部分 5 万~10 万字，思想家思想选录"文选"部分 20 万字以内，共约 550 万字。

由于时间仓促、课题容量限制，还有一些重要的皖籍思想家，如桓谭、杨行密、包拯、刘铭传、杨文会等，本辑未能收录，期待续集纳入。

"皖籍思想家文库"的申报、编撰、审阅、出版，分别得到中共安徽省委宣传部的主要领导及安徽省社会科学院、安徽人民出版社有关专家学者及编委和多位编辑的大力支持。

在此，表示衷心的感谢！

书中如有不妥不当之处，敬请读者朋友批评指正。

刘飞跃

2018 年 12 月

绪

论

目 录

皖籍思想家文库·嵇康卷

目

录

导言　嵇康思想的历史背景

　　汉魏之际的"战火"给社会、经济造成了巨大破坏，战事每经过一地，势必会造成"鸡犬无余"的局面，"天下户口减耗，十载一在"。中原地区白骨遍野，人烟断绝，土地荒芜，社会凋敝，到处都是一片残破景象，恢复社会生机的任务迫在眉睫。曹魏集团掌权后，在本质上并没有改变社会的动荡与黑暗。自正始末年的高平陵政变起，到司马氏家族代魏，各种较量与斗争从未停止，期间当权者利用各种手段铲除异己，这种恐怖气氛对士族、士人的影响巨大。嵇康的思想，可谓这时期的一道光，它划过黑暗的夜空。他的一生，始于曹魏，终于司马氏。求索与彷徨，避世与愤起，看似不知何去何从，却又心有归处。

第一节　魏晋的政治变迁

一、三曹时代

　　曹操的统治以"名法之治"著称，他坚信定国之术在于强兵足食。他说："秦人以急农兼天下，孝武以屯田定西域，此先代之良式也。是岁乃募民屯田许下，得谷百万斛。于是州郡例置田官，所在积谷。"[①]因此，兴屯田，建水利，抓生产，这一系列措施有力推动了社会经济的全面恢复与发展，

---

　　①（晋）陈寿：《三国志》，中华书局，1982年，第14页。（凡出此书，只注作者、书名及页码）

为曹魏政权的建立奠定了坚实的基础。① 在治国方针上，曹操有功必赏有罪必罚，所谓"夫治定之化，以礼为首。拨乱之政，以刑为先"②。以法家思想为指导在短期内收效甚高，为曹魏集团迅速地兴起发挥了不小的作用。陈寅恪先生评论说："夫曹孟德者，旷世之枭杰也。其在汉末，欲取刘氏之皇位而代之，则必先摧破其劲敌士大夫阶级精神上之堡垒，即汉代传统之儒家思想，然后可以成功。"③ 曹操先后三次发布了求贤令，广泛争取各地区强宗豪族的支持，这是稳固政权发展壮大的重要措施。④

曹丕代汉，成为曹魏第一代皇帝文帝，在位 7 年。他的主要目标是巩固政权。所以曹丕延续了曹操的权法并用的政策方针，在他的统治时期，国内的政治、经济都取得了一定的发展，在三国鼎立的格局中，魏国一直占主导地位。曹丕在位期间颁布了一些有利于民众或关心庶民的诏令和措施，其中最显著的是"尊孔崇儒"。黄初二至三年，曹丕下诏书重新确立了孔子的地位⑤，命令鲁郡维修旧庙，并且"置百户吏卒以守卫之"。这种政策无疑提高了儒学的地位，汉末丧乱之际衰落的儒学逐渐开始复苏了。其次，曹丕意识到严刑峻法的统治给百姓带来的痛苦，应减轻刑罚而尊崇礼教，因此对儒家以仁政德化为主的政治主张表现出更为浓厚的兴趣，其执政期间任用儒士，"立太学，制五经课试之法，置春秋谷梁博士"，在中央和地方官学上恢复教育系统，恢复儒学传承。⑥

曹睿度量宽宏，能够"优礼大臣，开容善直"，但同时也具有"政自己出"、

---

① 在中国古代社会，农业生产是根本。曹魏政权对屯田极为重视，在中央政府设置大司农负责全国屯田事务，在地方上设置了典农中郎将、典农都尉等官职进行管理。民屯的百姓，可以不必参军打仗，屯田收入的一半要上交国家。农业生产在政府的干预下迅速组织起来。

② （晋）陈寿：《三国志》，第 683 页。

③ 陈寅恪：《金明馆丛稿初编》，三联书店，2001 年，第 49 页。（凡出此书，只注作者、书名及页码。）

④《三国志·文帝纪》记载，黄初三年，"冀州大灾，使尚书杜畿持节开仓廪以振之"、广议减刑，以惠百姓。推行九品中正制。

⑤《三国志·文帝纪》载：遭天下大乱，百祀堕坏，旧居之庙，毁而不修，褒成之后，绝而莫继，阙里不闻讲颂之声，四时不睹蒸尝之位，斯岂所谓崇礼报功，盛德百世必祀者哉！（《三国志》，第 77—78 页。）

⑥ 同上，第 84 页。

刚愎自用的特点。他曾亲自到尚书台"欲案行文书",检查政务。在曹睿掌权时,军事上对南方的蜀、吴采取守势,对北部辽东的公孙渊采取攻势。在政治方面也取得了一定进展。太和二年,他下诏说:"尊儒贵学,王教之本也。自顷儒官或非其人,将何以宣明圣道?其高选博士,才任侍中常侍者;申敕郡国,贡士以经学先。"①他不仅认识到了儒学作为政教之本的重要性,并且在选官政策上引导士人尊崇经学,以考察经学为先,要求担任官员职务的应当采用儒学博士。的确,汉末时期由于汉王朝大厦的倒塌,雄战虎争,各大枭雄皆以战争为务,哪还顾得上修复已经崩坏的礼乐之事?而魏明帝能够尊道重学、褒文崇儒、精选博士。青龙四年,下诏令说:"法令滋章,犯者弥多;刑罚愈众,而奸不可止。"②认为名法之治不但不会制止社会的邪乱,甚至会起反作用,明确要以"从百王之末,追望上世之风"③的儒家礼教予以纠正,并下令废除苛烦之刑法。在政治实践中,无论是魏文帝还是魏明帝,他们虽重视儒家礼教并推行了一些恢复儒家思想的政策,但始终没有放弃名法之治的策略。魏明帝景初三年,睿死,共统治魏国十二年半。实际上,曹睿在位期间,政治结构的分裂现象已经非常严重。

二、曹氏、司马氏的斗争

曹睿死后,养子曹芳即位,年仅 8 岁。曹真此时已死,由曹真子、大将军曹爽及太尉司马懿共同辅政。从此,曹魏政治舞台兴起了以司马懿为首的新兴势力。司马懿以曹操丞相文学掾的身份初登政治舞台,在曹魏政权的初期,并不是一个显眼的人物。曹操去世,司马懿作为曹丕的亲信,为曹丕稳定政治局面起到了很大作用,可谓"纲纪丧事,内外肃然"。当然他也成为曹丕极为核心的幕僚之一,这为他以后权力扩张的道路提供了条件。河内司马氏是地方上的豪族,自东汉司马钧以来,世代为将、守、尹。司马钧是武将、司马儁为士大夫阶级。司马懿是司马防的次子,崇尚儒学,当然,服膺儒教的还有汝南袁氏、弘农杨氏等。司马懿为辅军大将军,这

---

① (晋)陈寿:《三国志》,第 94 页。
②③同上,第 107 页。

样已经打破了非曹氏宗亲不能充当军事大员的传统。此后，他又通过联姻，让其子娶夏侯尚之女夏侯徽。又与泰山羊氏联姻，这让他跻身于汉末一流名士的通婚网络。如司马昭娶王肃之女，而王肃是三国时期的大儒、经学家，在政治网络中也是非常有影响力的一个人物。可见，通过司马氏的精心策划，羽翼逐渐壮大。曹睿并不是对司马氏没有疑心，他曾问刘放和孙资："谁可与太尉对者？"曹爽资质的确不足，但在病危之时又找不到合适的人选，只能以曹爽为大将军，同时以能臣孙礼为大将军长史，以补曹爽的不足。名义上是太傅的司马懿，他的权力比具有宗亲身份的曹爽略为处于劣势，但司马懿并没有停止积蓄力量的脚步，他与曹魏亲信共事、联姻，使得其势力深深扎根于曹魏的内部。他"持节统兵督诸军"，有军权在握，并用太傅的名义征辟人士。[①]正始二年，司马懿请求率军讨伐吴军，进攻芍陂、樊城和柤中。正始四年，率军击吴诸葛恪于皖城。这些举动的结果增加了司马懿的影响力。魏晋禅代的动乱，只是量变到质变的结果。

曹爽也没忘培植亲信，建立自己的权威与势力，但他所用之人大多是没有政治根基的年轻贵族子弟。《三国志·曹爽传》云："（丁）谧少不肯交游，但博观书传。为人沉毅，颇有才略。太和中，常住邺，借人空屋，居其中。而诸王欲借之，不知谧已得，直开门入。谧望见王，交脚卧而不起，而呼气奴客曰：'此何等人？促呵使去。'王怒其无礼，还具上言。明帝收谧，系邺狱，以其功臣子，原出。"[②]夏侯玄是曹爽的姑子，丁谧、毕轨、李胜与曹爽关系好，总之与曹爽亲近的士人纷纷担任军政要职。何晏为尚书，主选举，掌握了中央行政枢纽；夏侯玄晋升为中护军，取得了对中军的掌控；李胜为洛阳令，迁河南尹，加强了对京师的控制。邓飏由正始初的颖川太守转为大将军长史、迁中尚郎；毕轨正始中为中护军，转侍中尚书，迁司隶校尉。何晏也是曹爽集团的中坚力量之一，但是历史上对他的评价，褒贬不一。傅嘏认为何晏巧好利，不务本，担心其行为对后代影响不好，即"仁

---

① 鲍勋、州泰、王昶、鲁芝、王基、邓艾、付嘏等人均为司马懿举荐，后来像王基、王昶、邓艾等人都成了独当一面的名将。

② （晋）陈寿：《三国志》，第289页。

人将远"而致朝政废。其实，何晏也是不那种"不事事之人"。钱大昕在《潜研堂文集》卷二《何晏论》中也说："予尝读其疏，以为有大儒之风，使魏主能用斯言，可以长守位而无迁废之祸，此岂徒尚清谈者能知之而能言之者乎！若夫劝曹爽绌司马懿，此平叔之忠于公室也。爽固庸才，不足与断大事，不幸为懿所害，魏之国是去矣。"①

曹爽一党迫不及待地开始施展政治抱负，他们针对当时的利弊进行改革，始称正始改制。②遗憾的是，史籍没有提供有关正始改革的具体内容。司马懿曾征询夏侯玄关于"时政"的意见。根据《夏侯玄传》所载，夏侯玄的意见有三点：一是改革九品中正制，理顺尚书台、各级行政长官和"中正"三者的关系；二是改革地方行政机构；三是改革奢侈的服制，使服饰按等级各分礼度，禁止逾制的奢侈服。③改革行政机构，将州、郡、县三级政府，合并为州、县二级政府，减去郡一级，这也是抑制地方势力的手段。总体来说是加强中央集权，削弱地方豪强势力，减轻百姓负担，树立朴素民风，等等。比如将州郡县三级改为州县两级，夏侯玄解释说："干郡之吏，职监诸县，营护党亲、乡邑故旧，如有不副，而因公掣顿，民治困弊，咎生于此。"④本地的豪强大族一旦仕郡后，就会欺压百姓，鱼肉乡里。撤郡，就把豪强大族的优势削到最低，从百姓的角度看，意义很大。改制的主张无疑触动了司马懿的利益，以"待贤能"然后才能实现婉言否定。⑤夏侯玄反驳司马懿，认为只要坚持改革，定能获得成功。

实际上，这种改制的主张，在实践中是否真的能行得通是个未知数。在正始中后期，就出现了不少官员的谴责。曹爽的长史应璩也对改制持异议。所谓"曹爽秉政，多违法度，璩为诗以讽焉。其言虽颇谐合，多切时要，世共传之"⑥。大儒王肃等老派官员开始公开批评，以司马懿为核心的

① 钱大昕：《潜研堂集》上海古籍出版社，1989年，第29-30页。
② 《三国志》中的《曹爽传》《蒋济传》《刘放传》等，《晋书》的《宣帝纪》《天文志》等都提到了曹爽等人变易旧章，但是具体内容并未记载。
③ 参见王晓毅：《中国文化的清流》，中国社会科学出版社，1991年，第55-63页。
④ （晋）陈寿：《三国志》，第297页。
⑤ 同上，第298页。
⑥ （晋）陈寿：《三国志》，第604页。

官员们反对的声音更是强烈，这些人物中有：王观、高柔、钟毓、傅嘏等。①平心而论，在形式不定的情况下，曹爽集团进行大规模的改制，显得有些心急和不合时宜。在曹爽集团内部，何晏也认识到了改制的负面效应，《三国志·魏书·齐王芳纪》记载：他曾上书曹芳"先治其身""慎其所习""与游必择正人，所观览必察正象"，不能学习那些"季末暗主"，陪侍左右的人员应该可以"询谋政事，讲论经义，为万世法"。高平陵政变发生之前，很多有识之士已经从当时的政治气氛中觉察到了政变的必然性。

正始十年正月初六，在曹爽等人陪同曹芳离开洛阳去高平陵祭扫魏明帝墓之时，司马懿发动政变，史称高平陵政变。当时掌握禁军的是曹爽，司马懿能控制的军事力量很有限，但是曹爽轻率出城，城内禁军处于群龙无首的局面。司马懿凭借曹魏老臣支持和司马师出任中护军时蓄养的死士，一举击溃曹爽，控制了曹魏政权。实际上这一举动对于司马懿来说，也是铤而走险。

曹魏元老对曹爽等人推行的改制，早已相当不满，所以曹爽失去了这一派的根基力量，这也是司马懿政变成功的原因之一。当然，这些人支持司马懿并不是反对曹魏政权，他们只是希望，"结束曹爽专权的局面，恢复原有的政治秩序，维护自身的利益。但是他们没有支持司马懿改朝换代的意图和打算，因为即使支持司马氏代魏，所能获得的政治地位也不过如此，又何必冒覆族之祸，行非常之事呢？"②以蒋济为例子，他劝曹爽放弃抵抗，以换取"不失为富家翁"；又劝司马懿不要诛杀曹爽，希望能够平衡曹魏宗室与功臣之间的力量，并向曹爽转达了司马懿"惟免官而已"的态度，但是司马懿并没有履行"不杀"之诺。曹爽等人回到洛阳后便被软禁起来，四天后，司马懿以曹爽"背弃顾命，败乱国典，内则僭拟，外专威权③"，将曹爽兄弟及其亲信斩首，诛及三族，以致天下"名士减半"。蒋济因为

---

① 《三国志·王肃传》载："肃与太尉蒋济、司农桓范论及时政，肃正色曰：'此辈即弘恭、石显之属，复称说邪！'爽闻之，戒何晏等曰：'当共慎之！公卿已比诸君前世恶人矣。'"《三国志》，第418页。随后导致了整个官僚阶层的反对，谤书、童谣纷纷出现，直指正始改制的主张者们。

②仇鹿鸣：《魏晋之际的政治权利和家族网络》，上海古籍出版社，2012年第108页。

③（唐）房玄龄：《晋书》第17页。（凡出此书，只注作者、书名及页码）

失信于曹爽，后来惭愧发病而死。显然，蒋济并未认识到司马懿的用心，但当曹爽及党羽被诛三族时，司马懿的野心也就充分暴露了。蜀汉大将军费祎认为："若懿以爽奢僭，废之刑之可也，灭其尺口，被以不义，绝子丹血食，及何晏子魏之亲甥，亦与同戮，为僭滥不当矣。"[①]从此曹魏军政大权都落入司马氏之手。

三、魏晋嬗代与"魏臣"心态

司马氏掌权后，增封邑，封子弟，增置僚属并可荐举升迁。作为高平陵政变的参与者如司马孚、高柔、王观等人，都得到了升官进爵的待遇。如司马孚、高柔"进封万岁乡侯"，王观"赐爵关内侯，复为尚书，加驸马都尉"，[②]还有孙资、付嘏、卢毓、王肃等也获得要职。

有一部分魏臣，成功地从"魏臣"转化为"晋臣"，例如鲁芝与杨综。在政变发生时，鲁芝是大将军府的留守，率领府中骑士自津门斩关出奔曹爽。在曹爽准备解除印绶交出权力之际，其主簿杨综予以谏阻。这二人司马懿非但没有杀，赦免其罪，而后任命鲁芝为御史中丞，杨综为尚书郎。不仅如此，曹爽集团中，还有应璩、裴秀、王沉、郑冲等才学之士，对于这些人，司马懿先免官，然后予以叙用和迁升。其实司马懿最清楚政局稳定的重要性，当然，掌权之初司马懿也有类似政治肃清的行动，但是力度并不大，一方面，曹爽"改制"因触动了世家大族的利益，最后失去了站稳脚跟的根基，司马氏不可能不吸取这个教训。一些支持司马氏的士族们，政治立场鲜明，不需多论。还有一些豪门士族在政治选择上并不是一贯的，而是不断变化，经历了徘徊犹豫的过程。司马氏充分利用一些曹魏老臣对改制抵触的心理，暗地勾结保守士族，对于直接倡导新政的曹爽、夏侯玄等人逐一消灭。

曹魏的改制虽然是覆灭性的失败，但是，司马懿执掌曹魏政权后，亲曹的势力一直存在。其中，有的是曹魏老一代官僚中的忠臣，有的是正始名士的漏网分子，还有一些是曹魏集团中的才干。"淮南三叛"就是魏晋

---

① （唐）陈寿：《三国志》，第1062页。
② 同上，第690、694页。

禅代过程中的政治事件。其中之一就是王凌，他的叔父王允是汉末士大夫，其家族影响力甚至在河内司马氏之上。王凌颇有才华，官渡之战后加入曹操阵营，拜散骑常侍，出任兖州刺史，此后政绩以及口碑一直很好。王凌带兵打仗也是好手，曾随曹休出兵东吴，在曹休危难之时率军奋力决围。他与王基、郭淮、王昶交往密切，手握重兵。曹爽被杀后，他被进为太尉、假节钺。在司马懿掌握的曹魏政局中，王凌是较少有实力和司马懿抗衡的人物。王凌在扬州发难，密谋废曹芳、立曹彪、推翻司马氏，但是被杨弘和黄华告密，司马懿先发制人率兵讨伐。王凌失败自杀，被夷三族。司马懿杀了曹彪，并将魏诸王公置于邺，派人监察。可以说王凌的这次反叛使得魏的势力进一步被削弱。

司马懿去世后，司马师掌管大局，虽然资质与声望不如其父，为了安抚朝臣对司马懿诛杀曹爽余党的惊恐不安，他实施了一系列的善政。《晋书·景帝纪》载："诸葛诞、毋丘俭、王昶、陈泰、胡遵都督四方，王基、州泰、邓艾、石苞典州郡，卢毓、李丰掌选举，傅嘏、虞松参计谋，钟会、夏侯玄、王肃、陈本、孟康、赵酆、张缉预朝议。"[①]这些参与司马师政事的人中，有一部分人是忠于魏室的，他们心里并不是没有想法。例如，嘉平六年，魏帝曹芳与李丰、张缉等人密谋以夏侯玄取代司马师为大将军辅政，于是司马师杀李丰、张缉等人，胁迫郭太后废曹芳，立东海王曹霖子曹髦为帝，即高贵乡公。正元二年，毋丘俭、文钦起兵，毋丘俭与李丰、夏侯玄关系甚密，文钦是谯郡人，曾深得曹爽信任。二人密谋反叛，正元二年，毋、文二人败。征东大将军、都督扬州诸军事诸葛诞，在扬州培植自己的力量，在临淮大兴土木，建城郭等等。诸葛诞同夏侯玄等是至交，见王凌、夏侯玄、毋丘俭等人被诛，心中不安。甘露二年诸葛诞反，但是遭到了司马昭镇压，被诛三族。甘露三年（258），高贵乡公赐司马昭为晋公，此时的政局，从中央到地方都已被司马昭控制。随着高贵乡公被杀，郭太后驾崩，咸熙三年，司马昭进晋公为王，在王祥、何曾等人的帮助下，掌握魏政权。

可以看出，从司马懿到司马昭，曹魏的势力逐渐被削弱。司马昭称帝

---

① （唐）房玄龄：《晋书》，第26页。

后，曹魏王朝彻底崩塌。奋起反抗的忠曹人士，都被残酷镇压了，随之，司马昭就开始了"以晋代魏"的步伐。"一是进一步抬高司马昭的威望，由公而王，进而享有等同于皇帝的礼仪规格；二是扩张晋国的规模，依照魏廷设置晋国的职官系列。在这些步骤完成后，魏晋禅代便仅一纸之隔了。"①通过对礼仪、法律、官制等一系列的改制，晋朝逐渐成型。当然，司马昭亦不忘拉拢士大夫壮大自己的队伍。

本书之所以在正始改制、魏晋禅代的历史上多着笔墨，这与嵇康的生长年代有关。正始元年，嵇康十七八岁，这个年龄的世界观、人生观、价值观已经形成，他的思想与其所在的时代是不可分割的。司马氏残害异己，造成"魏晋之际，天下多故，名士少有全者"②的政治局面。嵇康，一直持不合作态度，最终被司马氏诛杀，直至生命结束，也保持着高洁的生命姿态。七贤中的其他人，在嵇康死后，向秀、刘伶、阮咸等人，相继出仕为官。

第二节　汉魏之际学术思想的转变

嵇康的思想与他所处的时代有关，更与当时的学术背景有关。在思想史上，魏晋时期是很重要的发展阶段，从曹魏政权的建立开始，在思想史上又出现了一个思想解放、文化复兴的新局面。这是继春秋战国时期百家争鸣、学术繁荣之后的新局面。不同于先秦诸子百家建立和发展各种新的观点与学说，魏晋时期各家则是相互吸收与融合之前各家思想以期建立新的学说。学术思想的演变需要经历一个漫长的过程，魏晋南北朝时期的学术思潮新变化对嵇康思想也产生了重要影响。如果追溯起来，魏晋玄学的发端，从汉代就开始了。

一、由"大一统"到儒学权威的渐趋式微
随着汉武帝大一统帝国的建立和巩固，"罢黜百家，独尊儒术"，儒

---

① 柳春新：《汉末晋初之际政治研究》，岳麓书社，2006 年，第 200 页。
② （唐）房玄龄：《晋书》，第 1360 页。

学成为了官方提倡的学说被定于一尊的地位，一直到汉末，儒学都是官学。董仲舒推出了一套精密的天人感应学说体系，进而又提出"以名为教"的伦理纲常，它是凝固的、神圣不可侵犯的价值体系。儒家学说已然成为意识形态的主流，此时的儒学已经融入阴阳五行思想，在天人感应的哲学框架中，亦附以谶纬符命，西汉儒者们（如韩婴、匡衡、京房、翼奉等）都不同程度上蒙上神秘的色彩。新莽变革失败，东汉社会更是不如从前。从经学史的角度来看，在独尊儒术思想的制约下，经学家局限于文字训诂，注经解经，逐渐出现繁琐、僵化的现象。在魏晋之前"经学"就已发生变化，如马融、卢植、郑玄已经融通今古文经，突破恪守家法、训诂章句的局限。① 东汉末年，汉代政权接近落日，精通六经的何休、融汇古今为一家的大儒郑玄等人去世，而随着王充、曹操等人对天命的否定，经学走向衰落。这一时期社会就像春秋战国一样，又一次陷入分裂的状态。学术界也同样活跃起来，经学传统被打破，思想家们不懈努力寻找新的方向，以期解决新的社会问题。

汉代经学思潮在社会政治领域实践的表现形式为"名教之治"。名教即"三纲五常"的代名词，在名教的演变与发展中，名实分离，名实不符。因为按照名教的说法，"纲常"名很讲究，不可违，人们应该绝对服从，无可怀疑。两汉时期"以名为教"那套伦理纲常僵化、繁琐的价值体系已经到了不可收拾的地步。统治阶层的那一套纲常教化体系，就像魔爪一样伸向社会的每个角落，控制人们生活的一切。汉武帝独尊儒术之后，"以名为教"正式登上了政治舞台，名教之治已然成为当权者的政治手段。名教在起到教化作用的同时，也形成了一种压制作用。一方面，"名教"被上升到天意、天命的层面不可违背，更不能怀疑。董仲舒说，"事各顺于名，名各顺于天。天人之际，合而为一"②，把名教说成圣人发自天意，反对名教就是反对天意，这种名教被神圣化的特质伴随了封建地主阶层全部的统

---

① 根据《后汉书·张曹郑列传》载：郑玄扩囊大典，网罗众家，删裁繁诬，刊改漏失，自是学者略知所归。参见（宋）范晔：《后汉书》，中华书局，1973年，第1213页。

② 苏舆撰、钟哲点校：《春秋繁露义证》，中华书局，2009年，第288页。（凡出此书，只注作者、书名及页码）

治时期。另一方面,名教之治的产物也会随之出现,为了出名和升官发财,滋生了一批沽名钓誉的假名士、伪名士,他们大多"好违时绝俗,为激诡之行",伪名士、假名士加速了东汉末年的政治腐败,直至东汉政权与名教之治一同破产。东汉末年知识分子的批判意识,逐渐浓厚起来,王充、张衡、仲长统、荀悦等都加入了批判的队伍,他们提出了许多在哲学上的创见,但是囿于时代思潮的局限,未能建立起一个统贯天人的体系。

二、玄学思潮的兴起

当然,在"以名为教"当行的时候,持老庄"自然"思想的人士,也提出了自己的主张,如《淮南子》提出"天道自然",认为天地运转、万物生化运行都是自然而然的,从根本上否定了名教的神圣性。两汉时期,道家思想一直被视为异端而合法存在。据统计,这时期研究《老子》的逾50家。马融、郑玄、虞翻、宋衷等经学大家都兼注《老子》。因此,用道家自然无为的思想去融合和改造儒家的政治理论逐渐成为趋势。汉魏之际的思想与学术出现了转向,一种新的学术气息随之而来。汉代的神学目的论,是以天命为中心建立起的哲学体系,它统治汉代数百年之久。随着东汉政权的衰落,哲学上的天命论也随之动摇。经过汉魏之际量的变动,曹魏正始年间完成了质的飞跃,两汉经学思潮转变为玄学思潮。两者在思维方式和理论形态上都显示出不同的学术形态。正始玄学对"老子""道"的理解,侧重于无为政治。王弼可谓全面注解了《老子》,其《老子指略》堪称《老子》诠释史上里程碑式的著作,在夏侯玄、何晏、王弼的带动下,《老子》成为炙手可热的"显学"。在老庄人生哲学的影响下,魏晋士人的思想性格发生重要变化,受经学文化熏陶形成礼乐文化型的士大夫,经过"老庄"滋养,更加追求个性的解放。在这种十分复杂的背景下,滋生了追求思想自由和个性解放的一代玄风。在这种玄风下,新的世界观和人生观出现了。玄学思潮的兴起,始于汉代的清议、清谈,两者都是在政治清议基础上出现的。

魏晋玄学的创始人何晏与王弼,对魏晋玄学的突出贡献是以"有无之辩"

形式出现的本体论，"以无为本"突破了汉代元气说，以一种新的模式延续汉儒的基本命题——天命之道，这是汉代哲学家所不能达到的抽象思维高度。何晏、王弼"贵无"本体论的提出，标志着魏晋玄学的正式产生。何晏认为："有之为有，恃无以生，事而为事，由无以成。夫道之而无语，名之而无名，视之而无形，听之而无声，则道之全焉。"①王弼曰："天下之物，皆以有为生；有之所始，以无为本。""无"或"道"是万物本质属性。在《老子指略》中：

> 夫物之所以生，功之所以成，必生乎无形，由乎无名。无形无名者，万物之宗也。不温不凉，不宫不商，听之不可得而闻，视之不可得而彰，体之不可得而知，味之不可得而尝。故其为物也混成，为象也则无形，为音也则希声，为味也则无呈。故能为品物之宗主，苞通天地，靡使不经也。②

在"有"和"无"的讨论中，"无"是万事万物的本体依据，作为事物存在的"有"，要以无为本。这种转变也导致了生活价值态度上的转换。在王弼的哲学体系中，"无"与"自然"同义，所以"以无为本"的本体论在政治、伦理等领域的表现形式就是"名教本于自然"。为重建政治秩序，曹操提倡名法之治即以"名理"为主的"刑名"思想，所谓"有事赏功能""治平尚德行"。正是这种"刑名法术"思想，为曹丕代汉打下了坚实基础。曹丕开始，即有意识地兴儒学，曹睿更是直接提出"尊儒贵学，王教之本"的观点，复兴名教，亟待解决。正始名士人，如夏侯玄、何晏、王弼，他们提倡"自然"思想，实际上是用道家"自然"思想重新构建名教。王弼提出"名教本于自然"的命题，认为自然和名教的关系，实际上是体用关系。王弼的"自然"实际上是"万物自相治理"的自然而治的状态，用自然统摄名教，使名教归于自然。

从魏晋玄学的演变历程看，玄学的发展可以分为若干阶段。汤用彤将其分为：以王弼、何晏为代表的正始时期，以嵇康、阮籍等人为代表的竹

---

① 杨伯峻：《列子集释》，中华书局，1979 年，第 10 页。
② 楼宇烈：《王弼集校释》，中华书局，1980 年，第 195 页。

林时期，以向秀、郭象为代表的永嘉时期①。冯友兰将玄学分为贵无论、崇有论、无无论阶段。袁宏的《名士传》将魏晋时期的名士分为：正始名士、竹林名士、中朝名士。正始元年，嵇康18岁左右，这个年龄对事物的判断以及对世界的认知已经成形了。嵇康的15—20岁时段，是正始元年至正始五年，也是魏晋玄学第一个流派正始玄学兴起之时。嵇康身处魏晋政权交替的敏感期，亲历了"魏晋禅代"的动乱，其思想与当时的政治环境必然有内在的关联。嵇康虽然未沿着"有无之辨"的主题继续深入，但是冯友兰认为，"正始"和"竹林"都属于"贵无论"阶段，嵇康、阮籍主张"越名教而任自然"是对正始玄风的一种补充。王弼在自然观上讲贵无，嵇康是在社会思想方面讲贵无。②嵇康注重"辨名析理"，"名"的问题就是汉末以来人们所关心的"名教"问题，他与王弼的学术侧重点不同，但是其思想趋向基本一致，从不同的角度回答了名教与自然的关系问题。此外，嵇康所主张的"越名教而任自然"，从另一个侧面来说，也是对有无之辩的一种回应。他的学术时间要比王弼长，亲身经历了司马氏"诛夷名族，宠树同己"的局面，因此，嵇康的学术思想更为切实。嵇康未有专门的解经著作，他的文章，是"真刀真枪"地在向司马氏表示愤慨。

从政治角度上看，从正始玄学到竹林玄学的演变中，政治环境的变更起到了很大的作用。嵇康虽然自幼不涉经学，冠带之年即托好老庄，但从"君道自然"和"越名教而任自然"这两个相互矛盾的命题来看，他的思想也经历了一个痛苦的演变过程。这种演变是围绕着如何处理自然与名教的关系进行的。③高平陵政变后，嵇康思想的变化很明显。他对司马氏政权一直怀有抵制的情绪，因此他追求"隐逸"，将心中积累的愤恨寄托于对"逍遥"的追求，用音乐演奏的方式，阐发对"自然"、自在与自为的理解。庄子的隐逸哲学思想具有独到之处，代表着生命的无限延续，不为功名利禄所束缚，以恢复生命的自然本色作为终极目的。嵇康曾表示他要在老子"抱一"

---

① 汤用彤：《魏晋玄学论稿》，上海古籍出版社，2005年，第110页。
② 参见冯友兰：《三松堂全集》第9卷，河南人民出版社，2001年，第350页。
③ 余敦康：《阮籍、嵇康玄学思想的演变》，《文史哲》，1977年，第3期。

和庄子"放逸"之间选择，他选择了"放逸"。与此同时，嵇康不遗余力地反对司马氏的虚伪名教。嵇康的玄学标志着人们冲破旧的传统观念体系，重新反思人自身的价值，追求精神的解放与自由。正是对外在权威的怀疑和否定，才产生了内在人格的觉醒和追求。

第一章　嵇康生平事迹

嵇康生活在三国时期曹魏的政权统治时期，是重要的思想家、文学家、音乐家。他天资聪颖，好老庄，擅琴艺。他的思想在中国古代思想史上是一道光，其所处的年代政治黑暗，风云变幻，世风衰败。从嵇康的作品中可以看到他的性格刚烈，内心世界又很矛盾，对传统与现实的思考达到前所未有的深度。他本为曹魏宗室，痛魏之将倾，疾司马氏之无道。是什么让嵇康风骨刚正，思想深刻呢？这要从他的身世与成长经历开始谈起。

第一节　嵇康生平

嵇康生于魏文帝黄初五年（公元 224 年），景元四年被司马氏杀害，他短暂的一生"徘徊"在潇洒与苦闷之间，时而坚定，时而彷徨。[①]陈寿却因为各种原因，在《三国志》中只是简短地提了一句："时又有谯郡嵇康，文辞壮丽，好言老、庄，而尚任奇侠。至景元中，坐事诛。"[②]

> 康本姓奚，会稽人。先自会稽迁于谯之铚县，改为嵇氏，取"稽"字之上，加"山"以为姓，盖以志其本也。一曰铚有嵇山，家于其侧，遂氏焉。[③]

---

①《晋书》中的嵇康，载他被害时是 40 岁，根据他被害的年代是往前推得出的。据庄万年《嵇康研究及年谱》中，关于嵇康被杀的年代有三种说法：一是高贵乡公正元年（255 年）；二是魏陈留王景元三年（262 年）；三是魏陈留王景元四年。刘汝霖、戴明扬都主张是景元四年。

②（晋）陈寿：《三国志》，第 605 页。

③（晋）陈寿：《三国志》，第 605－606 页。

嵇姓最早见于《通志·氏族略》："嵇氏。夏车正奚仲之后，汉功臣表鲁侯奚涓，成汤侯奚意。传封三代，又薄奚氏，改为嵇氏。望出谯国。"①然而《史记》《汉书》并未有奚姓的入传，"奚"在汉初尚有因与刘邦同乡共打天下的关系而封侯，此后四百年奚姓竟没什么人物出现。《晋书·王彪之》说到一个奚朗，王彪之称其为"凡器"，可见奚姓至此时还不是什么贵姓。这说明会稽氏与稽氏都是从一个氏族衍生，其源头是由奚氏发展而来。嵇康出生在谯郡铚县，铚是谯郡的一个小地方，春秋时称为铚邑，秦为铚县，汉属沛国。东汉时期，州成为一级行政区域，其中豫州治所为谯，下辖颍川郡、汝南郡、沛国、陈国、梁国、鲁国，还有97个县。三国时曹魏改沛国为谯郡，属于豫州刺史部。魏文帝黄初二年，曹丕封"谯郡"为"陪都"。西晋时，谯郡成为谯国。"梁武帝普通中克铚城，置临涣郡，以临涣水为名。后魏改为涣北县。高齐省临涣郡，改涣北县为临涣县，属谯郡。"②今属于安徽省濉溪县临涣镇。嵇康墓在安徽省亳州市涡阳县石弓镇，比邻濉溪县的临涣镇。

嵇氏家族并无显达人物出现，嵇喜在《嵇康传》中曾用"家世儒学"述及先人，但是也没有举出其辉煌的人物，说明虽不是达官贵族，但至少也是书香人家。嵇康的父亲嵇昭，字子远，官至督军粮治书御史，虽然这个官职不大但是很重要。

> 曹操生长于谯，自言于谯东五十里筑精舍，欲春夏读书，秋冬射猎，建安中往往治兵于谯以掣孙权。曹丕篡位，改建五都，谯其一也。数如谯议南侵，明帝叡亦常至焉。晋仍为谯郡治。③

在战事连连的三国时期，军粮是军队打仗的重要保障，督办军粮的官

---

① 庄万寿在《嵇康研究及年谱》中引《广韵·十二斋》说："嵇，山名，亦姓，出谯郡，河南（郡）二望。"又《元和姓纂》中："嵇，夏少康封子季杼于会稽，遂为会稽氏。汉初徙谯县嵇山，改为嵇氏。"（台湾学生书局，1989年。）

② （唐）李吉甫：《元和郡县图志》，中华书局，1983年，第185页。

③ （清）顾祖禹：《读史方舆纪要》，中华书局，2005年，第1065页。

员尤为重要。从嵇父担任的官职可知其深受曹魏宗室的信任。[1]"谯"是曹魏政权的发源地，嵇家与曹魏政权的渊源，也因于此。

嵇康的童年是不幸的，因他尚在襁褓之中，他的父亲就去世了。用他自己的话说是"少遭不造"。母亲孙氏，虽长兄不知其名，与嵇康的两个兄长尤其是大哥，对康爱护有加。嵇康在《答二郭》中提到"昔蒙父兄祚，少得离负荷"。因为有嵇康母兄的呵护，免受生活操劳之苦，他无忧地度过了整个童年，成长为俊逸的青年。高大英挺，风度翩翩，所谓龙章凤姿，天质自然，并且他恬静寡欲，宽简而有大量。《世说新语·容止》称：

嵇康身长七尺八寸，风姿特秀。见者叹曰：萧萧肃肃，爽朗清举。或云：肃肃如松下风，高而徐引。[2]

时人夸他"龙章凤姿"，以"龙""凤"比喻，可见嵇康的气质不凡。称其"土木形骸"，说明他并不刻意注重修饰，自然随意。汉魏时期，通常认为金、木、水、火、土五行之气而化成人的形体。其中木气决定骨骼，土气决定肌肤，根据刘邵的"人材学"理论，"土木型"的形体说明五行之气禀受中，最为完美。[3]

嵇康的仲兄是嵇喜，字公穆，小有才气。嵇喜早年以秀才身份从军，举秀才为卫军司马，晋武帝太康三年（282）为徐州刺史，历扬州刺史，迁太仆宗正。总体来说，嵇喜的仕途顺利，其性格和嵇康的性格迥然不同，有"当世之志"。嵇喜参军入伍，嵇康与其相互以诗相和。嵇康说：

鸳鸯于飞，啸侣命俦。
朝游高原，夕宿中洲。

---

① 侯外庐分析说："《三国志》注引嵇氏谱，嵇康先世，仅列举其父兄……俱未举出其先世有怎样辉煌的人物，似从其父起，才发迹起来。这是非常可疑的……嵇氏谱及嵇康传也不应如此简略模糊。考嵇康家居谯国，乃曹魏发迹之地，则其父兄由贱族而攀附升腾。"（侯外庐：《中国思想通史》第三册，第127页。）

② 余嘉锡：《世说新语笺疏》，中华书局，2015年，第672页。（凡出此书，只注作者、书名及页码）

③ 刘劭《人物志·九征》记载："温直而扰毅，木之德也；刚塞而弘毅，金之德也；愿恭而理敬，水之德也；宽栗而柔立，土之德也。简畅而明砭，火之德也。"（参见《人物志》，中华书局，2012年，第14-15页。）

交颈振翼，容与清流。

咀嚼兰蕙，俯仰优游。①

嵇康借此抒发自己的高情远趣，其弦外之音是对其兄从军感到惋惜。对于嵇康的赠诗，嵇喜也有回应，其在《答嵇康诗四首》中说："君子体变通，否泰非常理。当流则义行，时逝则鹊起。达者鉴通机，盛衰为表里。列仙徇生命，松乔安足齿。纵躯任世度，至人不私己。"②入仕当官的嵇喜，以老子任周朝史官，庄子任漆园官为依据，认为随时势变化而选择处世方式，才算真正的道家之旨，也是君子应有的通达的品质。嵇康与嵇喜虽然是兄弟，但是世界观不同，价值观也不同。嵇康临刑前托孤并没有将遗孤交给嵇喜，而是托付给山涛，并对儿子说："山公尚在，汝不孤矣。"③这并不是说嵇康与其兄嵇喜关系冷淡，喜在康死后为其作传，二人的后代感情也很好。据《晋书·嵇绍传》载，嵇康的儿子嵇绍与嵇喜之孙等"五人共居，抚恤如所同生"。嵇康并不只有嵇喜一个哥哥。他在《思亲诗》中感伤"嗟母兄兮永潜藏"和《与山巨源绝交书》中曰"吾新失母兄之欢，意常悽切"，以及《幽愤诗》曰"母兄鞠育，有慈无威"，多处的"母""兄"并用，说明嵇康的长兄要年长嵇康许多。嵇康在临刑前，"康色不变，问其兄曰'向以琴来不邪'，兄曰：'以来。'康取调之，为《太平引》"。④

嵇康在20岁出头来到洛阳即当时的政治文化中心，此时洛阳正进行着玄学思想革命，何晏是清谈大家，经常举办大型清谈活动，社会名流云集。嵇康因为才学一举成名，史称"嵇康作《养生论》，入洛，京师谓之神人"⑤。成名后的嵇康引起了曹魏宗室的注意，嵇康二十五六岁⑥与曹魏宗室联姻，

---

① 戴明扬：《嵇康集校注》，第9—10页。

② 同上，第36页。

③ 同上，第195页。

④ 余嘉锡：《世说新语笺疏》，第379页。

⑤ （梁）萧统《文选》，上海古籍出版社，2017年，第1008页。

⑥ 一说为正始中期结婚，如王晓毅；一说为正始末期结婚，如庄万寿、童强等。

娶曹林的女儿（一说为曹林的孙女）长乐亭公主为妻①，被授予了官职。《文选·恨赋》注引王隐《晋书》曰："嵇康妻，魏武帝孙穆王林女也。"《世说新语·德行》注引《文章叙录》也有记述："康以长乐亭公主婿迁郎中，拜中散大夫。"这门婚事无论是怎样结缘的，对嵇康都有很大的影响。按照当时的规定，与公主结婚要被朝廷加官进爵，嵇康婚后不久就获得七品中散大夫一职。长乐亭公主的姑父，就是何晏（其妻金乡公主）。正如鲁迅所说："嵇康的送命，并非为了他是傲慢的文人，大半倒因为他是曹家的女婿。"②这间接地影响了嵇康的心态和心理。嵇康为何在曹爽、何晏要败亡的前夕与曹氏家族成亲，恐怕是双方家庭世谊的原因。嘉平年间，司马师想要征召嵇康，为了避世，他离开了洛阳。《三国志·王粲传》注引《魏氏春秋》说："大将军欲辟康。康既有绝世之言，又从子不善，避之河东，或云避世。"③嵇康不止一次去河东避难。他在《答二郭三首》中说："寡智自生灾，屡使众衅成。豫子匿梁侧，聂政变其形。顾此怀怛惕，虑在苟自宁。今当寄他域，严驾不得停。"④他自称"少智"而惹祸，为了能够宁静地生活，不得不寄居他乡。

嵇康因吕安事件被捕入狱。其遇害的时间有三种说法：一说在景元三年（262），一说在景元四年（263），还有一种说法较早，在正元二年（255）。⑤

① 俞嘉锡认为，长乐亭公主是曹林的孙女。他在《世说新语笺疏·德行》中指出，"当以谱为正"。戴明扬认为是曹林的女儿，指出"以叔夜之年计之，当义娶曹林之女为合"。童强在《嵇康评传》中有专门的考证，认为是曹林的孙女。曹林生于建安四年（199年），则年十八可生子，年三十五六岁可有孙女，到孙女十五六岁可出嫁，约249年。根据《三国志·武文世王公传》记载，曹林在十八岁时已经有两个儿子。另《与山巨源绝交书》记载：公元260年，女年十三，男年十八。推测嵇康女儿生于嘉平元年前后。详见童强《嵇康评传》。庄万寿认为，嵇康所娶为曹林的女儿。王晓毅认为是曹林的女儿。他说："在曹林的子女中，史书留名的有三位：长子曹纬，次子曹赞和曹壹，后两位儿子先后奉旨去继承已故无子的济阳王曹玹之家业，曹纬的妹妹就是长乐亭公主。……汉魏时期，皇帝之女与诸王之女才可被封为公主殿。既然与长乐亭公主至少在249年之前完婚，而此时其妻已具有公主身份所以应该为曹林之女无疑。

② 鲁迅：《鲁迅全集》，第3卷，人民文学出版社，2005年，第348页。（凡出自此书，只注作者、书名及页码）

③ （晋）陈寿：《三国志》，第606页。

④ 戴明扬：《嵇康集校注》，第104页。

⑤ 参见童强《嵇康评传》，南京大学出版社，2006年，第248页。

《晋书·嵇康传》曰："康将刑东市，太学生三千人请以为师，弗许。"①与嵇康有关的人物传记中，对嵇康的记载也是少得可怜。前文提到，陈寿出于对司马家族的政治忌讳，在《三国志》中一笔带过②，裴松之在作注时又补充了一些史籍记载。当然，这没有减弱他在文学、思想等方面的影响力。嵇康的诗在他死后，被洛阳的很多太学生咏诵。③后来《晋书》为嵇康立传，但不是按先后顺序记载，而且对重要的事件也缺乏确凿的时间交代。在嵇康死后，亲友甚为哀思，向秀探访嵇康旧居作《思旧赋》。在嵇康的儿子为晋惠帝牺牲后，政治上对嵇康的敏感度降低，有关嵇康的文献多了起来。如《嵇康别传》《嵇中散传》《竹林七贤论》《文士传》《世说新语》，以及《晋书》《晋纪》《晋抄》《魏氏春秋》《晋阳秋》《汉晋春秋》《嵇氏谱》《世说新语》《晋百官名》《语林》《集圣贤群附录》《晋书》等书。在一些志怪小说如《神仙传》《灵异志》中，亦有著录。唐初修的《晋书》里，有《嵇康传》，抄录了嵇康的几篇诗作。④

嵇康的著作被收在《嵇康集》中，《嵇康集》在南朝梁时有十五卷，《隋书·经籍志》著录十三卷，《旧唐书·经籍志》《新唐书·艺文志》又增为十五卷，宋以后至今都是十卷。根据《三国志·王粲传》注引《魏氏春秋》说："康所著文论六七万言。今嵇康集总数是六七万言的三分之二。"⑤在嵇康被杀后，他的作品受到了追捧。⑥"康所著诸文论六七万言，皆为世所玩咏。"⑦嵇康的诗与论，对后人的影响也不小。《世说新语·文学》记载："旧云：王丞相过江左，止道声无哀乐、养生、言尽意三理而已。然宛转

---

① （唐）房玄龄：《晋书》，第1374页。

② 陈寿写《三国志》也与陈寿自身处境有关。陈寿由蜀入魏再入晋，必将谨小慎微，对晋朝建立之前的反对声音不敢多触及。

③ 东晋时代，桓温伏甲，欲加害谢安，谴使相见。谢安来，口唱嵇康之"浩浩洪流"，可见嵇康的魅力影响之大。

④ 侯外庐等：《中国思想通史》第三卷，人民出版社，2011年，第113页。

⑤ 参见庄万寿：《嵇康研究及年谱》，台湾学生书局，1990年。

⑥ 嵇康的很多作品都收录到《文选》，有：《琴赋》《幽愤诗》《赠秀才入军》《杂诗》《与山巨源绝交书》《养生论》。

⑦ （晋）陈寿：《三国志》，第606页。

关生，无所不入。"① 嵇康著作涉及的主题比较广，主要集中在几个方面：1. 哲学；2. 音乐；3. 养生；4. 政论；5. 亲友；6. 述志；7. 才性；8. 养生；9. 游仙。在这些主题中，蕴含着哲学思想、政治思想、养生思想、教育思想、文学思想、音乐思想、美学思想等。

第二节　嵇康的事迹

嵇康的一生经历了几个阶段：青少年时期的梦想与求索，中年时期的彷徨无措。面对司马氏的黑暗统治，他愤世直言，从开始的不合作态度到最后的彻底决裂。他向往道家的"游心太玄"、手挥五弦的生活。从他的文章中，我们可以读出他对时代的无奈。这种矛盾心理，从他的《卜疑》中就可看出："宏达先生"崇尚道家，但是面对江河日下、大道荒芜的景象，感到自己很难适应。嵇康其实一直在探索，以期找到一个能够栖息心灵的生存方式。

一、竹林论道

嵇康曾寓居山阳，在山阳住宅的周围，有一片竹林。与嵇康往来的名士，形成了一个特有的称谓：竹林名士。这是正始名士以后很重要的一个流派，可以说，正始以后，西晋以前的玄学，是由竹林名士代表的。② 在东晋袁宏所作的《名士传》中，以嵇康、阮籍等七人为竹林名士。正始名士主要活动在曹魏正始年间，而竹林名士并不是以时间为限，而是以场所——竹林而得名。

关于"竹林七贤"的名称，学界陈寅恪、王晓毅、庄万寿等人都有考证。陈寅恪先生认为："所谓'竹林七贤'者，先有'七贤'，即取《论语》'作者七人'之事数，实与东汉三君八厨八及等名同为标榜之义。迨西晋之末僧徒比附内典外书之'格义'风气盛行，东晋初年乃取天竺'竹林'之名

---

① 余嘉锡：《世说新语笺疏》，第232页。
② 参见王葆玹：《玄学通论》，五南图书出版社，1996年，第330页。

加于'七贤'之上。"①《世说新语》中的《赏誉》《品藻》《任诞》中都有"七贤"的记载。卫绍生考证,最早记载七贤的文字是西晋阴澹的《魏纪》。②《太平御览》卷四百七引《魏氏春秋》与《晋书·嵇康传》载:嵇康寓居河内,与之游者,未尝见其喜愠之色,与陈留阮籍,河内山涛、向秀,籍兄子咸、琅邪王戎、沛人刘伶,相与友善,游于竹林,号曰"七贤"。《世说新语·任诞》载:

> 陈留阮籍,谯国嵇康,河内山涛,三人年皆相比,康年少亚之。预此契者:沛国刘伶,陈留阮咸,河内向秀,琅邪王戎,七人常集于竹林之下,肆意酣畅,故世谓"竹林七贤"。③

关于竹林七贤聚会的时间应该在高平陵政变后的嘉平时期,但是从七贤各自的生平事迹来看,在嘉平年间共同游竹林的可能性不大。阮籍在高平陵政变不久后被司马懿看中,命为从事中郎,司马懿死后,又做了司马师的从事中郎。山涛、王戎等都于嘉平四年以后进入仕途,他们都长期居住在洛阳。王晓毅认为,"竹林七贤同时没有在仕途的时间,只能是山涛阮籍分别辞职时的正始九年至十年之间。当时两大政治集团相互水火,许多知识分子采取了观望或回避的态度,形成了退隐清谈的风气"。④所以,可以明确的是竹林七贤的聚会是发生在高平陵政变之前。实际上,在高平陵政变之前的一段时间,以士人敏感度,对社会的恐怖气氛早有所知,所以,形成一种与政府不合作的退隐清谈之风,并持续了一段时间。在高平陵政变之后,竹林七贤在思想舞台上更加活跃,所以人们会以为竹林七贤之游发生在高平陵政变之后。简言之,竹林之游,并非一时,也不限于一个地方。同时,七贤活动也不是七人总在一起,比如嵇康与向秀之于洛邑,向秀与吕安之灌园于山阳。《晋书·刘伶传》载:刘伶"不妄交游,与阮籍、嵇

① 陈寅恪:《金明馆丛稿初编》,第202页。

② 《魏纪》云:谯郡嵇康,与阮籍、阮咸、山涛、向秀、王戎、刘伶友善,号竹林七贤,皆豪尚虚无,轻蔑礼法,纵酒昏酣,遗落世事。参见卫绍生:《竹林七贤若干问题考辨》,《中州学刊》1999年第5期。

③ 余嘉锡:《世说新语笺疏》,第800页。

④ 王晓毅:《中国文化的清流》,中国社会科学出版社,1991年,第260页。

康相遇,欣然神解,携手入林"。①王晓毅认为,历史上应该有两次竹林之游,第一次在正始——嘉平之际,中心人物是嵇康、山涛、阮籍,动机在于避世。第二次在甘露——景元之际,中心人物是嵇康、吕安、向秀,动机在于反抗司马氏的统治。②

竹林七贤与正始名士属于同代人。从年龄上看,高平陵政变时,山涛44岁,阮籍也将到不惑之年,嵇康26岁,向秀22岁,王戎16岁,可见七贤的世界观形成于正始时期。竹林七贤虽然与正始名士有着各种联系,但是有一点可以肯定,竹林人物在政治上并没有直接参与曹氏和司马氏的斗争当中。关于"七贤"的排序,学界有不同的说法。有关文献对七贤的排序如下表:

文献出处	七贤名次	附注
《晋书》	嵇康、阮籍、山涛、向秀、刘伶、阮咸、王戎	
《世说新语·任诞》	阮籍、嵇康、山涛、刘伶、阮咸、向秀、王戎	陶渊明《圣贤群辅录》同
《世说新语·排调》	嵇、阮、山、刘在竹林酣饮,王戎后往	
《水经注·清水注》	阮籍、嵇康、山涛、王戎、向秀、刘伶、阮咸	
南京西善桥南朝墓砖刻七贤图	嵇康、阮籍、山涛、王戎、向秀、刘伶、阮咸	此墓发掘简报见《文物》,1980,8、9 合刊
承名世据残存孙位《高逸图》(实为《竹林七贤图》残本)推定	嵇康、山涛、王戎、刘伶、阮籍、向秀、阮咸	见《文物》1965 年 8 期。

(详细见注释)③

魏晋士人所体现的"士的群体自觉"有多种表现形式,最为突出的就是"郊游",竹林之游当属其中的典范。竹林之游的士人们之间的友谊,有的是神交,有的是忘形交,有的是忘年交等等,我们可以称之为才德相契,精神相契,性情相通,具有这种特质的朋友,完全可以称之为"道友"。

---

① (唐)房玄龄:《晋书》,第 1376 页。

② 参见王晓毅:《嵇康评传》,广西教育出版社,1994 年。

③ 参见白化文、许德楠译注《阮籍嵇康》,中华书局,1983 年,第 39 页。

《晋书》曰："以高契难期，每思郢质。所与神交者惟陈留阮籍、河内山涛，豫其流者河内向秀、沛国刘伶、籍兄子咸、琅邪王戎遂为竹林之游。"[1]《世说新语·贤媛》载：

> 山公与嵇、阮一面，契若金兰。山妻韩氏，觉公与二人异于常交，问公，公曰：我当年可以为友者，唯此二生耳！妻曰：负羁之妻亦亲观狐、赵，意欲窥之，可乎？他日，二人来，妻劝公止之宿，具酒肉。夜穿墉以视之，达旦忘返。公入曰：二人何如？妻曰：君才致殊不如，正当以识度相友耳。公曰：伊辈亦常以我度为胜。[2]

所谓"契"，强调的是契合之意，竹林士人之间真诚相待，相互信任，意志相通，所以他们能够突破利益、物质的束缚，完全可以通过竹林之游交往，称为"君子之交"。

嵇康与山涛同郡。山涛，字巨源，河内怀人也。山涛和嵇康一样，都是"早孤"的遭遇，从小生活拮据，但是山涛有器量和才华。他喜好《庄》《老》，先与嵇康、吕安有交情，后遇阮籍，著忘言之契。山涛不像嵇康那样刚肠嫉恶，也不会像阮籍那样以青白眼对待俗人。他的度量与心胸可以说在嵇阮之上，为人深沉且左右逢源。嵇康鄙夷钟会的为人，山涛却能交好钟会，这也是他处事谨慎、不轻易树敌的风格使然。山涛虽然也饮酒，却有一定限度；虽然性好老、庄，却与一般好老、庄者有所不同。《世说新语·赏誉》载："人问王夷甫：山巨源义理何如？是谁辈？王曰：此人初不肯以谈自居，然不读老、庄，时闻其咏，往往与其旨合。"[3]山涛曾于正始年间出仕，当时司马氏与曹魏政权的斗争逐渐升温，他怕祸及自己，便辞官而去。在政局混乱中，山涛归隐山林，当司马氏夺过大旗后，山涛因与司马懿妻子张氏有表亲，因此去投见司马师。山涛本身具备一定的名气，因此再次出仕后很快得到升迁。从嵇康临刑前托孤山涛，就可以看出二人交情不一般。在嵇康被杀后二十年，山涛举荐嵇绍为秘书丞，他对嵇绍说："为君思之久矣！

---

① （唐）房玄龄：《晋书》，第1370页。
② 余嘉锡：《世说新语笺疏》，第749—750页。
③ 同上，第477页。

天地四时，犹有消息，而况人乎！"①即是告诫嵇绍，虽然为前朝嵇康之子，天地万物及四季的起伏，都随着天的运转而一齐消长，何况是人呢。

嵇康对阮籍的评价较高。阮籍，字嗣宗，三岁丧父，在母亲的抚养下长大成人。阮籍自小聪慧，颇具才华。阮籍的父亲阮瑀，字元瑜，受学于蔡邕，为建安七子之一，与曹氏家族有着深厚的友谊，这也为后来阮氏家族的入仕之路打下了良好的基础。戴逵《竹林七贤论》云："诸阮前世皆儒学。"②《太平御览》卷六〇二引《魏氏春秋》曰："阮籍幼有奇才异质，八岁能属文。"他幼年8岁就会写文章。相对于嵇康，阮籍显得沉稳很多，他"口不论人过""至性过人，与物无伤"。这是嵇康永远达不到的境界。阮籍非常喜欢饮酒，他和嵇康一样，愤恨虚伪的礼教。阮籍丧母，嵇康带酒与古琴前来吊丧，二人为同道中人，所以他们之间的任何一个行为方式，只要一个眼神，相互之间就能秒懂。高平陵政变后，阮籍迫不得已担任司马懿的从事中郎。在阮籍任东平太守的短短数日，却也做了一些简单的整改。首先他精简法令，对官吏的办公环境重新布置，这一行动表明，阮籍其实是一个行动派，做事利索而有独特的魄力。然而，当时的社会环境让阮籍很苦闷。天下多故，名士少有全者，这导致阮籍"本有济世志"，但他"不与世事，遂酣饮为常"。在阮籍53岁时，听说京师屯兵八校之一的校尉职务有空缺，阮籍便请求担任了此职，终日醉熏熏。也正在这一年，嵇康被司马昭杀了，阮籍郁郁寡欢，第二年冬病逝。

在七贤中，向秀是最能让他安然相处的朋友。向秀与嵇康的住址很近，常来常往，有地缘上的优势。③《晋书·向秀传》载，向秀在注《庄》前曾问过嵇康和吕安，二人不以为然，注《庄》完毕后嵇、吕表示佩服。向秀的性格没有嵇康那样"傲世不羁"，而是温和而文雅，谨慎而内敛。嵇康与向秀曾就"养生"问题展开讨论，向秀在嵇康和吕安遇难后，最后迫于现实的险恶和无奈，只好委屈在司马氏政权下，但仍怀念竹林之游以及与

---

① 余嘉锡：《世说新语笺疏》，第188页。

② 同上，第807页。

③《思旧赋》说："余与嵇康、吕安居止接近。"参见（唐）统：《文选》，第720页。

嵇康的友情,感慨万千而作《思旧赋》:"将命适于远京兮,遂旋反而北徂……悼嵇生之永辞兮,顾日影而弹琴。"① 如此沉痛的语言可见二人的友谊诚挚如石。

在七贤中,嵇康与刘伶、阮咸、王戎三人的交往过程少有记载,阮籍与阮咸、王戎、刘伶之间的互动可略见一二。阮咸是阮籍的侄子,叔侄二人在个性上具有相似之处,他也是一个任达不拘小节之士。阮籍有竹林之游,当世礼法者讥其所为。阮咸熟知音律,并且弹得一手好琵琶。在阮氏家族的聚居地,阮咸与叔父阮籍居道南,诸阮居道北,北阮富而南阮贫。作为后辈,阮咸在效仿阮籍之放达时,却遭到了阮籍的间接批评。《世说新语·任诞》记载:"阮浑长成,风气韵度似父,亦欲作达。"步兵曰:"仲容已预之,卿不得复尔。"② 这种委婉的批评意味深长。

王戎,字濬冲,**琅**邪临沂人。其祖父王雄为幽州刺史。父亲王浑为凉州刺史,受封贞陵亭侯。阮籍很欣赏王戎的玄谈能力。王戎天资聪颖,率真自然,并且同阮籍一样"嗜酒酣畅",所以二人年龄虽然相差很大,但是确实是知己。刘伶,字伯伦,沛国人,出身寒门。《晋书·刘伶传》:"常乘鹿车,携一壶酒,使人荷锸而随之,谓曰:死便埋我。"③ 其著作有《酒德颂》一篇,为其自身的写照和理想人格之构图。刘伶在政治上不被重用,也使他得以寿终。

"七贤"超拔脱俗的精神还表现为不与礼法之士、世俗之人交往。君子之交淡如水,通过嵇康与竹林之士的交往我们可以看出,嵇康交友的原则是"至情至性",以诚相待,并且爱憎分明。所谓内不愧心,外不负俗;交不为利,仕不谋禄。司马光评论"竹林七贤皆崇尚虚无、轻蔑礼法、纵酒昏酣,遗落世事"④,这其实是一种误解。嵇康虽然放达,但是内在精神并不违背"名教"。竹林之士,皆好老庄。当何晏、王弼以《老子》为主

---

① 《思旧赋》说:"余与嵇康、吕安居止接近。"参见(唐)统:《文选》,第720、722页。

② 余嘉锡:《世说新语笺疏》,第810页。

③ (唐)房玄龄:《晋书》,第1376页。

④ (晋)司马光:《资治通鉴》中华书局,1976年,第2463页。

旨的玄学在实践中陷入危机，竹林之士以实际行动践行了庄子人生哲学，向往个体生命的自由。然而，七贤的政治态度并不完全一致，山涛和王戎分别投奔司马氏政权，阮籍也迫于现实担任司马氏集团的从事中郎。

二、嵇康与钟会

钟会曾两次访嵇康，均遭冷遇。钟会，字士季，生于魏文帝黄初六年。他的父亲是钟繇，二人都不是名教中人。从钟会出生至正始八年，钟会受父母易老学的文化熏陶。钟会在张氏的指导下学习《孝经》《论语》《诗经》《尚书》《周易》《左传》《国语》《周礼》《礼记》等，可以说受到了良好的早期教育。《三国志·钟会传》载：

> 有才数技艺，而博学精练名理，以夜续昼，由是获声誉。正始中，以为秘书郎，迁尚书中书侍郎。高贵乡公即尊位，赐爵关内侯。毋丘俭作乱，大将军司马景王东征，会从，典知密事，卫将军司马文王为大军后继。景王薨于许昌，文王总统六军，会谋谟帷幄。时中诏敕尚书傅嘏，以东南新定，权留卫将军屯许昌为内外之援，令嘏率诸军还。会与嘏谋，使嘏表上，辄与卫将军俱发，还到雒水南屯住。于是朝廷拜文王为大将军、辅政，会迁黄门侍郎。[①]

可见他最初是曹爽阵营中的人，20 岁时任秘书郎，正始八年时为尚书郎。《三国志·钟会传》注引何劭《王弼传》载："何晏以为圣人无喜怒哀乐，其论甚精，钟会等述之。弼与不同。"[②]说明此时钟会得到何晏赏识，然而在曹爽提出"改制"之后，朝野上下也有不少人反对。《三国志·钟会传》有钟会母亲张氏的一段教诲之言。正始八年，会为尚书郎，夫人执会手而诲之，曰："汝弱冠见叙，人情不能自足，则损在其中矣，勉思其戒！"是时大将军曹爽专朝政，日纵酒沉醉，会兄侍中毓宴还，言其事，夫人曰："乐则乐矣，然难久也！居上不骄，制节谨度，然后乃无危溢之患。今奢僭若此，非长守富贵之道。"[③]

钟会兄因反对曹爽伐蜀而被降职，所以，钟会从正始改制到高平陵政

---

① （晋）陈寿：《三国志》，第 784—785 页。
② 同上，第 795 页。
③ 同上，第 786 页。

变之前，对曹氏持观望态度。高平陵政变后，司马师命虞松作表，钟会给予了帮助，得到了拜见司马师的机会。为此，钟会做了充分准备——"精思十日"。钟会华丽转身之后而成为司马氏的心腹之臣，从此仕途腾达。他助司马师灭毋丘俭，又任司马昭的大将军；助司马师灭诸葛诞，后又升为镇西将军，后来又因伐蜀有功而升为司徒。《世说新语·简傲》）说："钟士季精有才理，先不识嵇康。钟要于时贤俊之士，俱往寻康。康方大树下锻，向子期为佐鼓排。康扬槌不辍，旁若无人，移时不交一言。钟起去，康曰：何所闻而来？何所见而去？钟曰：闻所闻而来，见所见而去。"[1]这种高傲怠慢的态度对于名将重臣钟会来说无疑是生平大辱，这为日后钟会构陷嵇康留下了祸根。

另一种说法是钟会拿着自己的《四本论》去见嵇康，《世说新语·文学》篇记载："钟会撰《四本论》始毕，甚欲使嵇公一见。置怀中，既定，畏其难，怀不敢出，于户外遥掷，便回急走。"[2]对于嵇康的这种行为，李贽评论道："目中无钟久矣，其爱恶喜怒，为何如者，此虽中散之累，而不足以捐中散之高。"[3]嵇康之所以对钟会是这种态度，与钟会摇摆不定的政治立场以及为人有极大的关系。

钟会见嵇康，有拉拢嵇康的意思。一方面，拉拢学人是他的工作，用《四本论》可以是最好的借口，结果钟会碰壁，心中肯定不快。嵇康是曹魏的驸马，二人分属不同的政治阵营，见面彼此心里都有数。钟会在曹魏政权最艰难的时刻，选择了背叛，倒向司马氏集团。这也是嵇康为什么视钟会为仇寇的原因。另一方面，这也说明嵇康对司马师集团持不妥协的态度。紧接着，司马昭公开准备选嵇康为僚属。根据《三国志·王粲传》注引《魏氏春秋》记载："大将军尝欲辟康。康既有绝世之言，又从子不善，避之河东，或云避世。"[4]钟会的"拜访"，之后司马昭的"欲辟"，这让嵇康处境很尴

---

① 余嘉锡：《世说新语笺疏》，第 846 页。

② 同上，第 214 页。

③ （明）李贽：《初潭集》，中华书局，1974 年，第 335 页。

④ （晋）陈寿：《三国志》，第 606 页。

尬，无论是司马昭真的想网罗人才还是受了钟会的挑唆，对于嵇康来说，这都是麻烦。一方面，嵇康看清楚了曹魏的前途已经是穷途末路，另一方面，他又不愿意加入司马氏阵营。在嵇康为难的时候，康妻父曹林病逝，长乐亭公主回娘家服丧，因此，嵇康借此机会，隐遁山林。根据王晓毅的说法，嵇康此次外出云游三年，时间是 256 年。[1] 临行前，他与郭遐周、郭遐叔互赠诗告别。郭遐叔说：

> 君子交有义，不必常相从。
> 天地有明理，远近无异同。
> 三仁不齐迹，贵在等贤踪。
> 众鸟群相追，鸷鸟独无双。
> 何必相呴濡，江海自可容。
> 愿各保遐年，有缘复来东。[2]

嵇康复诗曰：

其一

> 天下悠悠者，下京趋上京。
> 二郭怀不群，超然来北征。
> 乐道托莱庐，雅志无所营。
> 良时遘其愿，遂结欢爱情。
> 君子义是亲，恩好笃平生。
> 寡智自生灾，屡使众衅成。
> 豫子匿梁侧，聂政变其形。
> 顾此怀怛惕，虑在苟自宁。
> 今当寄他域，严驾不得停。
> 本图终宴婉，今更不克并。
> 二子赠嘉诗，馥如幽兰馨。
> 恋土思所亲，不知气愤盈。[3]

---

[1] 王晓毅：《嵇康评传》，广西教育出版社，1994 年，第 86 页。
[2] 戴明扬：《嵇康集校注》，第 102—103 页。
[3] 同上，第 103 页。

通过嵇康的复诗，可以看出，嵇康的心情很复杂，而且当时避难的情形也比较仓促。如郭遐周说"我友不期卒，改计适他方"、郭遐叔说"如何忽尔，特适他俗"，还有嵇康回复的"今当寄他域，严驾不得停"，这些都说明，当时嵇康避之河东的情形比较紧急。二郭是嵇康在山阳的两个好友，与嵇康之别让二人很惆怅，因此诗中不免有些伤感。嵇康在答诗中还说"详观凌世务，屯险多忧虞，施报更相市，大道匿不舒"，[①] 他认为，这个充满尔虞我诈的社会已经离大道越来越远，坦荡的君子难以生存，只得远走他处即"远托昆仑墟"。从此，嵇康走上了他的山林"寻仙"之路。

三、嵇康"寻仙"

嵇康上山"寻仙求道"，其实就是归隐山林，成为一名名副其实的山林之士，也就是隐士，也叫"幽人""逸士""逸民""高士"。《论语·泰伯》曰："危邦不入，乱邦不居。天下有道则见，无道则隐。"其实隐士也有不同类型。《后汉书·逸民列传》中介绍了隐士的类型："或隐居以求其志，或回避以全其道，或静己以镇其躁，或去危以图其安，或垢俗以动其概，或疵物以激其清。"[②] 魏晋时期的隐士，多半是为了躲避政治迫害。嵇康这次归隐山林的确是为了解决他所面临的现实问题。从他以往的诗中，却能看出他企慕隐士生活。嵇康走向山林这三年，到底去了哪里，史书说法不一。[③] 实际上，嵇康这三年并未定居一处，而是四处游走。他所遇到的第一位隐士是孙登。

孙登是魏晋年间具有传奇色彩的一位隐士，葛洪在《神仙传》中把孙登列入神仙，《晋书》把孙登列入《隐逸传》。但是，奇怪的是在嵇康的著作中并没有提及此事。《晋书·孙登传》说："孙登，字公和，汲郡共人也。无家属，于郡北山为土窑居之，夏则编草为裳，冬则被发自覆。好

---

① 戴明扬：《嵇康集校注》，第109页。
② （宋）范晔：《后汉书》，中华书局，1980年，第2755页。
③ 有的说他去了与河内郡相邻的河东郡，见《三国志·王粲传》注引《魏氏春秋》。还有的说嵇康追随道士孙登在离家不远的苏门山住了三年，见《晋书·孙登传》。

读《易》，抚一弦琴，见者皆亲乐之。"孙登好《易》，善琴①，以洞穴为居，夏天穿草衣，冬天以长发保暖，这种形容不免有些夸张，但就是这样一位隐士，点拨了阮籍和嵇康，二人都曾登山拜访。阮籍正是在孙登的启发下，大彻大悟，回去写了《大人先生传》。嵇康访孙登，一般认为是在太行山，或者是在汲县北部山区。天门山有三水，嵇康采药逢孙登弹一弦琴，即此山。《世说新语·栖逸》注引《文士传》说：

> 嘉平中，汲郡民共入山中，见一人，所居悬崖百仞，丛林郁茂，而神明甚察。自云：孙姓，登名，字公和。康闻，乃从游三年。问其所图，终不答。然神谋所存良妙，康每苶然叹息。将别，谓曰：先生竟无言乎？登乃曰：子识火乎？生而有光，而不用其光，果然在于用光；人生有才，而不用其才，果然在于用才。故用光在乎得薪，所以保其耀；用才在乎识物，所以全其年。今子才多识寡，难乎免于今之世矣！子无多求！②

所谓跟三年是笼统的说法，二人未必三年始终住在一起。孙登对嵇康的回应是"终不答"，这个深意恐怕即便嵇康领会了，也未必能如此实践，因为他"刚肠嫉恶"的性格使然。嵇康的《幽愤诗》说"昔惭柳下，今愧孙登"，所表达的就是没有把孙登的教诲点拨落实到行动而懊悔。以嵇康的才智，没有理解不可能，但是他为什么没有做到，很大一部分原因，是嵇康刚烈的性格使然。孙登对嵇康的缺点是一目了然的，所以有"今子才多识寡，难乎免于今之世矣"这样的感叹。

孙登虽然好《易》，但也受到了浓厚的老庄思想熏陶。他并不像其他仙人那样服食云母、松脂之类的东西，也没有神怪易术。首先，孙登作为一名隐士，其目的就是"全其身"。在魏晋乱世，"全身"即能"全性命"，可以说孙登是真正以老庄哲学处世。他以"生命是熊熊烈火"的比喻，教诲嵇康，应该审时度势，选择正确的处世方法。若是嵇康能像阮籍那样"口

---

① 《艺文类聚》录《孙登别传》曰："孙登，魏末处邙北山中，以石室为宇，编草自覆，阮嗣宗闻登而往造焉，适见苫盖被发，端坐岩下鼓琴，嗣宗自下趋之，既坐，莫得与言，嗣宗乃嘲嘈长啸。"参见（唐）欧阳询：《艺文类聚》，上海古籍出版社，2013年，第548页。

② 余嘉锡：《世说新语笺疏》，第717页。

不论人过"，以至慎的态度存世，他的命运结果也许会改变。后来的吕安事件便能说明这一点。

嵇康从孙登游三年后，又去拜访王烈。根据《晋书·嵇康传》记载："王烈者，字长休，邯郸人也。常服黄精及铅，年三百三十八岁，犹有少容。登山历险，行走如飞。少时，本太学书生，学无不览，常以人谈论五经百家之言，无不该博。中散大夫谯国嵇叔夜，甚敬爱之，数数就学，共入山林游戏采药。"① 王烈是今河北邯郸人，常年修道于太行山，后隐居抱犊山，以服食黄精为乐。嵇康避居后，也时常采药于太行深处。王烈学无不览，常与人讨论五经百家之言。关于王烈的事迹，很多都有神化的色彩。

> 康又遇王烈，共入山，烈尝得石髓如饴，即自服半，余半与康，皆凝而为石。又于石室中见一卷素书，遽呼康往取，辄不复见，烈乃叹曰："叔夜志趣非常而辄不遇，命也！其神心所感，每遇幽逸如此。"②

王烈和嵇康见山破石裂，石中有穴，其中有青泥，即吃了可以长生不死的青泥，王烈吃着像嚼糖，到了嵇康的手上就变成石头。还有一次，二人在石室中见到素书，王烈带着嵇康去取，然而石室忽然不见。所以王烈说，嵇康与神仙之道无缘分。同样的事情，葛洪的《神仙传》记载：

> 王烈者，字长林，邯郸人也。常服黄精及铅，年三百三十八岁，犹有少容，登山历险，行步如飞。少时，本太学书生，学无不览，常与人谈五经百家之言，无不该博。中散大夫谯国嵇叔夜甚敬爱之，数数就学，共入山林游戏采药。后烈独之太行山中，忽闻山东崩……烈合数九如桃大，用携少许归，乃与嵇叔夜曰："吾得异物。"叔夜甚喜，取而视之，已成青石，击之琤琤如铜声。叔夜与烈往视之，断山以复如故。烈入河东抱犊山中，见一石室，室中有石架，架上有《素书》两卷，烈取读，莫识其文字，不敢取去，却着架上，暗书得数十字形体，以示康，康尽识其字，烈喜，乃与嵇康共往读之。至其道径，了了分明，比及，又失石室所在。烈私语其弟

---

① （宋）李昉：《太平广记》，中华书局，1986年，第61—62页。
② 房玄龄：《晋书》，卷四十九，第1370页。

子曰："叔夜未合得道故也。"①

　　嵇康追迹孙登王烈，虽然是为了服药养生，但在阅尽山水之后重新诠释了服药养生的意义。东晋孙盛《魏氏春秋》说："籍少时尝游苏门山，苏门山有隐者，莫知名姓，有竹实数斛、臼杵而已。籍从之，与谈太古无为之道，及论五帝三王之义。苏门生萧然曾不经听。籍乃对之长啸，清韵响亮，苏门生逌尔而笑。籍既降，苏门生亦啸，若鸾凤之音焉。至是，籍乃假苏门先生之论以寄怀。"②阮籍在《达庄论》《大人先生传》中对神仙作了诗性化和艺术化的阐释，大人先生即是诗性化神仙形象。相对于阮籍从精神层面思考神仙，嵇康更多从现实可行性上讨论成仙之法和延寿之方。

四、与山巨源绝交

　　嵇康自河东回山阳以后，经常到洛阳太学府讲学，或抄古文石经。太学，既是思想活跃的文化中心，也是重要的舆论阵地。对于之前嵇康大胆的抨击言论，司马氏集团采取了克制的态度。如果能拉拢上嵇康无疑在舆论上会少一个与之作对的斗士。景元二年，山涛由吏部郎升迁为大将军从事中郎，选曹郎一职出现空缺，因此，山涛向司马氏推荐嵇康出任这一职位。这虽然只是个六品的官阶，但是权力很大，负责全国"县级"以上官员的选拔。

　　嵇康对王权的正统与否有着自己的理解，种种迹象表明，他对曹魏皇室至少是同情的。他的存在，无疑是司马氏争得政权的潜在威胁；而他抨击时政的那些惊世骇俗的言论，在士林中又声名远播，极具号召力。山涛拉嵇康出来做官，显然是想缓和嵇康与司马昭大将军的矛盾，帮他摆脱艰难处境。然而，嵇康始终不愿意出仕，意绝仕途。嵇康曾在给阮德如的诗中说："泽雉穷野草，灵龟乐泥蟠。荣名秽人身，高位多灾患。未若捐外累，肆志养浩然。"③可见他对名位、名声、名份的"嫌弃"，所以他不但拒绝了山涛的邀请，还写了一封长信与之绝交。嵇康不愿追求仕禄，一方面是

　　① 周国林译：《神仙传全译》，贵州人民出版社，1998年，第145页。
　　②（晋）陈寿：《三国志》，第605页。
　　③ 戴明扬：《嵇康集校注》，第113页。

不想卷入司马氏禅代的政治纠纷之中，另一方面，则是表达不与司马氏合作的态度。因此他在《与山巨源绝交书》中开门见山，说明绝交的原因：

> 足下昔称吾于颍川，吾常谓之知言。然经怪此意，尚未熟悉于足下，何从便得之也。前年从河东还，显宗阿都，说足下议以吾自代，事虽不行，知足下故不知之。足下傍通，多可而少怪。吾直性狭中，多所不堪，偶与足下相知耳。间闻足下迁，惕然不喜，恐足下羞庖人之独割，引尸祝以自助，手荐鸾刀，漫之膻腥，故具为足下陈其可否。①

总之，得到推荐的消息，嵇康不但不高兴，反而惶恐不安。嵇康也明确说明，他与山涛不是一类人。嵇康是"循性而动，各附所安"的性格，因此"推荐"就像给了嵇康一把屠刀，使他被鱼肉的腥味所染。

《绝交书》表达了嵇康的全部思想性格，它阐述了嵇康不出仕的原因，用嵇康自己的话归结为"七不堪"和"二不可"。他与当权者不合作，并且辛辣讽刺了所谓的"礼法之士"的虚伪与狡猾，认为他们充满阴谋。嵇康愤世嫉俗，他不愿意侍奉大道沦丧的政权，这是他性格高洁的一面。在嵇康的另一篇绝交书《与吕长悌绝交书》中，嵇康有"古之君子，绝交不出丑言"。嵇康对山涛如此激烈的语言，恰恰证明二人是真知己。

五、吕安事件

嵇康的《与山巨源绝交书》，其实这已经触动了司马氏集团的敏感神经。嵇康把此文的动机与目的都讲得清清楚楚，与山巨源绝交就是与司马氏绝交。司马昭紧锣密鼓地准备禅代，嵇康大张旗鼓的不敬言论对司马氏集团虽然不能构成很大的威胁，但是一直有人唱反调终归不是好事。总得找个冠冕堂皇的借口，于是千古奇冤的"吕安不孝案"发生了。

嵇康与吕安为挚友，二人都是淡泊名利、清逸豪迈之士。吕安小名阿都，东平人，是曹魏二品镇北将军兼翼州刺史吕昭的次子。《世说新语·简傲》

---

① 戴明扬：《嵇康集校注》，第195—196页。

注引干宝《晋纪》："初，安之交康也，其相思则率尔命驾。"① 嵇康在《与吕长悌绝交书》中有说明："昔与足下年时相比，故数面相亲，足下笃意，遂成大好，由是许足下以至交，虽出处殊途，而欢爱不衰也。及中间少知阿都（吕安），志力开悟，每喜足下家复有此弟。"② 其实，嵇康先结识吕巽，后才与吕安交往，发现吕安和自己是同道中人，志趣相投彼此信任，与吕巽逐渐疏远。因为吕巽与嵇康兄嵇喜都属于司马氏阵营的支持者，即所谓的"礼法之士"，吕巽任相国掾与钟会关系甚好。景元三年，吕安遇祸，此案的罪魁祸首是吕巽。《世说新语·雅量》注引《晋阳秋》云：

> 安嫡兄逊（巽）淫安妻徐氏，安欲告逊遣妻，以咨于康，康喻而抑之。逊内不自安，阴告安挝母，表求徙边。安当徙，诉自理，辞引康。③

事发之后，吕安十分愤怒，欲揭露吕巽及休妻，并将想法告诉了嵇康，征求他的意见。嵇康认为，家丑不可外扬，从吕氏门户计，此事不该进一步扩大，而是应该压下来内部解决。嵇康即从中予以调解。吕巽当时表示悔过，并以父亲在天之灵与儿子的性命发誓，不再发生此类事。吕安、嵇康对吕巽的誓言信以为真，吕巽却感到随时有危险，为了消除祸患，他便诬告吕安打母亲。吕安便请嵇康为自己作证，但是无济于事。《文选·思旧赋》李善注中有较详细介绍："安，巽庶弟，俊才，妻美。巽使妇人醉而幸之，丑恶发露，巽病之，告安谤己。巽于钟会有宠，太祖遂徙安边郡。遗书与康'昔李叟入秦，及关而叹'云云。太祖恶之，追收下狱，康理之，俱死。"④

司马氏集团掌权的时代提倡的是"以孝治天下"，"打母亲"这种"不孝"的罪行是十恶重罪之一。被告成了原告，是非全被颠倒。吕安被司马昭以"不孝"罪、"诽谤"罪发配遥远而荒漠的边陲之地。嵇康得到消息后十分震惊，吕巽的卑鄙行为让他懊恼，于是嵇康写了《与吕长悌绝交书》。

---

① 余嘉锡：《世说新语笺疏》，第848页。
② 戴明扬：《嵇康集校注》，第230页。
③ 余嘉锡：《世说新语笺疏》，第379页。
④ 萧统：《文选》，第720页。

可见，是因为嵇康的劝说，并得到"足下不足迫之"的保证，吕安才"不复兴意"。结果却让人愤慨。信中怒斥吕巽出尔反尔、背信弃义、诬陷无辜。作为吕安的朋友和见证人，嵇康毫不迟疑，挺身而出，到洛阳申诉，为吕安辨诬，伸张正义。其实，更大的阴谋在等着嵇康。司马氏集团召开紧急会议商议对策。《世说新语·雅量》注引《文士传》记载："吕安罹事，康诣狱以明之。钟会庭论康，曰：今皇道开明，四海风靡，边鄙无诡随之民，街巷无异口之议，而康上不臣天子，下不事王侯，轻时傲世，不为物用，无益于今，有败于俗。昔太公诛华士，孔子诛戮少正卯，以其负才乱群惑众也。今不诛康，无以清洁王道。"①

此段话大意是，如今天下太平，形势大好，穷乡僻壤没有刁民，市面上也没有对当局的流言蜚语，举国上下，同心同德。而嵇康却蔑视当局，不肯称臣，伤风败俗。所以有"今不诛康，无以清洁王道"的结论。钟会此时乃是"司隶校尉"，即首都及所辖各郡的最高行政长官，手握重权。吕、嵇都是不与当局合作的名士，嵇康又有明里暗里"炮轰"司马氏的言论，即有关政治方面的看法，抑或不满之类的言论。吕安在"徙边"的途中给嵇康写了封信，落入司马氏的手中。根据干宝《晋纪》记载："顾影中原，愤气云踊。哀物悼世，激情风烈。龙睇大野，虎啸六合，猛气纷纭，雄心四据。思蹑云梯，横奋八极，披艰扫秽，荡海夷岳，蹴昆仑使西倒，蹋泰山令东覆……斯亦吾之鄙愿也。"② 这不仅是不孝的问题了，被当局定为"图谋不轨"。钟会与嵇康之间的嫌隙，成了他构陷嵇康的助推剂。他对司马昭说："嵇康，卧龙也，不可起。公无忧天下，顾以康为虑而。"③ 司马昭在钟会的劝说下，将为吕安伸冤的嵇康也抓了起来。

嵇康被牵连入狱后写了《幽愤诗》，他说："咨予不淑，婴累多虞，匪降自天，寔由顽疏。"④ 平时志向高洁的嵇康在狱中十分沮丧，他的《幽

---

① 余嘉锡：《世说新语笺疏》，第 379 页。

② （梁）萧统：《文选》，第 1942-1943 页。关于此文，一说为赵至与嵇蕃书。

③ （唐）房玄龄：《晋书》，第 1373 页。

④ 戴明扬：《嵇康集校注》，第 42 页。

愤诗》格调十分低沉。他冷静地回顾了自己的一生，对后来激烈介入反抗司马昭的斗争中表示后悔。嵇康入狱确实是"天降之祸"，但也绝非偶然。具体说来，这与嵇康的身份（曹家的女婿）有关。此外，他"非汤武而薄周孔"等一系列离经叛道之论对司马氏篡权有了妨碍。再次，他对钟会的"侮辱"确实在一定程度上让钟会怀恨在心。这一切，又把嵇康此时的境域推向最坏。在《幽愤诗》中，嵇康表达了"昔惭柳下，今愧孙登"，自己虽然"托好老庄，贱物贵身"，却没能像孙登等人那样做一名真正的隐士。所以，如果能够再度获得自由，一定会加倍珍惜，即"顺时而动，得意无忧"。

　　嵇康被捕入狱后在社会上引起很大的震动。《世说新语·雅量》曰："康之下狱，太学生数千人请之，于时豪骏皆随康入狱。悉解喻，一时散遣。"[1]太学生与名流的请愿，说明嵇康的影响力很大，尤其在政治方面嵇康简直成了精神领袖。因此，司马昭决定斩断这面旗帜，对于嵇康，他们没有任何敢于公开的罪名，所以清代张云璈《选学膠言》说："古今不平之事，无如嵇、吕一案。"[2]

　　嵇康虽然在被关押期间思想痛苦地动摇过，但是，他超脱、飘逸、高远的性格让他很快恢复了从容。景元三年的某一天，他和吕安被押到洛阳东市准备执行死刑。嵇康面无惧色，泰然自若，具有正义的气势与不可侵犯的威严。死亡是什么？死亡是身体走向寂灭，却是精神与灵魂的永生。他神气不变，索琴弹之，奏《广陵散》，琴声时而低回，时而激越，时而凄婉，悲怆的旋律弥漫在广阔的寰宇。曲终，嵇康说："袁孝尼尝请学此散，吾靳固不与，《广陵散》于今绝矣！"[3]在中国音乐史上，《广陵散》是一支颇具神奇色彩，并且表现力相当丰富的大型古琴曲，叫《广陵止息》，或《止息》。该曲从东汉开始，一直延续下来，自嵇康之后，唐宋元明清以至今日代代流传不已。"《广陵散》的旋律显得非常丰富多变，感情起伏较大。正如北宋《琴苑要录·止息序》所说，它在表达'怨恨凄感'的

<hr>

① 余嘉锡：《世说新语笺疏》，第379页。

② （清）张云璈：《选学胶言》，《丛书集成续编》，第216册，新文丰出版社，1988年，第417页。

③ 余嘉锡：《世说新语笺疏》，第378—379页。

地方，去掉幽怨悲凉；在表达'弗郁愤慨'的地方，又有雷霆风雨、'戈矛纵横'的气势。"① 嵇康的广陵散我们已经无法听到，但是《广陵散》这首琴曲的精神已与嵇康的思想融合，永世流传！

第三节　嵇康与儒学、道家、道教

嵇康天资聪颖，在少年时期就显示出与众不同，所谓"幼有奇才，博览无所不见"②。他自称"学不师授"，从小喜读老庄。他爱好音乐，"余少好音声，长而玩之"③，最擅古琴，这使得嵇康养成了魏晋时代名士特有的精神气质与才华，呈现出他旷迈不群、遗世独立的人格世界，因而他的文华与哲思超逸世俗。但是，他的哥哥嵇喜给他作《嵇康传》时说，嵇康"家世儒学"。从《嵇康传》我们可对嵇康的学术传统窥见一二。

　　家世儒学，少有隽才，旷迈不群，高亮任性，不修名誉，宽简有大量。学不师授，博洽多闻，长而好老、庄之业，恬静无欲。性好服食，常采御上药。善属文论，弹琴咏诗，自足于怀抱之中。以为神仙者，禀之自然，非积学所致。至于导养得理，以尽性命，若安期、彭祖之伦，可以善求而得也；著养生篇。知自厚者所以丧其所生，其求益者必失其性，超然独达，遂放世事，纵意于尘埃之表。撰录上古以来圣贤、隐逸、遁心遗名者，集为传赞，自混沌至于管宁，凡百一十有九人，盖求之于宇宙之内，而发之乎千载之外者矣。故世人莫得而名焉。④

从这段文字中，我们看出嵇康的家学传统、知识背景、嗜好、特长等。所谓"家世儒学"，嵇氏是靠曹氏起家，也属于"寒门"庶族一类。士族和庶族有区别，前者在政治经济文化方面都享有特权，后者没有。汉代崇尚儒术，士人多靠经学起家做官，他们不但授徒讲学，而且其子孙也往往继承家学，形成世代习儒的文化传统。嵇康博览群书，好老庄。他自称"老

---

① 夏野：《中国古代音乐史简编》，上海音乐出版社，1989 年 2 月，第 54 页。
② （梁）萧统：《文选》，第 836 页。
③ 戴明扬：《嵇康集校注》，第 139 页。
④ （晋）陈寿：《三国志》，第 591 页。

子、庄周，吾之师也"。这与他同时代的王弼、钟会不同，王弼有很深厚的家学渊源，而钟会的母亲张夫人对钟会严加管教。[①]嵇康没有任何老师教授学问，除了受母兄的教育方式影响外，也受那个时代文化环境的影响。两汉时期传统教育有"师法""家法"，经学有严格的师授体系，没有师授的经历，很难得到官方的认可。[②]随着汉末名教大厦的崩溃，儒家思想中一些僵化、教条的准则、礼仪规范等受到瓦解。虽然曹魏政权时期，也召集读经就学，但是其选官制度——九品中正制，不同于汉代，优秀的经师和优秀的学生都未必能得到官职，至少他们没有获得高官的优势，入地方太学已然变成了青年人逃避兵役的方式，私人经师也是无人问津。所以，嵇康没有受到过系统的传统儒家教育也在情理之中。

然而，当我们揣摩嵇康的著作时，我们会发现他有很浓厚的儒家情怀，对儒家经文文献引经据典的地方也不少。嵇康曾自称"不涉经学"，但《北堂书钞》引王隐《晋书》曰："晋文王上书，请嵇康为博士。"[③]据《玉函山房辑佚书》，有《春秋左氏传嵇氏音》一卷，《隋志》有《春秋左氏传音》三卷。《唐志》不著录，佚已久。陆德明《释文》引五节，《史记索隐》引一节，并据采集。[④]左氏之学起于西汉初年，经过了几次今古文之争。古文大家大多数都研习《左氏》。杜预说："大观群典，谓《公羊》《谷梁》，诡辩之言。"[⑤]《左氏传》详于记事，魏晋人推崇《左氏传》，因为可以从历史中发现更多的义理，而不是一味地接受"微言大义"。嵇康正是在这种背景下，研习《左氏春秋传》的。嵇康曾避居河东，河东地区在杜畿任太守时，学业大兴。马国翰《玉函山房辑佚书》辑得《春秋左氏传音》六条。除此之外，嵇康经常使用《韩诗》的修辞、句式。下面是嵇康文章中有关在《左

---

① "夫人性矜严，明于教训，会虽童稚，勤见规诲。年四岁授《孝经》，七岁诵《论语》，八岁诵《诗》，十岁诵《尚书》，十一诵《易》，十二诵《春秋左氏传》《国语》，十三诵《周礼》《礼记》，十四诵成侯《易记》。"《三国志·魏书·钟会传》注引《张夫人传》，参见《三国志》，第785页。。

② 汉人重师法和师承，学生必须严格遵循老师诠释的经典章句。在师法为主导的前提下，弟子们又各自发展师说，又出现不同的家法，所谓师法之外，复有"家法"。

③ （隋）虞世南：《北堂书钞》，天津古籍出版社，1988年，第277页。

④ 戴明扬：《嵇康集校注》，第681页。

⑤ （晋）陈寿：《三国志》，第508页。

氏传》的引文：

《释私论》	故里凫显盗，晋文恺悌，勃鞮号罪，忠立身存。	引僖公二十四年传
《明胆论》	故子家软弱，陷于弑君；左师不断，见逼华臣；皆智及之而决不行也。	引襄公十七年传
《声无哀乐论》	若葛卢闻牛鸣，知其三子为牺；师旷吹律，知南风不竞，楚师必败。	引僖公二十九年、昭公二十年

不仅如此，嵇康的父亲嵇昭曾做过"督军粮治书侍御史"，没有一定的学识素养是无法掌管文牍律令的，所以说嵇家虽不像豪门大族那样有家学渊源，但是受过儒家正规教育是不难推测的。嵇康曾抄写过"石经"。《太平御览》六百一十四条曰："西晋赵至，字景真，年四十，随人入太学观书，时嵇康于学写石经古文异事，讫，遂逐车问康，异而语之，为诸生。"[1]

嵇康在太学抄写石经[2]，在抄写的同时，实际上也是学习石经上所刻的内容。另外，青年的嵇康，正处在魏明帝倡导"尊儒贵学""以经学为先"的时候。嵇康的诗文中，会引用《韩诗》典故。如"仲尼叹韶音之一致，是以咨嗟"。还有《声无哀乐论》中，"必若所言，则浊质之饱，首阳之饥，卞和之冤，伯奇之悲，相如之含怒，不占之怖祗"的"不占之怖祗"的典故，出自《韩诗外传》。除了《韩诗》，嵇康还在文中引用了《论语》《尚书》《周易》《礼记》《孟子》《春秋左氏传》等儒家典籍。在《难宅无吉凶摄生论》中，引用了《周易》中的"积善之家，必有余庆"。还有一些引用，是经过嵇康自己消化的儒家经典章句。如《论语·子张》中的"譬诸草木，区以别矣"，在嵇康的《明胆论》中，变为"人情贪廉，各有所止。譬诸草木，区以别矣"。[3]此类例子，不胜枚举。

以上事例说明，嵇康虽然"不涉经学"，自称以老子庄周为师，但是

---

① 戴明扬：《嵇康集校注》，第 600 页。

② 刘汝霖在《汉晋学术编年》的《魏刻三字石经》中说："石经为何人所书，本不可考……盖康写石经，乃摹写之谓，非写碑而刻字也。"（华东师范大学出版社，2009 年，第 516 页。）

③ 戴明扬：《嵇康集校注》，第 429 页。

他有足够的时间与机会接触儒家经典，深受儒家影响。在《答难养生论》中，嵇康说："藉名高于一世，取准的于天下；又勤诲善诱，聚徒三千，口倦谈议，身疲磬折，形若求孺子，视若营四海。"[1]孔子疲于讲学劝学，过度拘于名教，劳神苦形。虽然这些话都是"批评"之意，但至少嵇康对孔子的认识是充分的。《家诫》中，嵇康劝其子的话，克己修己，谨言慎行，培养君子品格，都是儒家思想所崇尚的气节。

嵇康好言老庄，其著作中《老子》《庄子》的痕迹到处都有。作为魏晋时期的一名玄学家，"好老庄"并不稀奇。嵇康早在冠带之前，就好老庄之道。魏晋士人远离政治中心，庄子的精神引起士人的精神共鸣。超然物外，远离世事，这些都能在庄子思想中找到精神支柱。"老庄"一词逐渐流行起来，庄子的思想也被许多士人所知，但是，从重视黄老到喜好老庄，这一变化发生在汉魏之际。冯友兰认为，汉朝人很少把老子和庄子并称，他们只说'黄老'，不说'老庄'。魏晋神仙道教理论的形成，通常以葛洪完成《抱朴子内篇》为代表，但嵇康著作中不乏对神仙向往之词。嵇康在河东时拜见孙登，又遇见王烈。嵇康的《圣贤高士传赞》辑录上古以来圣贤、隐逸、遁心、遗名者，这些都说明道教对嵇康的影响很深。他的《游仙诗》曰："遥望山上松，隆冬郁青葱。自遇一何高，独立迥无双。愿想游其下，蹊路绝不通。王乔异我去，乘云驾六龙。飘遥戏玄圃，黄老路相逢。授我自然道，旷若发童蒙。采药钟山隅，服食改姿容。蝉蜕弃秽累，结友家板桐。临觞奏九韶，雅歌何邕邕？长与俗人别，谁能睹其踪？"[2]嵇康有丰富的想象力，政治黑暗到令人窒息，许多想法都无法实现，因此嵇康把心中的美好向往寄托在诗中。《赠兄秀才入军诗》（六）说："人生寿促，天地长久。百年之期，孰云其寿。思欲登仙，以济不朽。"[3]从诗中可以看出，嵇康希望长生不死，这是典型的道教追求长生的特点影响。

---

① 戴明扬：《嵇康集校注》，第 300 页。

② 戴明扬：《嵇康集校注》，第 64 页。

③ 同上，第 14 页。

第二章　嵇康思想研究

在中国思想史上，魏晋思想的主流是魏晋玄学。它的特点即是儒学、道家、道教、佛教等相互斗争与融合。学术思潮由"经学"向"玄学"的过渡与转变，其社会背景是汉代帝国的瓦解，取而代之以门阀士族为根底的魏晋时代。汉代以来儒学独尊的地位被玄学所取代，在哲学上从宇宙论转向了本体论，强调本体与万物之间的体用关系，不再强调时间上的先后关系，避免了宇宙论对本源及其生成过程的神秘性解释。魏晋时期被称为"士的群体觉醒"的一代，的确，玄学对人的主体意识的关注要超过以往，对个体与社会、名教与自然作出了深刻讨论。嵇康作为其中一人，无论是在哲学上、文学上、音乐上都有相当的建树。

第一节　嵇康的哲学思想

汤用彤的"玄学乃本体之学"黜天道而究本体著名论断，为研究魏晋玄学的地位与作用提供了钥匙。魏晋玄学不再拘泥于宇宙运行之外用，而是讨论万物之本体，脱离汉代宇宙论，而留连于"存存本本之真"。[1] 目前

---

[1] 汤用彤：《魏晋玄学论稿》，第39—40页。

魏晋玄学的研究中，对嵇康没有给予应有的重视，①在理解上或多或少存在着本体论高于宇宙论、特殊性不如普遍性的前见。实际上对待嵇康思想，我们应该跳出这种视域的局限，去发现嵇康思想中有价值的东西。从学术史上说，汉代宇宙论向魏晋本体论转化的过程，是循序渐进的，嵇康主张元气论与此亦有关系。

一、元气陶铄，众生禀焉

元气论是指构成天地万物的根源。在中国哲学史上，元气不断发展与演变，元气的内容不断丰富。李存山在《气论与仁学》中说："春秋时期，《左传·昭公元年》有'六气'（阴、阳、风、雨、晦、明）和《尚书·洪范》有'五行'（金、木、水、火、土），这是两个相对待的观念，六气属于天，五行属于地。"②此处则将阴阳解释为气，以阴阳论气大约亦从此始。伯阳父更是以天地阴阳之气解释地震，说："夫天地之气，不失其序，若过其序，民乱之也。阳伏而不能出，阴迫而不能烝，于是有地震。"（《国语·周语上》）

①汤用彤将魏晋玄学划分为四个派别，一为王弼之学；二为向秀、郭象之学；三为"心无义"；四为"不真空义"。这并未提及嵇康的玄学。后来在《贵无之学》中，认为贵无之学有三个系统，一是王弼何晏，二是嵇康阮籍，三是张湛道安。这将嵇康归入到贵无派，并认为嵇康表现了玄学的浪漫派，"思想并不精密"。冯友兰认为以嵇康、阮籍为代表的竹林名士，是对正始玄风的一种补充，"阮籍、嵇康是在社会思想方面讲贵无。这种贵无表现在对于名教的批判，所以他们是相互补充的。"任继愈说："阮籍、嵇康强调本体，崇尚自然……嵇康和阮籍的自然论在玄学思潮的这个发展的序列中占有非常重要的地位。"（任继愈主编《中国哲学发展史》（魏晋南北朝卷）《阮籍、嵇康的自然论》，人民出版社，1988年，第180页）侯外庐说："嵇康的玄思并没有放在本体一类的问题上，而是关注事物之理，探讨认识的可靠性。他对人们一向信守的归纳提出质疑，反对独断。在认识论方面，嵇康有着独特的贡献。"（《中国思想通史》第三卷，人民出版社，2011年，第133页）余敦康说："我们研究嵇康的思想，应该着眼于当时清谈的一般风气以及知识分子的普遍精神追求，而不必过分拘泥于嵇康所表现的那些意见。事实上，嵇康在逻辑上的自相矛盾是显而易见的，牵强附会之处不少，并没有把对方驳倒……嵇康本人也不是着意驳倒对方，把论敌置于死地而后快，他只是希望通过对方来肯定自我意识的主体性存在，使自己树立的精神境界获得某种确定性。他之所以成为当时清谈的领袖人物，关键在于他提出了一个自我意识如何去认识本体的独特思维模式。"（余敦康：《魏晋玄学史》，北京大学出版社，2004年，第318页）徐斌认为："嵇阮只汲取老子和庄子的宇宙生成论，形成气一元论思想，而别除了汉儒天人说中将天象与人事对应穿凿的神秘迷信成分。"（徐斌：《魏晋玄学新论》，上海古籍出版社，2000年，第177页）童强认为："嵇康的玄思并没有放在本体一类的问题上，而是关注事物之理，探讨认识的可靠性。他对人们一向信守的归纳提出质疑，反对独断。在认识论方面，嵇康有独特的贡献。"（《嵇康评传》，第32页）

②李存山：《气与仁的哲学》，中州古籍出版社，2009年，第3-13页。

老子认为："道生一，一生二，二生三，三生万物。万物负阴而抱阳，冲气以为和。"（《老子·四十二章》）庄子认为万物的生与灭就是"气"的聚与散，宇宙只是一气而已。"气"到底是指什么？在庄子看来，气就是由无到有，未成形体的一种状态。①《易传》直接以"气"论阴阳，《乾卦》初九爻的文言中有"潜龙勿用，阳气潜藏"。《管子》认为，"道"就是"精气"。②这是说世界上一切事物都是由"精气"所成，中国古代"气本源"的思想已确立。随之，"五行"与"气"之间的关系也发生变化。五行与气的结合在《管子》中有明确的论述，这标志着"气"本原论的进一步发展。张岱年说："气之观念，实即由一般所谓气体之气而衍出的。气体无一定形象，可大可小，若有若无，一切固体液体都能化为气体，气体又可结为液体固体。以万物为一气之变化的见解，当是由此事实而导出的。"③

汉代元气论更为发达。五行说经过阴阳五行家的改造，被包含在"气论"中，"气"已然成为用来说明宇宙起源的范畴。宇宙万物都是阴阳五行气化而成，天地万物之最先者是"气"，万物是由"气"所构成。如："始起先有太初，然后有太始，形兆既成，名曰太素。混沌相连，视之不见，听之不闻，然后判清浊，即分，精曜出布，庶物施生。"④《易纬·乾凿度》曰："有太易，有太初，有太始，有太素也。太易者，未见气也；太初者，气之始也；太始者，形之始也；太素者，质之始也。"⑤

上面的引文是对天地起源和演化过程的描绘，道始于虚廓，虚廓生宇宙，宇宙生气。天地万物生成之前曾有一个"气"的阶段。相比之下，王符对于宇宙起源和演化的历程认知上更加细致。他说："阴阳有体，实生两仪。

---

①《庄子·至乐》："察其始……而本无形。非徒无形也而本无气。杂乎芒芴之间，变而有气，气变而有形。"

②《管子·内业》："凡物之精，此则为生，下生五谷，上为列星；流于天地之间，谓之鬼神；藏于胸中，谓之圣人。"（参见黎翔凤：《管子校注》，中华书局，2004年，第931页。）

③张岱年：《中国哲学大纲》，江苏教育出版社，2005年，第66页。

④（清）陈立：《白虎通疏证》，中华书局，1994年，第421页。

⑤（东汉）郑玄著，常秉义编：《易纬》，新疆人民出社，2000年，第6—7页。

天地壹郁，万物化淳，和气生人，以统理之。"①他吸取了老子的"道"作为"气"的根源，规范了"气"的运行变化。魏晋玄学的开创者之一王弼，构建了以"无"为本体的哲学体系，但是也有对"气"的提法，如"任自然之气""气无所不入""心宜无有，使气则强""故万物之生，吾知其主，虽有万形，冲气一焉。百姓有心，异国殊风，而王侯得一者主焉"。②从自然之气一直言及人内在之气的内容，使人实现世界变为统一的冲气，在其理论深处，也没有完全切断汉代气论的延续。

稀康继承并发展了汉代的元气论。所谓"浩浩太素，阳曜阴凝。二仪陶化，人伦肇兴"。③"人伦肇兴"与"众生禀焉"都是"元气陶铄"的结果，指人是由元气构成的，万物也是禀气而生。在《琴赋》中，稀康认为"椅梧"禀受"天地醇和之气"而生，吸纳日月之光，所以只有它制成的琴才是最好的。稀康对"元气"的阐释与应用，与汉代元气生成万物的模式没有太大区别。以"太素"为开端，认为太素是最原初的物质，就是阴阳未分的混沌之气。宇宙万物就是"元气陶铄"的结果，天地万物一切由元气构成，元气亦成为"太素"，衍生阴阳五行。天地人万事于其中，皆禀元气。元气禀生的差异，形成了万物的差异。人与人的不同、物与物的不同都是禀气差异的结果。"气"在稀康的视野里，可谓无所不在。他说：

> 且豆令人重，榆令人暝，合欢蠲忿，萱草忘忧，愚智所共知也；薰辛害目，豚鱼不养，常世所识也。虱处头而黑，麝食柏而香，颈处险而瘿，齿居晋而黄。推此而言：凡所食之气，蒸性染身，莫不相应。④

事物因为禀气不同，所以属性也不同。长期生活在某地就会受当地水土之气的熏染，因为凡所食之气，蒸性染身。在山区生活的人脖子肿大，居晋之人牙齿黄。稀康认为阴阳五行的运行规律，也会对事物的性质和发

---

① 彭铎：《潜夫论笺校正》，中华书局，1985 年，第 365 页。
② 楼宇烈：《王弼集校释》，第 117 页。
③ 戴明扬：《稀康集校注》，第 533 页。
④ 同上，第 253—254 页。

展规律造成影响。"乾坤有六子，支干有刚柔，统以阴阳，错以五行。"[1]元气、阴阳、五行的气化过程，即是天地万物生成的过程。阴阳五行的运动有其自身的规律，如阴阳升降、动静，五行的相生相克。通读嵇康的著作，我们会发现嵇康还有很多与"气"相关的用法，如声气、性气、体气、神气、禀气、气分，充分说明"气"的重要性。[2]嵇康持元气自然的主张，实际上与王充的"元气"相似。王充认为气是万物的起源，万物的禀性受气不同，所以万物之间具有差异性。天地，含气之自然也，"天地合气，万物自生"，"能飞升之物，生有毛羽之兆；能驰走之物，生有蹄足之形。驰走不能飞升，飞升不能驰走，禀性受气，形体殊别也"。[3]嵇康以元气为本原，元气与自然的关系，规定了世间万物的存在方式与发展规律。在嵇康看来，万物都是"元气"以"自然相待"的方式形成，而不假人用，这就否定了神创论。但是，阴阳五行之气的运行，只能说明万物产生的状态方式，却不能直接决定具体事物的规律。元气只是构成事物的材料，事物的形成却不是阴阳五行的简单复制，而是具有"自然之性"或者"自然之理"。基于这一点，嵇康运用元气论，重心在于揭示事物的自然之性或者自然之理。

二、"自然之理，无微不照"之自然论

魏晋时期，人们已经不满足与对现象世界的了解，企图把握对现象世界背后本体的认识，嵇康就生活在这样的思想氛围中。玄学家对"自然"具有相当深刻的认识，如夏侯玄、何晏都对"自然"有论述。王弼说"天地任自然，无为无造，万物自相治理，故不仁也"[4]，天地万物的存在与运行状态是"自然"，世间万物存在的秩序、法则也是"自然"，自然就是如其本然一样的存在与运动。嵇康并没有像王弼那样，建立一个完整的哲

---

[1] 戴明扬：《嵇康集校注》，第 508 页。

[2] 据王晓毅在《嵇康哲学新论》中分析：嵇康引用元一阴阳五行学说，作为立论的重要依据，支持关于才理、心理、命理、乐理、生理的理论。如"明、胆"与阴阳二气；"公私之理"与元气；住宅吉凶之理与阴阳五行之气；声无哀乐之理与五行之气；养生与元气，等等。（《中国哲学史》，2004 年，第 1 期）

[3] 黄晖：《论衡校释》，中华书局，1996 年，第 774、318 页。

[4] 楼宇烈：《王弼集校释》，第 13 页。

学体系，甚至没有对自然有过专门的讨论，"自然观"却渗入嵇康思想的各个部分。如上一节所述，嵇康继承并发展了汉代的元气自然论。他认为阴阳五行之气并非决定万物之理，万物生成后，就会有其自身的规律，这种规律不以人的意志而改变。

嵇康将自然视为天地万物的至理。他所说的自然，主要是指相对于人为力量，万事万物"自己如此"之意。《老子》说："功成事遂，百姓皆谓我自然。"（《老子·十七章》）"人法地，地法天，天法道，道法自然。"（《老子·二十五章》）对于"法自然"，王弼在《老子注》中解释道："在方而法方，在圆而法圆，于自然无所违也。"① 也就是说，自然是一个普遍的、根本的原则，自然的状态是事物存在和发展的最佳状态。万物生成变化完全是自然而然的过程，任何外力的参与都是不必要的，强加的外力作用会破坏事物本身的发展。嵇康以"老子庄周"为师，亦以老庄为旨归，因此他所提的"自然"有道家"自然"的特性。嵇康说：

> 夫推类辨物，当先求之自然之理。理已定，然后借古义以明之耳。今未得之于心，而多恃前言以为谈证，自此以往，恐巧历不能纪。②

自然之理是诠释世界万物的"总则"。首先，自然是物之自然。他在《答难养生论》中说道："然松柏之生，各以良殖遂性。若养松以灰壤，则中年枯陨。树之重崖，则荣茂日新。此亦毓形之一观也。"③ 松柏各有其性，不同的树木、不同的物种有其不同的自然之性，这个自然之性是自然而然地形成的。事物的生长有自然的规律，所以要遂其性，就要顺从其自身的生长发育的环境、条件、规律。顺则生，逆则枯。同样，养蚕也要顺其自然之性。"火蚕十八日，寒蚕三十余日，以不得逾时之命，而将养有过倍之隆。"④ 自然之性规定了与事物相关的一切属性特征，是事物赖以生

---

① 楼宇烈：《王弼集校释》，第64页。
② 戴明扬：《嵇康集校释》，第349页。
③ 同上，第301页。
④ 同上，第300页。

存的条件。世界就是由不同类的多样性组成的，每个类别和物种之间都有自然之性，不能违反。各物有其相应的自然之理，要认识物之自然之理，首先应依于理知。他在著作中多处提到"理"，理为理由，事物的必然之理。嵇康的哲学，"不得不在'常'的存在以外，再承认有'至'的存在。换句话说，就是'寻常'与'特殊'的并行不悖……种种运动变化外，不得不承认有超时空的不变。"①所谓"超时空的不变"就是嵇康所探求的"自然之理"。事物的自然之理，通过人对万物的认知透显出来。

其次，自然也是人的自然。在人道观上表现为"任自然"。"浩浩太素，阳曜阴凝。二仪陶化，人伦肇兴。"②人禀自然的元气而生，因此，人的身体和天下事物一样是自然之得，自然而成。所以嵇康在提到"至人"时说："由身以道，与天下同于自得。"个人在大自然的演化中自得其形，其所自得，皆源于天。汤一介先生说："所谓任自然，就是任自然之性……人的本质要求的是使得其欲望得到发挥，要使人的自然本性得到发挥就要否定一切人为的对自然本性的限制。但超越一切人为（社会的）限制，也还不能完全自由，故仍不是最高的精神境界。要达到最高的完全自由的精神境界还得超越自然界（外物的）限制。"③阮籍对"自然"的理解与嵇康不同。他在《达庄论》中说："天地生于自然，万物生于天地。自然者无外，故天地名焉；天地者有内，故万物生焉。当其无外，谁谓异乎？"④阮籍把整个世界看成和谐统一的整体，直接消除了世界之外的神秘根据。

再次，自然之理亦指自然之道。人们在认识自然之理的过程中，会受到主观因素的影响，精微的至理，常常因为经验的限制而被障蔽。嵇康说，"飘遥戏玄圃，黄老路相逢。授我自然道，旷若发童蒙""至人远鉴，归之自然""目送归鸿，手挥五弦，俯仰自得，游心太玄"。⑤从以上引文中可以看出，"授我自然道""留弱丧自然""渊淡体至道""归之自然"等都说明"自然"

---

① 侯外庐：《中国思想通史》，第 3 册，第 151 页。
② 戴明扬：《嵇康集校注》，第 533 页。
③ 汤一介：《儒释道与内在超越问题》，江西人民出版社，1991 年，第 28 页。
④ 陈伯君：《阮籍集校注》，中华书局，1987 年，第 138 页。
⑤ 戴明扬：《嵇康集校注》，第 64、31、24 页。

对嵇康来说，不但是向往之境界，更是诠释世界万物的"总则"。嵇康的自然论，实际上是以"自然"将天道与人道融合在一起。

自然之理即"常理"以外的"至理"，是"言"与"数"即语言与理性所能解的，认识这类事物还需要"体认"。"圣人穷理，谓自然可循，无微不照"。所谓"超时空的不变"就是嵇康所探求的"自然之理"。"自然之理"如何得到？嵇康以"自然之和"回答了这个问题。

三、自然之和

嵇康提出"自然之和"的思想，原本是指音乐有其自身的节奏秩序的和谐，这种和谐是一种自然客观的状态。实际上，"自然之和"可以说是嵇康哲学思想的核心。所谓自然之和，就是万物任自然之性，即事物发展所遵循的客观规律而形成的一种和谐的整体秩序。《老》《庄》中也非常重视"和"。[1]"自然之和"是指一种和谐的状态，即不受外界的影响和干扰而自然产生、不会随着外界环境的变化而变化。[2]在《琴赋》中云：

> 若论其体势，详其风声，器和故响逸，张急故声清，间辽故音庳，弦长故徽鸣。性洁静以端理，含至德之和平……其余触类而长，所致非一，同归殊途，或文或质，总中和以统物，咸日用而不失。其感人动物，盖亦弘矣……感天地以致和，况跂行之众类。嘉斯器之懿茂，咏兹文以自慰，永服御而不厌，信古今之所贵。[3]

元气的运行和变化都是自然和谐的，"自然之和"既是天下万物各自的天性，也是它们共有的属性，不同的事物对"自然之和"的表现不同，但本质上都是同一个"自然之和"。在万物之间的关系中，"自然之和"乃是最佳状态。万物顺着自然之理，最终达到自然之和的状态。"古人仰准阴阳，俯协刚柔，中识性理，使三才相善，同会于大通，所以穷埏而尽

---

①（《老子·四十二章》）："道生一，一生二，二生三，三生万物，万物负阴而抱阳，冲气以为和。"《庄子·德充符》云："德者，成和之修也。"

②汤用彤认为，自然有三种含义：混沌、玄冥；法则、秩序；天和、和谐。他认为嵇康的自然是一和谐整体。（参见《魏晋玄学稿》）

③戴明扬：《嵇康集校注》，第140页。

物宜也。夫同声相应，同气相求，自然之分也。"① 作为不同种类所共有的规律，使得具体分别、不同事物自身以及事物彼此之间都具有内在的一致，这个内在的一致证明了自然体系的不同种类自身以及相互之间具有相一致的和谐，因此，由不同种类组成的自然体系也是和谐的，至此，这个"自然之和"就成了统摄万事万物的最佳状态。

第二节　嵇康的认识与方法论

嵇康的认识论与其元气、自然论等天道观紧密相连。对于"至物"微妙的认识，主要通过"理知"，不是通过"目识"。他重视理性，重视逻辑推理，带有明显的理性主义倾向和思辨的特点。世界是可以认识的，判断事物不能只依靠感性认识，更重要的是理性判断，只有这样才能正确反映事物的本质。

一、探赜索隐不以己度

人类的认识发展是一个复杂的过程，按照历史与逻辑相统一来说，它集中表现在哲学概念、范畴、发展之中。嵇康把知识分三类：一是"愚智所共知"的知识，这类知识指常识性的知识。如："且豆令人重，榆令人瞑；合欢蠲忿，萱草忘忧，愚智所共知也"②。二是"劝学讲文，以神其教"的知识，即通过习、知而获得的理性知识。如："及至人不存，大道陵迟，乃始作文墨，以传其意，区别群物，使有类族。造立仁义，以婴其心。制为名分，以检其外。劝学讲文，以神其教。故六经纷错，百家繁炽，开荣利之途，故奔骛而不觉。"③ 三是"神而明之"的知识。即"言所不能及，数所不能分；是以古人存而不论。神而明之，遂知来物"④。根据以上这三

---

① 戴明扬：《嵇康集校注》，第 513 页。

② 同上，第 253 页。

③ 同上，第 447 页。

④ 同上，第 476—477 页。

种知识的分类，嵇康提出了自己的观点。

嵇康说："至物微妙，可以理知，难以目识。譬犹豫章生七年，然后可觉耳。"[1]现象界的千变万化不由目见目识，而由理知。人们在对某种事物进行判断的时候，首先要弄清事物的本质及其规律，已经存在的事物，虽然有正确的认识方法，但是不能立刻就认识它。嵇康用橡树和樟树举例：二者外形很相似，必须长到七年以后才能辨认清楚。"天地广远，品物多方，智之所知，未若所不知者众也。"[2]对于大千世界，智力所能"知"所能"见"的远不如"未知"的多。他说：

> 况乎天下微事，言所不能及，数所不能分；是以古人存而不论。神而明之，遂知来物。故能独见于万化之前，收功于大顺之后。百姓谓之自然，而不知所以然。若此，岂常理之所逮耶？[3]

世间万物还有很多语言无法表达，智力所不能至之事，那些几微奥妙的事物和经验未曾达到过"至物""至理"。对于那一类神祇、吉凶、先知等玄妙之事只能为圣人所知，不能为普通人所解，我们不能只凭经验去认识，这就是他所说的"神而明知"的知识。古人存而不论，这就要"探赜索隐"以求"通变达微"。嵇康批判常人的做法通常都是"以多自证，以同自慰"[4]。"多"与"同"是指赞同多数人的意见，这种做法的结果是"思不出位"。"思不出位"即不做超出自己掌握的范围内的事，循规蹈矩，因循保守，无法放开眼界，亦不能独立思考。"探赜索隐"时，不局限于自己掌握的范围及"所见"与"常论"。"所识"与"所见"、"常论"虽然是认识事物的基础，但是不能囿于此，要勇于探求事物背后的本质及规律，如果只以"所识"和"常论"为依据，进行无休止的推论，是无法得到正确认识的。针对这一点，嵇康认为事物要兼顾各种因素，不能主观、片面，要以"求诸身"和"校外物"相结合。他反对"以己为度"的主观

---

[1] 戴明扬：《嵇康集校注》，第 255 页。

[2] 同上，第 477 页。

[3] 同上，第 476—477 页。

[4] 同上，第 252 页。

臆断。他说："故善求者，观物于微，触类而长，不以己为度也。"① 嵇康认为人在对某事物进行判断的时候，首先要弄清楚事物的本质及其规律性，做到对事物的融会贯通，反对"以己为度"的主观臆断。

他在《声无哀乐论》中提出："夫推类辨物，当先求之自然之理。理已定，然后借古义以明之耳。"

首先要"以甲为度，以校乙之啼"。在《声无哀乐论》中，秦客问：既然声无哀乐，为什么"羊舌母闻儿啼"能知其要"丧家"？这是因为"神心独语，暗语而当""今之啼声似昔之啼声，故知其丧家耶"。嵇康认为羊舌母场闻儿啼哭之声为恶，今之啼哭声借之啼哭，故用"以甲声度，以校乙之啼"推知"今啼哭当恶也"。这是一个"以甲为度，以校乙之啼"的推理关系。"度"是标准，校是检验得出结论。即由已知"度"（尝闻甲声为恶和乙声似甲声），推出"乙声为恶"。此"度"相当于推理前的证据，校知是推理的结论。大前提是由枚举归纳得出，是或然的，小前提"似甲声"也带有或然性。无法验证婴儿啼哭声为丧家，也就是说"儿啼哭丧家"的不必然性。当然，"推类"也要根据事物的"类"来进行，不同类不能相通。论用"葛卢闻牛鸣，知其三子为牺"，嵇康以"牛非人类，无道相同"辩难。

其次要"理已足"和"校外物"。他在《难宅无吉凶摄生论》中提到："纵欲辨明神微，祛惑起滞，立端以明所由，断以检其要，乃为有徵。"② 这就将部分与整体联系起来，并注意到了推理前后逻辑关系的结论是否正确。嵇康为了证明"凡是吃的东西没有不造成效果"的这个结论，在《养生论》中举了一系列的例子："薰辛害目，豚鱼不养，常世所识也，虱处头而黑，麝食柏而香，颈处险而瘿，齿居晋而黄。"③ 又说："狄食米而生癞，创得谷而血浮，马秣粟而足重，鹰食粒而身留。"④ 即北方的戎狄吃了米就生癞子，生疮的人因为吃了五谷就血流不畅，用粟喂马就会使其四蹄失调不能走路。

---

① 戴明扬：《嵇康集校注》，第 506—507 页。

② 同上，第 473 页。

③ 同上，第 253—254 页。

④ 同上，第 301 页。

辛辣的东西伤害眼睛，河豚鱼能送走人的性命。诸如此类，都是常识性的知识。这些都是长期观察而概括出来的。所以说经验必须满足"理已足"和"校外物"的相互补充，理在逻辑上要完满自足，新的认识与现实已掌握的各种"理"之间也有协调关系。

二、推类辨物求自然之理

该如何认识众多微妙的事物？嵇康提出"推类辨物，求自然之理"。"类"概念是中国哲学认识论的一个重要概念，它是形成概念、确立判断、进行推理的根本条件。[1] 嵇康重视理性思维，推求"自然之理"，在其著作中，"推类辨物""推其所以""推其原也"等说法到处可见。"自然之理"是事物内在的属性和规律，是根据已知的经验为前提，通过推理所得，综合前人的经验，确保推理的科学性和人类认识的连续性。认识和辨别事物，必须首先掌握一般性的道理，然后再以这个道理作指导去认识具体的事物和检验古人已取得的知识。

在方法论上，嵇康注重溯本逐源。他在魏晋时期是出了名的"善谈理，又能属文"[2]，"研求名理而论生焉，论贵于允理，不求支离。若嵇康之论，成文矣"[3]，这样不会造成概念不清、模棱两可的混乱，也避免了中途偷换概念的错误。实际上，辨名析理一直是玄学家探求事物规律的认识方法，它包括：一、"校实定名"，二、"辨名析理"。前者叫名实法或形名方法，即通过研究概念之间的联系以达到分析事物规律的目的；后者又称名理方法，名理方法即运用形式逻辑的方法从客观事物本身出发去认识其中的真理。先秦名家之名实与魏晋名理结合，统称为"名理学"。[4] 有关魏晋士人

---

① 先秦的墨家学派提出"名，达，类，私"的划分。类是某一类事物的"共相"，如马、牛、羊中，马即共相，白马即殊相。后期墨家提出类、故、理："夫辞，以故生，以类长，以类行者也。"命题具有类、故、理三者才成立，这是类比推理的基础。荀子提出"辨异而不过，推类而不悖"。

② （唐）房玄龄：《晋书》，中华书局，1974年，第1374页。

③ （宋）李昉等：《太平御览》，中华书局，1960年，第2636页。

④ 牟宗三认为，先秦形名、名实与魏晋名理都可以称为名理，当于通称之哲学，即广义哲学。"名理者，环绕名之本身，名所牵涉，以及命与其所牵涉者之关系而论其意义之谓。"（参见《才性与玄理》，广西师范大学出版社，2006年202页。）

"善名理"的记载很多，如《世说新语·贤媛》记载"（阮）侃，有才俊，而饬以名理"、"（卫）玠，少有名理，善《易》《老》"等等魏初的名理学以才性为主，正始后便转向《老》《易》《庄》的"玄远高致"的"玄理"著称，因此，牟先生将"名理"视为玄学的"通称"，"才性"与"玄理"为其"殊目"。此种对名理的定义，有个前提，即魏晋名家品评人物与先秦名家属于不同形态。并且，《隋志》所列魏初名家，皆为品鉴人物志作。以《人物志》为代表，此理论乃是品鉴才性系统，称之为名理学，亦是才性名理。

然而，名理学兴盛的汉魏之际，不仅是学术思想史上的变迁，于当时的情况讲，其政治学意义更为明显。唐长儒认为，名理学是一种政治学，针对东汉名教之治兴起，以名辨方法考察名、实的关系，推行正名于循名核实政治的张本，从原则上决定选举和人与职位配合的标准。与法家相近，后来归本于道家而形成了玄学。[1]庞朴认为，名理学重实轻名，其重心在识别人物上，而不是名目本身，其谈论名实，计较第一性和第二性。从思想史的角度看，汉末月旦人物，魏初名理学，正始以后的玄学，是一个否定另一个的飞跃发展关系。[2]从社会学的角度看，汉魏间人士注重名实问题，是因为有大量的名实不符的现象，这严重影响社会政治和风气。汉末政论家崔实、仲长统等"综核名实"，提出了名不属实的社会痛点。[3]

魏晋名理学并不是一个独立的哲学流派，它是一种方法，无论在才性之辨、名教与自然之辨，还是有无之辨，名理学的方法都得到了广泛的应用。当然，名理学所关涉之形名、名实的方法与西方知识论、逻辑学亦有区别。关于名理学的具体运用方法，王晓毅先生指出：从逻辑学角度看，名学方法由两个最基本的层次组成，一是校实定名，一是辨名析理，并对这两个

---

① 唐长儒：《魏晋南北朝史论丛》，河北教育出版社，2000年，第307页。

② 庞朴：《庞朴文集》，山东大学出版社，2005年，第379页。

③ 仲长统说："天下之士有三可贱。慕名而不知实，一可贱。"（《昌言》）王符："有号者必称于典，名理者必效于实。"（《潜夫论·考绩》）徐干："名者，所以名实也。实立而名从之，非名立而实从之也。"《中论·考伪》云："名不正，则其事错矣。"

层次做过具体的辨析。^①戴建业认为，名理派与名实派同属于形名学。名实即校实定名，本质是分析名（概念）与实（本质），通过辨形来定名以求实的方法；名理即辨名析理，通过研究概念的异同及其联系来分析事物规律的方法，常用的方法是比较和确定各概念的内涵和外延的逻辑关系。名理学的方法，是在名实基础上的发展。从形式逻辑上看，名实方法近似研究概念，而名理学重于运用判断推理。

嵇康辨名析理以校实为基础，在实际运用中，校实定名与辨名析理是不可分割的。校实定名，"名""形""实"，名即名称，形即事物现象，实即事物的真实情况。嵇康在思辨方法上注重从名实关系的角度论证、支撑自己的观点。他说："夫言非自然一定之物，五方殊俗，同事异号，趣举一名，以为标识耳。"^②名言只是标识、符号，不是实在本身，只是人们根据自己的意趣给了事物标志。人们赋予事物的名号并非是固定不变的，同样的事物名号就会不同。例如有的地方以歌为"乐"，以哭为"哀"，不同地方不同习俗，换一个地方，可能就是闻哭而欢，听歌而哭。"名"只是事物的"非质之标识"，并不能反映事物的本质。所以，他反对"滥于名实"，主张"正其名号"，提出"弃名以任实"。嵇康所说的名，都是指称谓事物的名称、名号、称号。在《声无哀乐论》中，嵇康以"声"与"音"之"名"对应哀乐之"实"，"以正名号"，从名实角度分析"声"和"哀乐"的关系。嵇康通过辨名析理辩驳当时的名士，认为一切事物的名号，都是人所给予的，不承认概念与客观事物的一致性。

三、逻辑方法

嵇康的大部分为辩难之作，既要维护自己的论点，又要驳斥他人或假想敌的观点。他的论辩过程逻辑严谨，层层深入，阐述道理明白有力。刘师培在《中国中古文学史》中赞其"析理绵密，亦为汉人所未有"，"长

---

① 参见王晓毅：《中国文化的情流》，中国社会科学出版社，1991 年，第 106 页。
② 戴明扬：《嵇康集校注》，第 352 页。

于辩难，文如剥苗，无不尽之意，亦阮氏所不及也"[1]。把嵇康用的逻辑方法总结起来，可以列为以下几点：

（一）归纳推理，就是由个别的或一般性较小的知识，推导出一般性较大的新知识的推理。在《与山巨源绝交书》中，山涛请嵇康入仕做官，嵇康先表示他"不愿做官"，并用归纳法给出了不愿做官的理由。他说："老子庄周，吾之师也，亲居贱职；柳下惠、东方朔达人也，安乎卑位，吾岂敢短之哉。又仲尼兼爱，不羞执鞭，子文无欲卿相，而三登令尹，是乃君子思济物之意也。所谓达能兼善而不渝，穷则自得而无闷，以此观之，故尧舜之君世，许由之岩栖，子房之佐汉，接舆之行歌，其揆一也。仰瞻数君，可谓能遂其志者也。故君子百行，殊途而同致，循性而动，各附所安。故有处朝廷而不出，入山林而不反之论。"[2] 从这段回答中嵇康列举老子、庄周、柳下惠、东方朔等十一位"君子"的行为，归纳出"君子百行，殊途而同致"，他们"循性"而动，各有所安，进而推论出"有处朝廷而不出，入山林而不反"，来说明自己不愿意做官的理由。同时，嵇康也说自己"不能做官"，并以归纳的方法给出了理由。嵇康说，做官一定有"七不堪"，即七种情况他不能忍受[3]，并列举了"二甚不可"，即自己不宜做官的两种情况：一、每非汤武而薄周孔，在人间不止，此事会显，世教所不容；二、刚肠嫉恶，轻肆直言，遇事便发。[4] 如果"必不堪者七"为自己非做官的材料，"甚不可者二说"即指政治态度和性格，这种归纳推理的理由很充足。

（二）"持纲理目"，这是类似于演绎推理的方法。根据一般性知识推出关于特殊性、个别性对象的知识的推理形式，即是从一般原理、原则

---

[1] 刘师培：《中国中古文学史》，中国画报出版社，2010年，第43页。

[2] 戴明扬：《嵇康集校注》，第196页。

[3] 一、卧喜晚起，而当关呼之不置。二、抱琴行吟，弋钓草野，而吏卒守之，不得妄动。三、危坐一时，痹不得摇，性复多虱，把搔无已，而当裹以章服，揖拜上官。四、素不便书，又不喜作书，而人间多事，堆案盈机，不相酬答，则犯教伤义，欲自勉强，则不能久。五、不喜吊丧，而人道以此为重，己为未见恕者所怨，至欲见中伤者；虽惧自责，然性不可化，欲降心顺俗，则诡故不情，亦终不能获无咎无誉。六、不喜俗人，而当与之共事，或宾客盈坐，鸣声聒耳，嚣尘臭处，千变百伎，在人目前。七、心不耐烦，而官事鞅掌，机务缠其心，世故烦其虑。（同上，第196—197页）

[4] 晋同上，第198页。

引出个别结论的思维方法，是从一般到个别的运动。嵇康的演绎方法是"持纲理目"此语出自《明胆论》所谓持纲，是举持纲领；王充在《论衡》的"程材篇"说："举持纲领，事无不定"[①]"好理纲目"，指纲领统摄下的细则。首先把握论题的基本意义，统领一切，使所有的细枝末节有所统摄。而"弃置浑元，掘摭所见""好理纲目，而恶持纲领"[②]的做法，和舍本逐末没什么不同，嵇康极力反对。推理论证的方法，是嵇康推论逻辑的特点之一，在《声无哀乐论》中的八问八答就运用的就是演绎推理。他说："风无形，声与律不通，则校理之地，无取于风律，不其然乎？""然则心之与声，明为二物。二物之诚然，则求情者不留观于形貌，揆心者不借听于声音也。察者欲因声以知心，不亦外乎？今晋母未得之于老成，而专信昨日之声，以证今日之啼；岂不误中于前世，好奇者从而称之哉。"[③]他通过对秦客的诘难事例将牛鸣之声、吹律之声和儿啼之声确立为可能的范围，层层递进，说明心与声的不同属性，二者殊途异轨。在养生之辨中，嵇康说："夫所知麦之善于菽，稻之胜于稷，由有效而识之。假无稻稷之域，必以菽麦为珍养，谓不可尚矣。然则世人不知上药良于稻稷，犹守菽麦之贤于蓬蒿，而必天下之无稻稷也。"[④]麦比菽好，菽比稷好，如果没有稻稷之类，一定以为菽麦是最好的。世人不知道上药好于稻稷，一定不信还有更好的稻稷在。这两句话相当于大前提和小前提，其结论："若能杖药以自永，则稻稷之贱，居然可知"。[⑤]在逻辑学上，这种方式属于"二难推理"[⑥]，即指出论敌的两种"困难"处境，二者必居其一，不可能有第三种可能。嵇康论辩时运用演绎推理，回击对方。

在形式逻辑中，所谓直言判断是指直接断定思维对象（主项概念）具有或不具有概念性质的判断。它是由主项概念、谓项概念、联项概念、量

① 黄晖：《论衡校释》，第534页。
② 戴明扬：《嵇康集校注》，第429页。
③ 戴明扬：《嵇康集校注》，第352、353页。
④ 同上，第301页。
⑤ 同上，第301页。
⑥ 李志才：《逻辑学纲要》，吉林人民出版社，1980年，112页。

项概念四部分组成。直言判断可以分为肯定判断和否定判断。嵇康非常善于运用假言推理。在《难自然好学论》中说："六经以抑引为主，人性以从欲为欢。抑引则违其愿，从欲则得自然。然则自然之得，不由抑引之六经，全性之本，不须犯情之礼律。固仁义务于理伪，非养真之要术，廉让生于争夺，非自然之所出。由是言之：则鸟不毁以求驯，兽不群而求畜，则人之真性，无为正当自然耽此礼学矣。"①在这段话中，嵇康在推理方法上，使用了换质换位法、逆关系推理法，还有类比、三段省略式方法。所谓推理，就是由已知来判断推理的思维形式，它分为直接推理、关系推理、联言推理、选言推理和假言推理等。假言推理是根据判断的前后条件之间关系进行的推理。张叔辽在《自然好学论》中，提出"六经为太阳，不学为长夜"的论题，对此，嵇康说："今子立六经以为准，仰仁义以为主，以规矩为轩驾，以讲诲为哺乳，由其途则通，乖其路则滞，游心极视，不睹其外，终年驰骋，思不出位，聚族献议，唯学为贵。执书摘句，俯仰咨嗟，伏膺其言，以为荣华。故吾子谓六经为太阳，不学为长夜耳。"②可以看出，嵇康针对"六经为太阳，不学为长夜"之说法，也是以假言推理而还击的。

在嵇康论辩的过程中，还用到了类比推理。类比推理的方法是形式逻辑中推理方法的一种，主要运用于概念种属之间的类比比较。嵇康列举人们所熟知的事物，推广到其他同类事物，从而阐发自己的观点。如《养生论》中，通过"豆令人重""榆令人瞑""合欢蠲忿"等例子，来说明"上药养命，中药养性"的辅养之理。类比推理所依据的前提是两个或两类事物间的本质共同点，找出事物之"类"因与"种"因，借以界定该事物的内涵或共相，亦即该事物的基本特征或属性。而归谬法则不同，嵇康在《声无哀乐论》中，提出了"愿借子之难以立见鉴识之域"③的反驳法。他先假设论敌为真，并提出论敌可能用以立论的依据，逐一加以反驳。在反驳论据时，运用了近似我们现在所说的归谬法。例如，他在反驳所谓"葛卢闻牛鸣，

---

① 戴明扬：《嵇康集校注》，第447页。

② 同上，第448页。

③ 同上，第351页。

知其三子为牺"之哀时，先假设知牛鸣的三种可能性，然后逐一加以批驳。这三种可能性不能成立时，则"能知牛鸣"的说法无据。不仅如此，在论辩的过程中，嵇康还运用到了矛盾律和排中律。在《答释难宅无吉凶摄生论》中，他指出论敌"既持相命，复借信顺，欲饰二论，使得并通，恐似矛楯，无俱立之势，非辩言所能两济也"[1]，揭示论敌自相矛盾。

嵇康善辨是因为在他的论辩方法中，已经初步形成了一套论辩方法。但是，嵇康论辩术中是存在问题的。一方面，嵇康以非同类相难。例如葛庐闻牛鸣，嵇康辩驳道："若谓鸟兽皆能有言，葛卢受性独晓之，此为称其语而论其事，犹译传异言耳。不为考声音而知其情，则非所以为难也。"[2]传译亦言，与考声知情，不是同一类。这正是犯了形式逻辑上"中介意义两歧"的毛病，也就是犯了形式逻辑上"三段论具有四端"的毛病。其次，以必然喻未然。在《难自然好学》中，张叔辽以口之于甘苦出于自然，来喻人类的自然好学，嵇康反驳："夫口之于甘苦，身之于痛痒，感物而动，应事而作，不须学而后能，不待借而后有。此必然之理，吾所不易也。今子以必然之理，喻未必然之好学，则恐似是而非之议，学如米粟之论，于是乎在也。"[3]通过此段文字可以看出，嵇康进行辩论时，没有全部列举达到结论所需的条件，便是"不尽"，由不尽得出的结论，便是"偏是之议"。[4]

第三节　嵇康的才性论

魏晋时才性之辨是汉代人物品评演变的结果。人物品评与用人制度有密切的关系，从西汉的察举制、东汉的征辟制到曹魏的九品中正制的演变，可以看出对人才要求的价值转变。西汉时期以德智为标准举人才，所谓"贤良方正"，贤良即是德行，方正即治国方略与执法公正。除举贤良方正，

---

① 戴明扬：《嵇康集校注》，第509页。
② 同上，351页。
③ 同上，第447—448页。
④ 晋同上，第476页。

还有举孝廉。东汉的"征辟"对人才注重"德才"兼备，崇尚名节的风气逐渐兴盛起来。根据德性选拔官员，并不把"才"和"性"看成矛盾的。但是在名利的驱使下，社会上形成了大批"名实不符""虚伪""浮华"之徒。然而，这种选才方式弊端丛生，沽名钓誉、虚假劣行之事比比皆是。曹魏时期实行"唯才是举"的选拔政策，只要有进取之才，亦可被量才举用。有德未必有才，有才者，也许是不仁不孝之徒。这说明才与德（性）可能会发生背离。所以，才性问题进入人们讨论的视野。人们对浮华反感，兴起了追求本真的潮流。所以品评以才性为主旨，有关才性的专著为刘劭的《人物志》和嵇康的《明胆论》，嵇康的才性论就是在这样的大环境中形成的。

一、"才性"的同异离合

才性四本论是指才与性的四种关系：才性同、才性异、才性离、才性合。这是魏晋选官应该以德为本还是以才为本所兴起的四种主张。《世说新语·文学》注引《魏志》载："会论才性同异，传于世。四本者，言才性同，才性异，才性合，才性离也。尚书傅嘏论同，中书令李丰论异，侍郎钟会论合，屯骑校尉王广论离。文不多载。"①《四本论》的具体内容，今已不得知。但是可以肯定的是此著是对钟会"才性合"的论述。"钟会撰《四本论》始毕，甚欲使嵇公一见。置怀中，既定，畏其难，怀不敢出，于户外遥掷，便回急走。"②从钟会的"畏"其难，与怀不敢出，可以看出，《四本论》不会是简单的"集"与时人关于才性论的书，而是带有自己与时人不同的深刻见解。

从逻辑学的角度看，"同"是相异之实具有的共同性，《墨经》把"同"分为重同、体同、合同、类同；异是两个实不属于同一整体，不处于共同之所，没有共同属性，有类同、类异。合是两类事物共同具有一共同的属性，属于同一类。如方木与方石都是方类。离是两种实同存于一体中，是并存的两种属性。如坚与白是相异的两种实，同存于石中。同中无异相当于"同"，

---

① 余嘉锡：《世说新语笺疏》，第 214 页。
② 同上，第 214 页。

同中有异相当于合，异中无同相当于离，异中有同相当于异。

通俗而讲，才性关系是关于人的才能与德性、才能与气质、个性讨论。"性"指先天禀赋的自然属性。如《世说新语》中，"（陆亮）性高明而率至"①、"（王肃）性嗜荣贵，不求苟合，治身不秽，尤惜财物。王、郗志性，傥亦同乎"。②除此之外，"性"有德性的含义，如"祖光禄少孤贫，性至孝"。③"才"，是指在资质即先天禀赋的基础上的各种能力与才华。在尚才智的魏晋时代，精通义理、洞晓天地、口才与文笔之才等都是进入名士之列的资本。才性同认为"性"是资质，资质外用即是才，性预设才，才表现性。才性合，认为"性"为未实现的可能，要依靠"才"在行为实践中实现。才性异者，认为性与才相异，在主体中性为德的表现，才为才能。才性离即德才分离。

傅嘏持才性同论。《世说新语》文学篇云："尚书傅嘏论同。"④《三国志·荀彧传》引《晋阳秋》曰："何劭为粲传曰：粲……太和初，到京邑于傅嘏谈，嘏善名理而粲尚玄远，宗致虽同，仓卒时或有格而不相得意。裴徽通彼我之怀，为二家骑驿，顷之，粲与嘏善。夏侯玄亦亲。常谓嘏、玄曰：子等在世涂间，功名必胜我，但识劣我耳。嘏难曰：能盛功名者，识也。天下孰有本不足而末有余者邪？粲曰：功名者，志局之所奖也。然则志局自一物耳，固非识之所独济也。我以能使子等为贵，然未必齐子等所为也。"⑤当时清谈分为名理派和玄远派，傅嘏尚名理，荀粲贵玄远。他们认为人有外在的才能和内在的德性。傅嘏与夏侯玄年少得志，仕途顺达。粲以德性标榜自己，认为傅、夏二人德性不如他。傅嘏对功名感兴趣，认为德性与才能是相合的。《三国志·魏书·傅嘏传》注引《傅子》中载："嘏既达治好正，而有清理识要，好论才性，原本精微，鲜能及之。"⑥傅嘏认

---

① 余嘉锡：《世说新语笺疏》，第 187 页。
② 同上，第 572 页。
③ 同上，第 30 页。
④ 同上，第 214 页。
⑤ （晋）陈寿：《三国志》，第 320 页。
⑥ 同上，第 628 页。

为，有德必有才，德才兼备。他本人也是一个"务本"的人。他品评人物以"德"为标准，还要"务本""务实"。同时也要"志与功合"，即内在的本性与外在的显用合。他说："昔先王之择才，必本行于州闾，讲道于庠序，行具而谓之贤，道修则谓之能。乡老献贤能于王，王拜受之，举其贤者，出使长之，科其能者，入使治之，此先王收才之义也。方今九州之民，爰及京城，未有六乡之举，其选才之职，专任吏部。案品状则实才未必当，任薄伐则德行未为叙，如此则殿最之课，未尽人才。"[①]选官忽略人的品行是不妥的，品行端正是德，能明本是才，二者缺一不可。傅嘏曾说："能盛功名者，识也。天下孰有本不足而末有余者。"[②]说明德是本，识也是本，德行与智识同等重要。

李丰主张才性异。李丰是李义之子，官至中书令，在曹魏与司马氏斗争中，于二者中间摇摆，后为司马师所杀。根据《三国志·夏侯玄传》注引《魏略·李丰传》载，李丰的声名比较大，有所谓"至邺下名为清白，识别人物，海内翕然，莫不注意"。[③]《三国志·杜恕传》注引《杜氏新书》："（李）丰砥砺名行以要世誉，而（杜）恕诞节直意，与丰殊趣。"然而傅嘏对他的评价不高：认为他生性多疑，斤斤计较又昧于权利。可见他重虚名，李丰论异，可以追溯到王充。"临事知愚，操行清浊，性与才也。"[④]判断一个人，就要看其遇事的反应是智还是愚。操行的清与浊，说明了性行的厚与薄。性是由气禀决定的，才是由后天所习决定的。王充的观点很明确，他以操行释性，以才能释才。《三国志·卢毓传》记载："毓于人及选举，先举性行，而后言才，黄门李丰尝以问毓。毓曰：'才所以为善也，故大才成大善，小才成小善。今称之有才而不能为善，是才不中器也。'"[⑤]所谓"先举性行，而后言才"是将"性"与"才"分而论之。人的天资与才能不同，因而天性不能说明才能。李丰认为才能与天性、事功与才质有联系有区别，

① （晋）陈寿：《三国志》，第623页。

② 同上，第320页。

③ 同上，第301页。

④ 黄晖：《论衡校释》，第20页。

⑤ （晋）陈寿：《三国志》，第652页。

这与卢毓之说没有本质冲突。

钟会认为才性合。傅嘏与钟会友善，傅嘏论才性异同，钟会集而论之。荀悦说："合而用之以才为贵，分而行之以行为贵。"① 就是才与行之间，都具备的情况下选择"才"突出的，德才不兼备时以德为主。主"合"与主"离"者有共同点：即二者都承认性指操行，才是才能。刘劭《人物志》把人的本性根据阴阳之气分为两类，认为具有"五质""五常""五德"之质的是"兼材"，偏有一质的是"偏材"。人的内在质性与外在的才能是统一于体的。钟会的《四本论》佚失，其论合是以自然禀赋的质性为性，包括德性、智性，才是以智为主的内在之"志"。《艺文类聚》卷二一引袁淮的《才性论》其中有："性言其质，才名其用。"唐长孺认为，"他以体用释才性，大体上应该属于主才性同的一类。"② 才性合为一体，钟会的才性合，即是以性才为内外相济。在汉末动乱之际，曹操用才的标准是"唯才是举"，所谓"治平尚德行有事尚功能"。曹操认为，人的德行与才能很难统一，在大量需要人才时，曹操的这套理论显然颠覆了以往的观念，哪怕是"不仁不孝"但有治国用兵能力的人，一样会被重用。这种做法的背后，恰恰是"才性离"的指导。

才性的四种关系是，同、异、合、离。才性同与才性异主张才性统一，二者的不同在于"才""性"的解释合论以性为人的天赋本性，以才为人的才能，二者是体用关系。"同"所说的性是指道德操行，才是事功，认为二者是本末统一关系。合与同的共同点是承认才能是天赋的。才性异和离强调才性的区别和对立，才性离认为性是天赋本性，才只是才能及事功。异离都认为才能不是先天赋予的。才性同认为，道德为本，能力为末；异认为道德为主，能力为辅；"合"认为道德能力并行不悖；离认为能力为本，道德为末。傅嘏重德的人才观于两汉的用人政策较吻合。王广重才与曹操唯才是举相近，才性离认为才能可以离开德性单独发挥作用。唐长孺说："虽然主张先才后德者不乏其人，但是当义军已被镇压，三国分立的局势已经

① 荀悦：《申鉴》，上海书店出版社，1986年，第24页。
② 唐长孺：《魏晋南北朝史论丛》，第288页。

第二章　嵇康思想研究

形成……安定封建秩序少不了儒家所提的道德，所以才性问题在魏晋之际依然是一个实际问题"①，每个人都有不同的强项，就像曹丕在《典论·论文》说："盖奏议宜雅，书论宜理，铭诔尚实，诗赋欲丽，此四科不同，故能之者偏也，唯通才能备其体"②。他认为，人的禀气不同，由"气之清浊"不同所致。然而，"通才"是禀气较全的。以此论才，无外乎想取代汉代所谓的德才兼备的理念，一来改革汉末弊政，一来为自己未来的统治铺路。

二、《明胆论》的明胆关系

嵇康的《明胆论》系统讨论人的心智构成和见识与决断的关系。全篇围绕着"明胆混"还是"明胆异"问题，展开问与答。全文分三个层次：第一，吕子提出"人有胆不可无明，有明便有胆"的论点。嵇康提出"明胆殊用""明胆异气"，二者不能相生。第二，吕子从"析理贵约而尽情"出发，认为嵇康的"引浑元以为喻"太迂阔、不可感知，并用大量的事例论证自己的观点。第三，嵇康对吕子反驳的反驳，认为吕子"好理纲目而恶持纲领"，舍本逐末，逐一分析了吕子所引的例子，得出与其不同的结论，进而阐明了自己的观点。

《明胆论》可以说是魏晋才性之辨思潮下的产物，在才性论的四种关系中，明与胆关系属于才性离。

明与胆是人的两种不同的能力。"明"是认识事物的能力，"胆"是决断行为的本领。吕子认为："人有胆不可无明，有明便有胆"，"明无胆无，胆能偏守"③。即如果人能明见，便能作出相应的决断。胆是本能，明是决定性条件，成与败在于"明"的程度，以明为主导。首先，嵇康针对吕子的"人有胆不可无明，有明便有胆矣"而提出"明胆殊用，不能相生"。明与胆为什么不能相生？请看嵇康的论述：

　　夫元气陶铄，众生禀焉。赋受有多少，故才性有昏明。唯至

---

① 唐长孺：《魏晋南北朝史论丛》，第 295 页。
② 魏宏灿：《曹丕集校注》，安徽大学出版社，2009 年，第 313 页。
③ 戴明扬：《嵇康集校注》，第 428、430 页。

人特钟纯美，兼周外内，无不毕备。降此已往，盖阙如也。或明于见物，或勇于决断。人情贪廉，各有所止。譬诸草木，区以别矣。兼之者博于物，偏受者守其分。故吾谓明胆异气，不能相生。明以见物，胆以决断，专明无胆，则虽见不断；专胆无明，违理失机。故子家软弱，陷于弑君；左师不断，见逼华臣，皆智及之而决不行也。此理坦然，非所疑滞。①

根据嵇康的论述可见，明与胆都是"元气"陶铄的结果，"明胆异气"实际是讲明、胆建立在元气一元论的基础上。明与胆之所以不能相生，是因为二者产生于不同的气。在嵇康的逻辑中，明与胆的根基就是"元气"，即浑元之气。牟宗三认为，嵇康的明胆论属于"顺气言性"，即以气性的不同区别个体的不同。②以"气"为本源。嵇康认为，明胆异气的逻辑起点是阴阳二气的不同，"明"是阳气聚变的结果，"胆"是阴气凝结而成，所以不能相生。但是从阴阳二气如何演变到明胆的不同功用，嵇康并没有进一步阐释。

吕子讽嵇康引用"浑元"是"远引烦言""浮秽而迂诞"。在吕子的论述中，大多以具体的"人事"为例证，即都是常识之见。嵇康认为要对明与胆的来源寻根究底，"寻所受之终始，推气分之所由"，如果做不到这一点就不能理解明与胆到底是如何实现的，离开"浑元"就等于放弃"纲领"，最终也将局限于"常识"之内。

所谓"明以阳曜，胆以阴凝"，即明是由阳气聚而成，胆是由阴气凝而成。阴气与阳气不同，所以明与胆的性质也不同。明的特性是洞察、洞见事物，主体"明"物的过程，就是从"目识"到"理知"的过程。"善求者，观物于微，触类而长，不以已为度也。"③胆的特性的决断，一般指行为上的决断。从认知到付诸行动的过程，胆起到了关键的作用，可以说，胆是知

---

① 戴明扬：《嵇康集校注》，第 428 页。

② 凡言"性"有两路：顺气而言和逆气而言。所谓顺气而言，就是性为材质之性，亦曰气性，或曰才性，乃至"质性"。所谓"逆气"即在于"气"之上逆显一理。此理与心合一，指点心灵世界，此性乃宋儒所说的天地之性或义理之性。参见牟宗三《才性与玄理》，第 1 页。

③ 戴明扬：《嵇康集校注》，第 506—507 页。

与行之间角色转换的关键。阴阳二气虽然不同，但是二者在同一层次上，都是"元气陶铄"的结果，所以明与胆之间，也不分孰高孰低，同等重要。但是，在嵇康的视野中，人禀气有多寡之分，人的具体表现不同。嵇康从"阳不生阴"推出"明不能生胆"。吴冠宏认为，"嵇康首先定名别意，将明胆关系从'有明便有胆'的迷思中走出来，分判两者之殊异别趣，故一直强调两者殊用，不能相生"，这些都可以看出，嵇康力破常论"有明便有胆"的看法。①

第四节　嵇康的生命思想

魏晋时期，社会激荡动乱，群雄干戈，百姓生灵涂炭。士人朝不保夕，对命运的追问愈加强烈。无论是国家还是个体，命运无所不在。儒家讲"死生有命，富贵在天"，道家有"知其不可，安之若命"的表述。命运的问题，随着时代的推移与自身境遇的不同，必然呈现迥异的面貌。士大夫讲"天命"，其身躬践行都要讲究"与天地合其德，与日月合其明，与四时合其序"的原则。概括地看，魏晋时期的命运思想已经不是简单对先秦儒家、道家思想继承或融合。在思想方法上看，魏晋玄学以本体思维取代了汉代的象数思维，在命运问题上，同样表现出清醒的理性主义特征，嵇康就是一个典型代表。

一、天命观

（一）天命观溯源

如果追溯起来，儒家的天命思想最早产生于殷周之际。在商代，殷商帝王的天命思想以"恒常"为主。商王纣"淫戏用自绝，慢于鬼神"而失去了天的庇佑。在天命观上，周人提出"帝迁明德"和"敬天保民"的观念，以示与殷商天命观之区别。前者是对人的，是论证自己政权合法性时使用的；后者是对己的，是巩固自己新政权和提高自己警惕性的需要。《尚书·康诰》曰：

惟乃丕显考文王，克明德慎罚，不敢侮鳏寡，庸庸，祗祗，威威，显民。用肇造我区夏，越我一二邦以修。我西土，惟时怙冒，闻于上帝，帝休。天乃大命文王，殪戎殷，诞受天命，越厥邦厥民。①

由于文王敬德保民，"天"知道后很高兴，就命文王伐殷，代替殷接受天赐予的大命，将殷的疆土与人民授于文王统治。虽然周人对商朝原始宗教的天人观念有所继承，但是，对夏商灭亡的反省，使得周人产生忧患意识。这种浓重的忧患意识就促使周初统治者不得不深入思考天命与政权的关系。商亡的现实使周初统治者认识到"命不于常"。他们认为殷的灭亡不是上天有意为之，而是自己失德所致，即"惟不敬厥德，乃早坠厥命"，因此总结出"天命有德"的政治理念，认为君主"有德"即能获天命和保天命。同时，统治权能否持续，要看统治者有无"德性"。所以，周代"天命有德"的政治思想回答的正是如何维持天命的问题。而后，人们对天命的解释并未停止过。春秋时的自然天道观和战国时邹衍的五德终始说其实就是关心天命的具体规则、定数。

天命观念在春秋时期对统治者的约束，原指君王敬德而得天命，到了先秦时期，天命观念就从王权得失的意义上转向个人生命存在的终极旨归。实际上，孔子视野中的天命，不仅是天命意义下的命，它也指个体生命的种种际遇。"死生有命，富贵在天"，就是在个体生命的福祸穷通上对命限的体认。他一方面敬畏天命，承认命对人的限制，同时又力主凸显主体力量通过道德实践而实现天命。所以说，先秦以前具有宗教意义的天命思想给予了孔子理性化的思考。

汉代许多学者都有对天命思想的专门论述。董仲舒认为，天命是一切伦常社会的规范和法则。人之于天命，主要表现为"受命"。董仲舒说："人于天也，以道受命；其于人，以言受命。不若于道者，天绝之。"②命皆受于天，以天是万事万物最直接、根本的源泉。董仲舒从天人感应论出发，论证了统摄一切的至上神"天"以"灾异谴告"和祥瑞感诚而降"受命之符"表达天命意志，对传统天命观进行了具象化改造：一方面，把上天符瑞的

---

① （唐）孔颖达疏：《尚书正义》，北京大学出版社，1999 年，第 359–360 页。
② 苏舆撰、钟哲点校：《春秋繁露义证》，第 411 页。

征兆表达变成了人的终极盼望与期待，突破了传统天命观于人而言抽象玄虚且无可感的理论界限；另一方面，人对符瑞的盼望与期待彰显个体或者群体道德行为的动力，在实践层面上又回到了先秦儒家"以德配天"的德性路径。"受命之符"晓示了君王使命的神圣性，敦促了为君者"法天之行""除民所苦"的社会责任之践履；董仲舒天命思想的泛政治化倾向为王权的合法性提供了辩护和反思。它通过论证帝王受命于天的合法性，用神权维护王权；又通过上天谴告帝王的形式，用神权限制王权。此后，《白虎通》对"命"的存在种类和基本形态进行了较为细致的划分：

> 命者，何谓也？人之寿也。天命已使生者也。命有三科，以记验。
> 有寿命以保度，有遭命以遇暴，有随命以应行。寿命者，上命也。
> 若言文王受命唯中身，享国五十年……随命者，随行为命，若言
> 怠弃三正，天用剿绝其命矣……遭命者，逢世残贼。①

"寿命""随命""遭命"，被正式写入白虎通的神学法典，成为命定论思想的正宗。他们极力宣扬"天人感应""随命以行"的思想，即天根据个人行为的善恶以决定其命运。东汉末年，灾荒战乱接踵而至，人生无常。实际上，这三种命有一个共同的特点。王充不接受汉儒们宣扬的"天人感应""随命以行"的正统思想，并提出挑战。当个体面对生命的种种情境时，总不免对生命的流逝而发出感慨："天无崖兮地无边，我心愁兮亦复然。人生悠忽兮如百驹之过隙。然不得欢乐兮当我之盛年。怨兮欲问天，天苍苍兮无上缘。举头仰望兮空云烟，九拍怀情兮谁与传。"②从认识上看，在"命"所展示的限制里，"天命"、命运从来不是孤立的，它是人对世界的认识和看法的总和。王充认为人是禀气而生的，气不同，因而寿命有长有短。王充《论衡·无形》说：

> 人禀元气于天，各受寿夭之命，以立长短之形，犹陶者用土
> 为簋廉，冶者用铜为柈杅矣。器形已成，不可小大；人体已定，

---

① （清）陈立：《白虎通疏证》，第 392 页。

② （汉）蔡琰：《胡笳十八拍之九》，《汉魏六朝诗三百首》，姜书阁、姜逸波选注：岳麓书社，1994 年，第 25 页。

不可减增。用气为性，性成命定。体气与形骸相抱，生死与期节相须。形不可变化，命不可减加。以陶冶言之，人命短长，可得论也。①

王充的解释，基本上秉承了儒家的"尽人事而听天命"的原则。虽不放弃人为的努力，但是"天"的领域，仍然是不可逾越的。他认为，每个人都有"受命"和"遭命"，这关系到每个人的寿夭贵贱，因为每个人的禀气不同，禀气厚则体强而命长，相反则体弱而命薄。王充说："命则不可勉，时则不可力，知者归之于天。"②无论"寿夭之命"还是"触直之命"，人力都不能改变，所以说，王充也不免陷于宿命论。汉魏之际的王符，认为"天道曰施，地道曰化，人道曰为"③，人虽然由天地覆载，但是自然界的事物可以按照人的目的发展，这在一定程度上，强调了人的主观能动作用。但是，真正敢向宿命论挑战的是嵇康，嵇康对待"天命"不同于以往。

（二）嵇阮论辩

嵇康对命运观的讨论，主要集中在他与阮德如关于宅有无吉凶摄生论的激烈讨论中。宅有无吉凶的讨论的核心，其实是对"命运"的关注。阮德如对当时流行的关于住宅风水上的观点进行抨击，坚持宅无吉凶之说，他说：

> 夫善求寿强者，必先知天疾之所自来，然后其至可防也。祸起于此，为防于彼，则祸无自瘳矣。世有安宅葬埋阴阳度数刑德之忌，是何所生乎？不见性命，不知祸福也。不见故妄求，不知故干幸。是以善执生者，见性命之所宜，知祸福之所来，故求之实而防之信。④

阮认为，人们为了求长寿，却不知道要想长寿要搞清楚引发疾病的原因，也不重视养生，而从住宅、墓地之风水去探求，这无异于缘木求鱼，这样做是永远也不会达到效果的。阮举了一些生活中的例子来说明疾病的产生：

---

① 黄晖：《论衡校释》，第 59 页。
② 同上，第 20 页。
③ 张觉：《潜夫论校注》，岳麓书社，2008 年，第 426 页。
④ 戴明扬：《嵇康集校注》，第 459 页。

疾走受风会起皮疹，长期居住在潮湿的环境会偏瘫，房事无度会大失元气，等等。所谓"疾生于形，而治加于土木，是疾无道瘳矣"①。第二，阮指出人们过于相信神秘力量而忽视事物发展的自然规律，即"尝有不知蚕者，出口动手，皆为忌祟，不得蚕丝滋甚，为忌祟滋多，犹自以犯之也"。阮德如认为住宅和寿命没有关系。他说：

> 然则择百年之宫，而望殇子之寿；弧逆魁冈，以速彭祖之夭，必不几矣……夫同栖之鸡，一栏之羊，宾至而有死者，岂居异哉？②

人的命运贵贱、寿命长短和住宅无关的例子。阮德如的理论基点就是："性命自然，不可求矣""夫寿夭之不可求，甚于贵贱"③生命自有期限，不可妄求，寿夭长短不可求，又何况贵贱。总之，人的福祸寿夭都是命中注定，人力不可改变。不论人是否顺从，命运的到来是一种结果。阮德如又提出"卜以成命说"。他说："夫命者，所禀之分也；信顺者，成命之理也。"④即善有善报是信命、顺命的结果，恶有恶报是不信命的结果。阮认为，新旧住宅与命运的关系就像占卜的原理，但是占卜只是表达了未来命运的征兆却不能制造吉凶，民间所流行的各种迷信忌讳，就是"舍实趣虚"之结果。

嵇康针对阮氏的"宅无吉凶"提出诘难，他把阮德如的论点总结为"命有定数，寿有定期，不可改变"。其实，嵇康的命运观很复杂，他并不是单纯反对阮氏的"命有定数，寿有定期"的命题。嵇康也主张命不可易，他在《琴赋》中说："齐万物兮超自得，委性命兮任去留。"⑤委性命，即是听从命运的安排。这里的"命"即是天之所命，人力无法改变之命。从这个角度说，他的命运观与汉代的宿命论没什么两样，但实际上，从嵇康和阮德如的讨论中，我们发现，嵇康对命运的态度不完全是以往的"命由天定"那么简单。儒家主张以德淑世，这个主张很容易产生道德命定论的

---

① 戴明扬：《嵇康集校注》，第459页。
② 同上，第460页。
③ 同上，第460页。
④ 同上，第492页。
⑤ 同上，第142页。

倾向，但并未完全否定人力的作用。从孔孟开始，儒家对待天命的态度就是，既承认天命之为天命的法则性，同时也将"天命"落实生根在人自身之中，从而将人与天命合一。①

"命"的确有不可抗的成分，探究嵇康对"命"的真实看法，我们需要厘清的是，他的出发点是什么。人的性命并不是无限的，这是不容改变的客观事实。嵇康批判阮德如"师心陋见""旨多不通"等，他认为，对于未知的事物，就应该勇于探索，让认识不断增加，而不是"妄求"，这样难免流于独断。孔子"慎神怪而不言"，而是证明了孔子对天地神的谨慎态度。孔子说："知变化之道者，知其神之所为乎？"就连孔子都不敢轻言自己是通晓变化之人，当然也不敢妄言自己知神之所为乎。嵇康认为，左右人类命运的神秘力量很难说清楚，就连"夫子"都不谈神怪之事，又何况是普通人呢。他申明自己的本意不是通过其文章来说清命运的机理，只是对阮德如过于片面武断的观点提出诘难。嵇康说：

> 然唐虞之世，命何同延？长平之卒，命何同短？此吾之所疑也。即如所论，虽慎若曾颜，不得免祸；恶若桀跖，故当昌炽。吉凶素定，不可推移，则古人何言："积善之家，必有余庆？""履信思顺，自天祐之？"必积善而后福应，信著而后祐来；犹罪之招罚，功之致赏也。苟先积而后受报，事理所得，不为暗自遇之也。若皆谓之是相，此为决相命于行事，定吉凶于知力，恐非本论之意，此又吾之所疑也。②

如果阮氏的"吉凶素定，不可推移"的观点成立，那么如何解释"积善之家，必有余庆""履信思顺，自天祐之"？为何古人相信必积善而后福，所谓"先积而后受报，事理所得，不为暗自遇之也"？嵇康认为，如果人的遭遇都是命中注定，那么如何解释唐虞年代的人寿命都长，长平之战四十万人同时毙命，难道他们的命都是一样的吗？如果善恶行会改变命，那么说明命运取决于后天的努力，这显然与阮氏的立论不符。在嵇康看来，相宅与卜筮相似但实质不同。因为："卜者吉凶无豫，待物而应，将来之兆也。

---

① 参见徐复观：《中国人性论史—先秦篇》，商务印书馆，1962 年，第 162 页。
② 戴明扬：《嵇康集校注》，第 473 页。

相宅不问居者之贤愚，唯观已然，无有转者，已成之形也。"① 占卜者在没有占卜对象时不能事先知道吉凶，必须有所占卜的对象才能有相应的反应。

相命不可信，同样，占卜也不可信。他在《卜疑》中说："吾闻至人不相，达人不卜。"② 世人不明事理，相信相命，又相信占卜。其实二者本身就有矛盾。卜筮以问命运，在殷周时期就已出现，《尚书·大诰》中载："朕卜并吉""今卜并吉"例如各国在战事前要通过卜筮贞问，亦有卜筮以问疾病者。所以嵇康说："卜与不卜，了无所在。而古人将有为，必曰问之龟筮告，以定所由差，此岂徒也哉？此复吾之所疑也！武王营周，则曰考卜惟王，宅是镐京；周公迁邑，乃卜涧瀍，终惟洛食。又曰：卜其宅兆，而安厝之。古人修之于昔如彼，足下非之于今如此，不知谁定可从？"③

为了反对阮氏，嵇康列举武王定都镐京、周公迁徙邑地的例子。那么究竟应该依从谁，以谁为标准呢？阮氏以"卜之尽理，所以成相命者也"应对，即认为用卜卦尽力寻求自然之理，是用来辅助完成相命的。嵇康反驳到：

> 请问卜之成命，使单豹行卜，知将有虎灾，则隐居深宫，严备自卫，若虎犹及之，为卜无所益也。若得无恙，为相败于卜，何云成相耶？若谓豹卜而得脱，本无厄虎相也，卜为妄语，急在蠲除。若谓凡有命，皆当由卜乃成，则世有终身不卜者，皆失相天命耶？若谓卜亦相也，然则卜是相中一物也，安得云以成相耶？若此，不知卜筮故当于相命通，相成为一，为不当各自行也。④

假如单豹事先通过占卜知道将有虎灾，那么他会隐居不出，严加防范，在这种情况下最后还是被老虎吃了，那么就说占卜没有意义。如果他因占卜躲避了虎灾，那么就说明命运可以改变。占卜和命运到底该信什么呢？实际上，嵇康的目的很明显，他相信天命，但是并没有因此反对人力的作用。实际上，命运的形成，既有先天的禀赋，也要有后天的正确的生活方式。

---

① 戴明扬：《嵇康集校注》，第 457 页。

② 同上，第 237 页。

③ 同上，第 475 页。

④ 同上，第 510 页。

（三）注重人力

嵇康认为，命运本身甚是微妙，超言绝象，非常识所能解释。古代圣贤对待这些微妙之事，不公开讨论，默而识之，以此来预测命运，指导行动。他说："天地广远，品物多方，智之所知，未若所不知者众也。"[1] 天地之理，深远广大，对于其中的奥秘，我们人类所知总比未知的要多得多。如果性命是上天决定好的，那么人的任何努力都无意义。孟子说君子不立于岩墙之下。以"知命者不立岩墙之下"为例子，如果人的寿命长短是注定的，命不该绝时站在岩墙之下又何妨。阮德如与嵇康不是没有共同点。在养生方面，阮认为以"和"养生，深得康之认同。嵇康也说："夫危邦不入，所以避乱政之害；重门击柝，所以备狂暴之灾。居必爽垲，所以远风毒之患。"[2] 危害生命的外因有很多，加以防范便是正确的生活方式。这说明他对于保全生命的方式，没有集中于一"和"，而是加入许多积极性的行为。嵇康说："不谓吉宅能独成福，但谓君子既有贤才，又卜其居，顺履积德，乃享元吉。犹夫良农，既怀善艺，又择沃土，复加耘耔，乃有盈仓之报耳。今见愚民不能得福于吉居，便谓宅无善恶；何异睹种田之无十千，而谓田无壤瘠耶？良田虽美，而稼不独茂；卜宅虽吉，而功不独成。相须之理诚然，则宅之吉凶，未可惑也。今信征祥，则弃人理之所宜；守卜相，则绝阴阳之吉凶；持知力，则忘天道之所存。此何异识时雨之生物，因垂拱而望嘉谷乎？是故疑怪之论生，偏是之议兴，所托不一，乌能相通？若夫兼而善之者，得无半非冢宅耶？"[3]

嵇康实际上不反对阮氏的"命有定数"。但是他认为，命运并非仅仅取决于住宅，除住宅之外，居住者同样发挥作用。相命与住宅的关系就像农夫与良田，两者结合在一起才会产生效果。住宅本身是无意志的，吉宅不会因为是有意模仿而成，而不发生作用。就像良田无法辞退耕种者，无法不长庄稼一样，吉宅也无法选择居住者，无法故意不予吉祥。相命属于

---

[1] 戴明扬：《嵇康集校注》，第 477 页。

[2] 同上，第 474 页。

[3] 同上，第 476 页。

自然而成，不可人为改变；住宅由人而成，其建筑形式可以改变。因此世界上没有造人法，却有建宅术。嵇康提出了"相须之理"，即良好的结果需要各方面相互配合。假如信天命而弃人为，信卜筮却弃事物，就陷入了片面。对于古人来说，无形无象宇宙中的奥秘已经超越了语言的表述，人们要通过有形有象的事物探讨其中的规律。

主体作为性命之体，并不是消极的毫无作为的存在。人的后天行为对性命是有益处的，良好的结果需要多方面的配合，既有贤才，又能积德行善，才能有好的结果。而"宅"的好坏，相对来说并不是主要因素。宅尚需居住者的才质与德行配合，守志以道，养之以德。人在大自然之中，居于宅内，宅之吉凶与人之德相辅相成。事实上，宅与性命各为一物。阮德如的主要观点在于"相命论"，即命不可改，性命自然不可求。嵇康认为，命虽有定，但是更要追求为人为贤，正确行使"人力"，使人在天命面前拥有自主的权利，嵇康把落脚点放到了"摄生"上。这就是下一节所要讨论的养生思想。

二、养生思想

魏晋时期的政治环境恶劣，斗争十分激烈，士人无法施展抱负，大多生活在痛苦与困顿之中。他们思考命运，反思生命的意义。嵇康一方面承认天命的存在，认为命运有不可改的一面，另一方面，他重视生命的意义，强调养生的重要性。根据庄万年先生考证，嵇康的《养生论》是他三十岁时进洛阳前所作。"嵇康作《养生论》，入洛，京师谓之神人。向子期难之，不得屈。"东晋初王导所称的"三理"包括嵇康的《养生论》《声无哀乐论》和欧阳建的《言尽意论》，可见养生论的重要性。

（一）养生论的渊源

在魏晋这个乱世，士人常常身不由己，时局的压力、疾病、死亡一直笼罩着人们。因此，理想的生命境界成了一种慰藉，追求长寿保全自身的想法诞生了。养生文化的起源很早，《吕氏春秋》记载："昔陶唐氏之始，阴多滞伏而湛积，水道壅塞，不行其原，民气郁阏而滞着，筋骨瑟缩不达，故作为舞以宣导之。"① 因为"阴多滞伏而湛积，水道壅塞"而导致水肿、关节疾病，人们是通过舞蹈的方式来活动筋骨，从而缓解相关症状。春秋战国之际，各种养生思想纷纷出现，孔子强调"仁者寿"，所谓"列星随旋，日月递照，四时代御，阴阳大化，风雨博施。万物各得其和以生，各得其养以成"（《荀子·天论》）。《老子》曰"含德之厚，比于赤子"，并以"塞其兑，闭其门，终身不勤"以保全精神与身体的完整。庄子重养生，并指出"全生之道"："为善无近名，为恶无近刑。缘督以为经，可以保身，可以全生，可以养观，可以尽年。"（《庄子·养生主》）庄子的养生观其实是保神保生之养生观，在心上作功夫，修养心灵。墨家认为养生要去欲。

《黄帝内经》是成书于战国之际的医书，有内涵丰富的养生思想。它认为："阴阳四时者，万物之始终也，死生之本也。逆之则灾害生，从之则苛疾不起。"② 阴阳协调，顺应四时。在汉代的养生思想中，《淮南子·精神训》说：

> 五色乱目，使目不明；五声哗耳，使耳不聪；五味乱口，使口爽伤；趣舍滑心，使行飞扬。此四者，天下之所养性也，然皆人累也。故曰：嗜欲者，使人之气越，而好憎者使人之心劳，弗疾去，则志气日耗。夫人之所以不能终其寿命，而中道夭于刑戮者，何也？以其生生之厚。夫惟能无以生为者，则所以修得生也。③

《淮南子》认为不能过分贪恋生活享受，要"无以生"才能"修得生"。《淮南子》还说："夫喜怒者道之邪也；忧悲者德之失也；好憎者心之过也；嗜欲者，性之累也。"④ "喜怒"会迫害人体的阴阳平衡，导致疾病，所以良好的心态对养生也很重要。通过王乔、赤松把养性之术和成仙联系起来，使之成为一种神仙方术，此后对道家养生思想发生了方向和性质的变化，可以说《淮南子》开启了由道家养生向神仙方术的转化。⑤ "汉代人将一个

---

① 许维遹：《吕氏春秋集释》，中华书局，2010年，第119页。
② （清）张志聪集注：《黄帝内经》，北方文艺出版社，2007年，第11页。
③ 何宁：《淮南子集释》，中华书局，1998年，第514-515页。
④ 同上，第519页。
⑤ 参见金春峰：《汉代思想史》，中国社会科学出版社，2005年，第217页。

完整的身体分解成了性、命、形、神、志、气、心、体、身等诸多范畴，但要择其要，才可归纳为形与神、身与心的组合形式。"①

早期道教经典《太平经》说："天地之性，万二千物，人命最重。"②以"贵人重生"为出发点，追求羽化成仙的神仙，同时也重视现实的修炼，把长生不死作为成仙的重要途径。这十分重视现实世界中对生命的保养，也就形成了"贵人重生"的养生思想。《太平经》形成了"精气神合一"的生命构成和"以气为本"的养生思想，"气"是组成和维持生命活动必不可少的要素。"然天地之道所以能长且久者，以其守气而不绝也。故天专以气为吉凶也，万物象之，无气则终死也。子欲不终穷，宜与气为玄牝，象天为之，安得死也。"③道教养生思想中尤其重视人和自然的关系，所谓天地之性，万物有各自的特性，应该任其所长。

（二）养生之可能

嵇康与向秀就"养生"问题进行了论战。嵇康有《养生论》，向秀有《难养生论》，嵇康又作《答难养生论》，在二人论战的过程中嵇康把他的养生思想完整阐述出来，在魏晋南北朝产生很大的影响，也因此获得了巨大的声誉。嵇康开篇即说："世或有谓：神仙可以学得，不死可以力致者；或云：上寿百二十，古今所同，过此以往，莫非妖妄者。此皆两失其情。"④世俗流行关于养生的看法，一直存在着两种观点，一是认为通过学习养生术可以长生不老。二是认为人的寿命是一百二十岁为限，有超过此岁数者。所谓长生神仙都是虚构。他认为这两种看法都是片面的。他说：

> 夫神仙虽不目见，然记籍所载，前史所传，较而论之，其有必矣；似特受异气，禀之自然，非积学所能致也。至于导养得理，以尽性命，上获千余岁，下可数百年，可有之耳。⑤

嵇康虽然没有亲眼看见过"神仙"，但根据史籍所载与前史所传，肯定

---

① 刘成纪：《形而下的不朽——汉代身体美学考论》，人民出版社，2007年，第50页。
② 王明编：《太平经合校》，中华书局，1960年，第34页。
③ 同上，第450页。
④ 戴明扬：《嵇康集校注》，第252页。
⑤ 同上，第252—253页。

神仙的存在。他认为神仙的产生是"特受异气，禀之自然"的结果，不是积学所能达到的，是先天的。凡夫俗子无法成仙。从"神仙"无法积学所至就能看出来神仙来源于"禀受异气"，这与嵇康一贯的主张是一致的，他认为万物都是"浩浩太素，阳曜阴凝，二仪陶化"之结果。神仙禀受特质的元气，自然产生生命形式，长生之道在于性命自然之理，是人类后天努力修炼无法达到的。神仙虽然不可为，但是养生方法得理的话，可以延长生命。人们不能高寿是因为不懂生命本身蕴含着巨大的潜力，懂得养生之道便可长寿。

嵇康对身体的认知与观察，本质上是探究人的天生自然性命之理，以性命之理而导养。生命由形体和精神两方面组成，因此，养神和养形就成了养生论的两个方向。道教、方士重养形，道家偏重养神。嵇康自幼习性便有所不同，史书亦有他与方士交游的记载。所以说，嵇康的养生思想，兼具道家与道教养生思想的特性。

（三）养神论

嵇康的养生方法之一是"养神"，"含道独往，弃智遗身，寂然无累，何求于人，长寄灵岳，怡志养神。"[①]管子说："人之生也，天出其精，地出其形，合此以为人。"[②]即人的精神和形体来自天和地。庄子认为"精神生于道，形本生于精"，形体是从属于精神的，养生重要的是养神。《黄帝内经·上古天真论》篇中，已提到了在养生中要"心安而不惧，形劳而不倦，气从以顺，各从其欲，皆得所愿"，说明心、气、形统一于一身。在《淮南子》中，神是可以脱离形而永存不死的。神主宰形，高于形。嵇康说："精神之于形骸，犹国之有君也；神躁于中，而形丧于外，犹君昏于上，国乱于下也。"[③]人类生命由精神与形体两部分组成，精神与肉体之间，精神的作用是决定性的。"神"对于人之形即身体具有统领作用，就像国君之于国家的作用。"国之有君"方能安定不乱。对于人的身体来说，所谓精神，也是情绪或者心理的反应，这些反应足以使身体发生变化。他说：

---

① 戴明扬：《嵇康集校注》，第 31 页。

② 黎翔凤：《管子校注》，中华书局，2013 年，第 945 页。

③ 同上，第 253 页。

夫服药求汗，或有弗获，而愧情一集，涣然流离；终朝未餐，则嚣然思食，而曾子衔哀，七日不饥，夜分而坐，则低迷思寝，内怀殷忧，则达旦不瞑；劲刷理鬓，醇醴发颜，仅乃得之，壮士之怒，赫然殊观，植发冲冠。[①]

在嵇康看来，"羞愧""哀伤""愤怒"等这些情绪，都对身体健康有伤害。"而世常谓一怒不足以侵性，一哀不足以伤身；轻而肆之，是犹不识一溉之益，而望嘉谷于旱苗者也。"[②]但是，世人总觉得，发一次怒不会损坏精神，伤心一次也不会影响身体。于是便"轻而肆之"。他的养生思想致力于保养自己、珍贵生命。这是对生命规律的正视与尊重。人的新陈代谢是有规律的，因此，不能"轻而肆之"。其目的是修性以保神，安心以全身。所以说，嵇康所谓的"养生"，第一要义思就是养神。嵇康说：

是以君子知形恃神以立，神须形以存，悟生理之易失，知一过之害生；故修性以保神，安心以全身，爱憎不栖于情，忧喜不留于意，泊然无感而体气和平，又呼吸吐纳，服食养身，使形神相亲，表里俱济也。[③]

神与形相互依存，形存则神存，形亡则神亡。这是嵇康在元气论的基础上提出的形神观。精神烦躁，则生理自然颓丧。形体依靠精神而确立，精神要依靠形体以保存。既要养神，也要养形。庄子也重视在精神上的逍遥，他说："昭昭生于冥冥，有伦生于无形，精神生于道，形本生于精，而万物以形相生。"庄子以道生精神、精神生形、形生万物这样的顺序，强调形神同归于道。道家要求形神合一，以精神的存养保全身体。嵇康吸取了道家偏重养神的思想，对道教注重"形躯"的思想也有所采纳。

（四）养形论

道教认为，人禀天地而生，谷物的性质会使人所禀气质清新、洁净。道教相信人与自然都是宇宙元气凝聚的结果，所以人们吸取天地之精华滋补身体，可以延年益寿。身躯实际上很脆弱，嵇康将其视为"蕞尔"之躯。"夫

---

① 黎翔凤：《管子校注》，中华书局，2013年，第253页。
② 戴明扬：《嵇康集校注》，第253页。
③ 同上，第253页。

以蕞尔之躯，攻之者非一涂，易竭之身，而外内受敌，身非木石，其能久乎？"①身躯要抵抗外力的诱惑和攻击，因此无法像木石一样长久。嵇康养形的主要方法是及时吐纳与服食。他引《神农》曰："上药养命，中药养性者，诚知性命之理，因辅养以通也！"②《神农本草经》曰："上药一百二十种，为君，主养命以应天，无毒。久服不伤人，欲轻身益气，不老延年……中药一百二十种为臣，主养性以应人。"③天赋予人为命，人所禀受为"性"，"命"给予"性"，需要个人的附注调养才能实现。④孙思邈也说："久服则气力强壮，延年益寿。"⑤在众多的健身之术中，服食上等的药物最为重要，并且一般人受常识的局限很难理解。嵇康说：

> 夫种田者，一亩十斛，谓之良田，此天下之通称也。不知区种，可百馀斛。田种一也，至于树养不同，则功收相悬。谓商无十倍之价，农无百斛之望，此守常而不变者也。⑥

一亩地可以收十斛粮食，采用先进的"区种"技术可以收百斛。果树也一样，同一种果树的种植和养护方法不一样，收获也不一样。因为大多数人都有"守常而不变"的思维局限，所以，对待养生的问题，也同样有局限。比如食物，凡是吃的东西，没有不影响身体的。相信瓜果蔬菜等的营养，却不相信药物的功效。《抱朴子·仙药》中记载了"五芝"、椒、姜、菊花、松叶等食品，其中的各种"芝"类，泛称灵芝，在秦汉时期已被神化。所以嵇康认为一般人经常食用的食物，对身体的养生并没有什么益处。他说："岂若流泉甘醴，琼蕊玉英。金丹石菌，紫芝黄精。皆众灵含英，独发奇生。贞香难歇，和气充盈。澡雪五脏，疏彻开明，呔之者体轻。"⑦琼蕊玉英、金丹石菌是自然界的矿物，这些东西吸收天地之精华与灵气，所以服用之

---

① 戴明扬：《嵇康集校注》，第 254 页。
② 同上，第 254 页。
③（魏）吴普等述：《神农本草经》，山西科学技术出版社，1991 年，第 1、55 页。
④ 何晏等士人就服用五石散。五石散的基本成分是石钟乳、石硫磺、白石英、紫石英、赤石脂等五种石头，是一种有毒性的药散。据说，服食此散可以强壮身体、振作精神。
⑤ 李景荣等：《千金翼方校释》，人民卫生出版社，2003 年，第 483 页。
⑥ 戴明扬：《嵇康集校注》，第 253 页。
⑦ 同上，第 302 页。

后可以净化五脏六腑，通明豁达，身体轻盈。这些"上药"可以将五谷给人带来的污秽的东西排除。以上各种食物都是天然食物，它们会让身体有相应的反应。食物含气不同，在身体中的作用也不同，吃了它们将改变人体的素质。食物既然能改变，又何况药物呢。"滋味煎其府藏，醴醪鬻其肠胃，香芳腐其骨髓，喜怒悖其正气，思虑销其精神，哀乐殃其平粹。"[1]这些是损害身体伤害精神的原因，需要"导养"。

嵇康主张的呼吸吐纳是一种调息运气的呼吸法。服食包括使用天然事物及人工炼制的丹药。他说：

> 且豆令人重，榆令人暝，合欢蠲忿，萱草忘忧，愚智所共知也；薰辛害目，豚鱼不养，常世所识也。[2]

（五）养生之功夫

在养生功夫上，嵇康倡导形神兼养，认为"形"即身体是"自我"的一部分，养神也是养身，养身也是养神，强调肉体感受与认知意义的结合，从而达到身心交互的效果。他说："吾倾学养生之术，方外荣华，去滋味，游心于寂寞，以无为为贵。"[3]首先要清虚静泰，少私寡欲。清虚，是指冲虚淡泊，静泰是指平和通达。持有清虚静泰的功夫，心神就能同乎大顺，以自然之和修养，旷然无忧。牟宗三说其"清虚静泰，少私寡欲"，即心"虚一而静"也。善养神和，知道欲望对精神修养的害处，所以会"弃而弗故"。在嵇康看来，追逐名利是养生的重要障碍。庄子说："我守其一以处其和。"嵇康所说的"养神"，也指养"心"，心和神都是指人的精神作用，在一定意义上，两个概念是互通的。嵇康说：

> 神驰于利害之端，心骛于荣辱之涂，俯仰之间，已再抚宇宙之外者。若比之于内视反听，爱气嗇精；明白四达，而无执无为；遗世坐忘，以宝性全真，吾所不能同也。[4]

---

[1] 戴明扬：《嵇康集校注》，第254页。

[2] 同上，第253页。

[3] 同上，第198页。

[4] 同上，第300页。

"神""心"能都对荣辱利害思虑,具有发动"智"的功能。"心"是智、欲的根源,是修养功夫的主体。因此,也应该对心、神进行修养功夫。他说:"是以君子知形恃神以立,神须形以存。悟生理之易失,知一过之害生。故修性以保神,安心以全身。爱憎不栖于情,忧喜不留于意。泊然无感,而体气和平。"①以"神"为主即是"有主于内,以内乐外"。修养性情可以保神,安定心灵可以全身。其中关键是"意足"。

其次,性动纠正之以和。向秀认为情欲生于自然,是人与生俱来的特质。嵇康认为,"欲"有两种。一种是符合"自然之理"的欲望,饱则安寝,饥则求食。这种是人生来就有的合理的欲望。当"欲"非"道之正"的时候,"欲"就会害"生"。所以,要"养生",就要"去欲",要少欲寡私,如果"顺欲"而生,那么就神昏形枯。他明确指出,养生有五难:"名利不灭,此一难也;喜怒不除,此二难也;声色不去,此三难也;滋味不绝,此四难也;神虑消散,此五难也。"②可以说,这"五难"都是人的各种欲望。"五者"存,即便"口诵至言,咀嚼英华,呼吸太阳"也不能不夭其年。"顺欲为得生"会导致"欲胜则身枯"的结果。因此,要"节欲",对欲望加以理智地调节。嵇康说:

> 今不使不室不食,但欲令室食得理耳。夫不虑而欲,性之动也;识而后感,智之用也。性动者,遇物而当,足则无余;智用者,从感而求,倦而不已。故世之所患,祸之所由,常在于智用,不在于性动。③

实际上,"感而思室,饥而求食,自然之理也"这句话就是符合自然之理的欲望,是告子"食色,性也"的翻版。人有食、色的欲求,是属于"不虑而欲",这是自然的反应。对此,嵇康并不反对,人之为人的基本欲求可以满足,并没有完全否定情欲的意思,饮食男女是自然生理之常情,不可以加以绝去。他认为,情与欲都是人的自然本性。然而从养生的角度看,放纵感情、贪图享乐,听任欲望横流,同样也背离人性并最终使人的生命

---

① 戴明扬:《嵇康集校注》,第 253 页。
② 同上,第 304 页。
③ 同上,第 298 页。

受到损害。人性的自然冲动是本能的要求，而在"智用"下才有的要求，是动用了心思，如果顺从自己这种欲望而去追求，那么是无止境的。所以，嵇康指出："故世之所患，祸之所由，常在于智用，不在于性动。"① 灾难的结果常常在于用心用计，而不是人性的自然冲动。在满足基本欲求之后，"智用"者，会不知节制。这不但对养生不利，更是各种纷争祸患的原因。因为，欲望本身不贪婪，但是在"智用"的作用下，会远超现实所需。那么对于动了心思即"智用"下的"行动"应该怎么办？嵇康的解决办法是：性动纠之以和。"和"即"自然之和"，它是平和、和谐，以自然之和对欲望引导，在自然欲求得到满足后正确的、正当地运用"智"，也就是"性动则纠之以和"所要达到的效果。

向秀认为，人的身体虽然受于天地之自然，但是人所异于草木鸟兽，因为人能通过身体同外界互动，是建立在"知"的接触上。人有"智"，如果不用"智慧"那和草木无异，所以"嗜欲、好荣、恶辱、好逸、恶劳"都是出于自然之情。如果遏制压制欲望，则是有危害的事。向秀更为直接地表示，如果这种"压制"能换来长生不死，那么也失去了人生的意义与欢乐。欢乐与悲哀是人生的一部分，有了这一切，人生才有意思。如果把这些都压制了，人活着如行尸走肉，即便长命百岁也无意义。而在嵇康的视野中，"嗜欲"是"非道之正"，任欲望横流最终会损害生命。嵇康认为，欲望和理智要寻求平衡，"性足于和，智止于恬"。真正的富贵就是"意足"即知足。所谓"意足"其实就是懂得知足。知足是自身精神境界的提升。知足的人，即便干重活儿，穿粗衣，食粗粮，也是怡然自得。人知足，就不会有过分的欲求。这里与老子的"祸莫大于不知足，咎莫大于欲得，故知足之足，常足矣"几乎是一个论调。

三、生命境界

人的觉醒是魏晋时代的一大特征。从思想史的角度看，春秋战国时期百家争鸣，人们从殷周以来的"天""神"的绝对统治中觉醒过来，他们

---

① 戴明扬：《嵇康集校注》，第 298 页。

将视角从"天""神"转向人，这可以称之为中国历史上第一次人的觉醒。魏晋时期各家思想非常活跃，其思想表现出对汉代封建纲常礼教和谶纬迷信的反叛，这可以称为人的第二次觉醒。嵇康的生命观主要表现在三方面：

（一）"越名任心"的生存态度

司马氏当权的名教礼法腐败不堪，其手段残酷，令人发指，以嵇康为首的竹林名士坚决与之对抗，倡导"越名任心"的生存态度。"越名任心"又叫作"越名教而任自然"，出自嵇康的《释私论》。"越名"的含义有两层：一是不受名教的制约；二是不追求功名利禄。"任心"就是按照自己的真性情去生活，它是一种行为方式。在嵇康看来，世间最可贵的是"真"，即任自然，任自然的心性。世界上本来没有名教，在名教没有产生之前的社会状态，人与人、人与物、物与物之间靠"自然之理"和谐统一。人们饱则安寝，饥则求食，一切充满着淳朴与自然，言行出于自然，合于本心。所谓"机心不存，泊然纯素，从容纵肆，遗忘好恶，以天道为一指，不识品物之细故也"。① 这正是嵇康的理想境界。他曾提出"有主于中，以内乐外"的观点。嵇康的这一观点，体现在生命情态上，就是自我的觉醒，自我意识的一个独立的范畴。自我意识经过一番求索，终于找到安身立命之点。

以无欲的淡泊态度对待闲适人生，才能让个体在世俗人间体验到内在的快乐和自由，才能达到"虽无钟鼓，乐已具矣"的人生至境。《卜疑》中说："文明在中，见素抱璞，内不愧心，外不负俗，交不为利，仕不谋禄。"② 在《答难养生论》中说：

> 故世之难得者，非财也，非荣也。患意之不足耳！意足者，虽耦耕甽亩，被褐啜菽，岂不自得。不足者虽养以天下，委以万物，犹未惬然。则足者不须外，不足者无外之不须也。无不须，故无往而不乏。无所须，故无适而不足。不以荣华肆志，不以隐约趋俗。混乎与万物并行，不可宠辱，此真有富贵也。③

---

① 戴明扬：《嵇康集校释》，第235—236页。
② 同上，第237页。
③ 同上，第297—298页。

当然，"越名任心"并不是放纵，不是要违背君臣之间的关系和人们之间的亲爱友好关系。它是"意足"而"不须外"，所以"无适而不足"。人们"循性而动"，顺从自然，顺着自然本性。不管何时何地都遵循自己的本性。越名任心是种生存态度，有此态度便会达至一种超然物外的境界。心灵自由驰骋，虽"忘贤"，却行了"贤德"之事，不刻意为善，但心却与善遇。所以嵇康说："傲然忘贤，而贤与度会，忽然任心，而心与善遇，倜然无措，而事与是俱"。①

（二）"游心太玄"的生命境界

嵇康的一生，可以说是用生命谱写了"士"的风范。在他的思想中，"君子"是一个十分重要的概念，从这个角度说，他也是在用生命诠释"君子"的内涵。处在魏晋之乱世，难免不陷入政治斗争的漩涡，司马氏集团取代曹氏集团的过程中，多数士人无法置身事外。从身世上看，嵇康的妻子是曹操的孙女长乐公主，所以不管嵇康的种种行为是否是有心而为之，他都要受到司马氏集团的猜忌。迫于压力，"竹林七贤"②先后有"六贤"以不同的方式或真或假地融入了司马氏集团，唯独嵇康坚持自己心中的信念，不同流合污，恪守心中之道——君子之道。嵇康游走在竹林山水之间，过着一种半隐半仕的生活，看起来悠然自得，然而，其内心的困顿也是显而易见的。尽管对司马氏集团所标榜的虚伪的名教礼法充满愤慨，嵇康却无法超脱于现实的生存境遇之外，内心的困惑无法释放。所以，在嵇康的诗与文中，会发现，他内心极为渴望一种境界，即游心太玄。其"四言十一首"中云：

> 羽化华岳，超游清霄。云盖习习，六龙飘飘。左配椒桂，右缀兰苕。凌阳赞路，王子奉辂。婉娈名山，真人是要。齐物养生，与道逍遥。③

这是嵇康在竹林之游中所做的诗，越是对自然之美充满向往，就越是

---

① 戴明扬：《嵇康集校释》，第403页。

②《世说新语·任诞》第一条有云："陈留阮籍、谯国嵇康、河内山涛，三人年皆相比，康年少亚之。预此契者：沛国刘伶、陈留阮咸、河内向秀、琅邪王戎。七人常集于竹林之下，肆意酣畅，故世谓竹林七贤。"

③ 戴明扬：《嵇康集校注》，第137页。

憎恶污浊的社会。心中所想的理想状态很飘逸：成仙上华岳，荡在云霄游，邀请真人作同道，等等。他真想成仙吗？非也。但嵇康是真的有种知音难求的惆怅，如"心之忧矣，孰识玄机"。他在"避地河东"之时所著的一首《游仙诗》，更能表现出他渴求离世脱俗的信念：

> 飘飘戏玄圃，黄老路相逢，授我自然道，旷若发童蒙。采药钟南隅，服食改姿容。蝉蜕弃秽累，结友家板桐，临殇奏《九韶》，雅歌何邕邕。长与俗人别，谁能睹其踪。①

诗中所描绘的仙界气息，让人心驰神往，表达了他对恶浊尘世的唾弃和对理想生命境界的追寻。当然，如同仙人一样遨游太和，长别俗人也是不可能的，只能是一种精神的远足。但是，至少，嵇康有这种飘逸的情怀，能够"目送归鸿，手挥五弦。俯仰自得，游心太玄"。② 这种情怀的主旨，是"与道逍遥"，游于玄学虚无太清之境。

其实，嵇康是以游仙之名，行玄理之实。"游心太玄"之"太玄"，即是行老庄之道。"玄"在中国哲学里是一个十分重要的概念，"玄"乃是万物之始的"道"，亦即幽暗深远、神妙莫测的最高本体。《老子·第一章》曰："玄之又玄，众妙之门。"扬雄《太玄》亦曰："玄者，幽擒万类而不见形者也。"③ 可见，嵇康的太玄与老子、扬雄之"玄"，都是视之无形，听之无声的至高之"道"。太玄之境，即是理想的自由境界。在嵇康的诗文中，还出现了不少与"太玄"含义大致相同的词汇，如"泰清""太素""玄虚""玄默""太和""大象""玄艺"，这些都指自由玄远之境。从这个角度看，嵇康没有违背"老子、庄周，吾之师也"的主旨。"吾之师"即把握老、庄的理论和老、庄思想身体力行。他索求的"游心太玄"，是一种体验，心与道合，于是我与自然融为一体，是一种淡泊朴野、闲适自得的生活。精神美学的基本原则是生命的内在性与超越性的直接同一，这一点，嵇康做到了。他珍爱生命，重视养生，期盼能够向神仙一样长生不死。

---

① 戴明扬：《嵇康集校释》，第64—65页。

② 同上，第24页。

③（宋）司马光集注：《太玄集注》，中华书局1998年，第184页。

他说："人生寿促,天地长久,百年之期,孰云其寿;思欲登仙,以济不朽,揽辔踟蹰,仰顾我友。"① 因为生命短暂所以仰慕神仙,神仙"似特受异气",所以常人无法达到,"非积学所至"。嵇康专门创作了《养生论》阐释自己的养生看法,养生的最高境界就是"养之以和,和理日济,同乎大顺"。就是这样一位重视生命的人,更不畏惧死。嵇康不屈服司马氏集团,至死不渝,这种表现是真正超越生死,视死如归。嵇康是历史上少见的"殉道者"之一。在他生命的最后时刻,他能够泰然自若地弹完千古绝奏《广陵散》,说明他早已实现了对生命有限性的超越。庄子的超越精神,给嵇康提供了很大的精神支柱。

第五节　嵇康的伦理思想

道德与伦理是人与人之间关系的规范总则。伦理道德是人内在和外在的行为之法,以及人与人之间关系的规范和准则。在中国伦理学史上,魏晋时期呈现的伦理思想具有特殊性。在本质上,玄学的本质以儒道思想为基础。魏晋时期,随着汉末覆亡而不断加剧的社会动荡,知识界中产生了对封建社会的道德规范(名教)的普遍怀疑。嵇康深受政治上和道德舆论上的压迫,由对封建伦常失望而走向否定。

一、魏晋时期的伦理背景

司马懿以"博学洽闻,服膺儒教"著称,但是司马氏家族的双手沾满鲜血,儒家名教、礼教只是其伪装的面具,其"以孝治天下"② 也只是排除异己的借口罢了。"高平陵政变"中大批名士被诛三族,曹魏集团成员更是人人自危。司马氏废掉魏帝曹芳的罪名为"恭孝日亏,悖慢滋甚",曹髦被杀的罪名为"不

---

① 戴明扬：《嵇康集校注》,第 14 页。
② "以孝治天下"由来久矣,即便是曹操这样的枭雄,也不敢担起"不孝"的罪名。《三国志·吕布传》载："太祖之禽宫也,问宫欲活老母及女不？宫对曰：宫闻孝治天下者不绝人之亲,仁施四海者不乏人之祀,老母在公,不在宫也。太祖召养其母终其身,嫁其女。"

能事母，悖逆不道"。司马氏集团所标榜的"名教"显然是虚伪至极的，许多有识之士十分痛恨和厌恶。嵇康身为曹魏宗室的女婿，从政治立场来说，他不与司马氏合作，不对魏氏尽"忠"，猛烈抨击司马氏集团的虚伪嘴脸。不仅如此，嵇康对魏晋伦理——名教本身，也有着清醒的认识。"名教"异化、沦为政治工具实际上在汉代就已经开始。正如鲁迅先生说的那样，曹操杀孔融，司马氏杀嵇康，都是借着"名教"这个工具加罪于反对自己的人而杀之。

名教作为道德伦理规范的代名词，它的本质规定是什么？陈寅恪认为：名教"即以名为教，即以官长君臣之义为教，亦即入世求仕所宜奉行者。"[1]余英时曰："名教泛指整个人伦秩序而言，其中君臣父子两伦更被看作全部秩序的基础。"[2]汉武帝推行"以名为教"，就是把符合封建统治阶层利益的政治观念、道德规范等等立为名分、名目、名节，制为功名，以之来进行"教化"，来辅助政治统治和实施思想统治。名教的内涵由汉武帝时期的"三纲五常"发展到东汉章帝时的"三纲六纪"。三纲六纪的内容简要如下：

三纲者，何谓也？谓君臣、父子、夫妇也。六纪者，谓诸父、兄弟、族人、诸舅、师长、朋友也。故《含文嘉》曰："君为臣纲，父为子纲，夫为妻纲。"又曰："敬诸父兄，六纪道行，诸舅有义，族人有序，昆弟有亲，师长有尊，朋友有旧。"何谓纲纪，纲者，张也；纪者，理也。大者为纲，小者为纪，所以张理上下，整齐人道也。人皆怀五常之性，有亲爱之心，是以纲纪为化，若罗网之有纲纪而旧目张也。[3]所谓名教，不仅指儒家道德规范本身，而且指选拔遵守这些规范并获得声名的人物入仕，以此教化百姓，即以"因名设教"为治国手段，就是顺应天意。

以家族血缘关系为核心的"三纲六纪"，将人伦关系规范得一清二楚。诸父、兄弟、族人、诸舅是以有血缘关系的为主轴，"朋友"这一伦的加

① 陈寅恪：《金明馆丛稿初编》，第 203 页。
② 余英时：《士与中国文化》，上海人民出版社，2003 年，第 358 页。
③ 陈立疏证、吴则虞点校：《白虎通疏证》，中华书局，1994 年，第 373—374 页。

入，使得名教的内涵更为广泛。名教能够产生巨大的号召力，和它的"名"有极大的关系。白虎观会议把名教纲常用国家法典形式予以钦定，至此，名教就在帝王之命和利禄仕途中达到了顶峰。当然，这种制高点并不是因为儒家仁义礼智信这种道德品质与道德自律，而是因为拥有"名"的人可以飞黄腾达、名利双收，可升官、可发财。在社会上产生了一批所谓的"伪名士"，这一类名士并不是按照名教的道德修养获得的，而是通过欺世盗名。例如赵宣，"葬其亲而不闭埏隧，因居其中，行服二十余年，乡邑称孝"①，于是成了"伪名士"，但是他这二十余年的服孝当中，却生了五个儿子。这些沽名钓誉之徒并不在少数，究其本质是因为名教是获得功名利禄的工具，名教变成了仕途的敲门砖。

二、名教观的二重性

嵇康的伦理思想总纲用一句话就可以概括："越名教而任自然。"表面上看来，这个观点反对的是一切俗名，俗礼俗套，俗情俗见，甚至一切虚矫繁琐的东西。他对所谓"名教"妄图把自然人性束缚于伪善的仁义礼教有深刻而清醒的认识。嵇康的名教观，似乎是对儒家传统价值观的一种挑战。

（一）仁义浇淳朴

嵇康认为名教是"违其愿"，违反人的自然本性。只有尊重人的内在意愿，才体现了自然原则。嵇康描述的文明时代是"洪荒之世，大朴未亏，君无文于上，民无竞于下，物全理顺，莫不自得"②，在这种状态下的社会是"物理全顺，莫不自得"，即性、情皆合于自然。在自然原则的统摄下，名教即是对人的束缚。所以他说："仁义浇淳朴，前识丧道华。留弱丧自然，天真难可和。"③"前识"意为"先见"，比别人认识得早，即制礼作乐之人有"先见之明"。《老子》曰："前识者，道之华而愚之始。"王弼解

---

① （宋）范晔：《后汉书》，第2159—2160页。
② 戴明扬：《嵇康集校注》，第447页。
③ 同上，第137页。

释为"前识者，前人而识也"。① 嵇康认为，在原始的蒙昧时期，即使统治者未颁布礼仪法制，也是一片和谐，人们自得其乐。在对名教的态度上，嵇康反对束缚人性的名教，提倡自然，在一定意义上与正始玄学是一致的态度。礼法对于人们日常的社会与生活应该起到促进作用，人与人之间相敬有爱，温暖和谐，安静祥和。他说：

> 洪荒之世，大朴未亏，君无文于上，民无竞于下，物全理顺，莫不自得。饱则安寝，饥则求食，怡然鼓腹，不知为至德之世也。若此，则安知仁义之端，礼律之文？及至人不存，大道陵迟，乃始作文墨，以传其意；区别群物，使有类族；造立仁义，以婴其心；制为名分，以检其外；劝学讲文，以神其教。故六经纷错，百家繁炽，开荣利之涂，故奔骛而不觉。②

在"太初"时期是没有仁义的，"至人不存，大道陵迟，乃始作文墨，以传其意；区别群物，使有类族；造立仁义，以婴其心；制为名分，以检其外；劝学讲文，以神其教。"③ 这是越名教而任自然的逻辑起点。"名教"的产生其实是人有意为之，绝非自然存在，它不是自然地必然地成为规范的标准。外在的名教内化于人，成为内在的规范，使人的"自然本性"受到伤害。嵇康批判伦理后便是建构伦理。那么"越名教而任自然"的自然是指什么呢？康中乾认为嵇康的"自然"是其所要追求的"本体"。他说："自然有两重含义：一是人自己的自然之性；二是天地的自然本质，人的自然本质也好，天地的自然本质也罢，都是社会名教的反面。当嵇康阮籍抛开名教而追求'自然'时，这个自然就是本体，是他们最高最后的哲学目标和原则。所以竹林玄学的自然和正始玄学的无在哲学性质上都是本体之学，都是哲学理论。"④ 名教确实有束缚人的一面，但是在一定的条件下，名教具有维系社会稳定的作用，文明的社会总是需要各种内在的和外在的规范。

① 楼宇烈：《王弼集校释》，第 92 页。
② 戴明扬：《嵇康集校注》，第 447 页。
③ 同上，第 447 页。
④ 康中乾：《魏晋玄学》，人民出版社，2008 年，144 页。

（二）对"道德仁义"的坚持

道德是出于人源发于内心的善意，它表露于自身行为的高贵生命活动，它是一种自律性的道德行动与道德实践。"越名教而任自然"其真义要从道家"非名"的立场来做整体的认识。嵇康"以六经为芜秽，以仁义为臭腐"，因为六经所提倡的伦理道德是束缚人性的工具。实质上，仁义道德都是虚伪的借口和手段，这个观点就是针对司马氏集团所说。

嵇康对"名教"是持双重态度，认为它具有双重性。一方面，他对已沦为政治工具的儒家六经所蕴含的伦理纲常激烈地抨击；另一方面，掩盖不住他内心对仁义道德的坚持。[1]如嵇康在狱中写了《家诫》，叮嘱其儿子：一要有志，所有的行为都要根据"有志"来运转。二、告诫儿子与人交往要谨慎，即"宏行寡言，慎备自守，则怨责之路解矣。其立身当清远"。尤其是讲话，要格外谨慎，即"夫言语，君子之机。机动物应，则是非之形著矣，故不可不慎"。第四，他告诫儿子不要知道别人的隐私。"若见窃语，便舍起，勿使忌人也。"最后要"慎赠予，慎饮酒。"[2]《家诫》的写作背景是嵇康入狱，自知不免才作此以诫子，想必句句肺腑，这其中有殷殷亲子之情的因素，另一方面也是他对自己一生言行的反思，这便是他心中真实的儒家仁义道德。鲁迅据此判断嵇康是相信礼教到固执之极的。

从《卜疑》《家戒》等文章可以看出嵇康对名教和社会礼法的重视。其中肯定了"常"与"至"的存在，即寻常与特殊的并行不悖。名教是社会存在的基础，抛弃名教，等同于抛弃"自然本体论"存在的现实基础。如果没有名教，也就不会有社会和个人的存在了，所以，嵇康名教的二元也体现在其抛弃名教，又以自然建构名教。在宇宙论上，他以自然来言"气化"，以气来理解宇宙的构成。

---

[1] 鲁迅说："嵇阮的罪名，一向说他们毁坏礼教。但据我个人的意见，这判断是错的。魏晋时代，崇奉礼教的看来似乎很不错而实在是毁坏礼教，不信礼教。表面上毁坏礼教者，实则倒是承认礼教，太相信礼教。因为魏晋时所谓崇奉礼教，是用以自用，那崇奉也不过是偶然崇奉，于是老实人以为如此利用，亵渎了礼教，不平之极，无计可施，激而变成不谈礼教，不信礼教，甚至于反礼教。——但其实不过是态度，至于他们本心，恐怕倒是相信礼教，当作宝贝。"参见鲁迅《魏晋风度及文章与药及酒之关系》，《鲁迅全集》，第3卷第535页。）

[2] 戴明扬：《嵇康集校注》，第546页。

三、道德修养论

嵇康的道德修养论，包含修身、修心、修性。孔子说："躬自厚而薄责于人，则远怨矣。"（《论语·卫灵公》）嵇康具有"恬静寡欲，含垢匿瑕，宽简有大量"的气质；"康性含垢藏瑕，爱恶不争于怀，喜怒不寄于颜。"嵇康与人相处时，主张"人之相知，贵识其天性，因而济之"。①"贵识"即是要"相识"，从而"相济"。彼此了解便会"推己及人"与"己所不欲，勿施于人"，就是尊重他人的"自然"即天性。在《与山巨源绝交书》中，嵇康说："故四民有业，各以得志为乐，唯达者为能通之，此足下度内耳。不可自见好章甫，强越人以文冕也。"②他人同自己一样是独立的个体，其原则是以"得志为乐"。嵇康是注重儒家传统思想中所强调的自我节制和个人修养的。王戎与嵇康共居山阳二十年，没有见过嵇康"喜愠之色"，可见其修身功夫了得。而他"宽简有大量""爱恶不争于怀，喜怒不寄于颜"③的人伦美范也与儒家所提倡的"克己""修己""正身"及"君子无所争"的修养功夫十分契合。

（一）孝悌观

先秦儒家重视孝道，孔子把孝作为实行"仁"的根本，提出"三年无改于父道"（《论语·学而》）、"父母在，不远游"（《论语·里仁》）。汉末时期已经形成门阀促使宗族间的关系紧密，于是"孝"就成为维系家族的道德关键，通过孝的推行，使得家族之间更加紧密团结。④魏晋时期"孝"过于"忠"。嵇康的孝悌观念体现在他对母兄的思念中。在《思亲诗一首》中，他说：

> 奈何愁兮愁无聊？恒恻恻兮心若抽。愁奈何兮悲思多，情郁结兮不可化。奄失恃兮孤茕茕，内自悼兮啼失声。思报德兮邈已绝，感鞠育兮情剥裂。嗟母兄兮咏潜藏，想形容兮内摧伤。⑤

---

① 戴明扬：《嵇康集校注》，195 页。
② 同上，第 198 页。
③ 余嘉锡：《世说新语笺疏》，第 20 页。
④ 唐长孺：《魏晋南北朝史论拾遗》，中华书局，1983，第 235 页。
⑤ 戴明扬：《嵇康集校注》，第 88 页。

这首诗是嵇康对母兄去世后的思念之情的描述，情真意切，声泪俱呈，深沉表达了嵇康的悲痛心理。嵇康按照道德规范孝敬母亲，尊敬兄长。在《与山巨源绝交书》中说："吾新失母兄之欢，意常悽切。女今十三，男年八岁，未及成人。"① 在《家诫》中，嵇康语重心长，表现出他注重教养子孙。在"悌"的问题上，嵇康对吕氏兄弟之间，用心良苦。吕安是嵇康的好友，妻子被兄弟吕巽淫污。在《与吕长悌绝交书》中，嵇康对吕巽说：

> 而阿都去年，向吾有言：诚忿足下，意欲发举。吾深抑之；亦自恃每谓足下不得迫之，故从吾言。间令足下：因其顺吾，与之顺亲；盖惜足下门户，欲令彼此无羔。又足下许吾：终不系都，以子父交为誓，吾乃慨然感足下重言，慰解都，都遂释然，不复兴意。②

嵇康竭力在吕氏兄弟间劝说调和，希望能够妥善解决二兄弟间的矛盾。这样做的目的就是"盖惜足下门户，欲令彼此无羔"，即希望吕氏兄弟不要反目。这就是儒家所倡导的兄弟之间"悌"的表现。然而，嵇康虽能让吕安"不复兴意"，却没料到吕巽反咬一口。因此嵇康写下了"绝交书"，结尾说："古之君子，绝交不出丑言。"③ 他的这些行为真切地体现出传统儒家思想中注重孝悌人伦的伦理道德观念，与其所谓的与自然为亲的竹林之游和逍遥物外的行为大相径庭。

（二）公私观

"公"与"私"的关系涉及政治、社会、伦理等领域，在公与私关系上，自古以来"崇公抑私"是主流观点，在政治领域与社会领域，崇"公"的思想发挥了重要的作用。在战国之前，"公"更多代表"统治者"，如"天子""封建君主"或"朝廷"。"雨我公田，遂及我私"④，此处的"公"代表统治者，"私"代表被统治者或者人民。到了战国时，"国家"的意识已经出现，所以"公"与"国家""天下"联系起来。这使得"公"的概念变得更为复杂，

---

① 戴明扬：《嵇康集校注》，第 195 页。

② 同上，230—231 页。

③ 戴明扬：《嵇康集校注》，第 231 页。

④ 朱熹：《诗经集注》，台北万卷图书有限公司，2005 年，第 124 页。

不同思想流派都试图对"公"阐释各自的理念。

从伦理上讲，公与私涉及道德领域。春秋战国时期，就有"立公灭私"的观点，"私"带有负面的色彩。《礼记·孔子间居》记载："子夏曰：敢问何谓三无私？孔子曰：天无私覆，地无私载，日月无私照，奉斯三者以劳天下，此之谓三无私。"①公私的界限分明，持政以公，行为上以人民和社会的利益为重。无论是老子还是庄子，都会把"公"和"天""道"联系起来。天地无偏私，"公"通往道家自然之天，所以人们亦应无私而公。②《老子》说："天长地久。天地所以能长且久者，以其不自生，故能长生。是以圣人后其身而身先，外其身而身存。非以其无私耶？故能成其私。"（《老子·第七章》）"公而不党，易而无私，决然无主，趣物而不两，不顾于虑，不谋于知，于物无择，与之俱往，古之道术有在于是者。"（《庄子·天下》）可见，所以"天下为公"成为圣王君主的追求。《礼记》《吕氏春秋》都有"天下为公"的政治理想。"大道之行也，天下为公。选贤与能，讲信修睦。故人不独亲其亲，不独子其子，使老有所终，壮有所用，幼有所长，矜、寡、孤、独、废、疾者皆有所养。"③"公"是古代圣王、君主遵循的准则。"昔先圣王之治天下也，必先公，公则天下平矣。平得于公。尝试观于上志，有得天下者众矣，其得之以公，其失之必以偏。"④若要社会安定与百姓安居乐业，"天下为公"是必走之路，不偏私，秉持为公，会达到理想的治理状态。

嵇康的公私观较为特别。如上所述，一般我们所谓"公"，都被赋予了正当性，与之相对的"私"是要被抑制的。嵇康的"公"不是指"天下"或者"国家"。关于"私"，他说："故论公私者，虽云志道存善，（心）无凶邪，无所怀而不匿者，不可谓无私。虽欲之伐善，情之违道，无所抱

---

① （清）孙希旦：《礼记集解》，中华书局，2019年，第1277页。

② 在中国古代，人类社会的公是内在于天、天道、天理的，因为人类社会是天、天道的一部分，是天、天道的外化。参见王中江《中国哲学中的"公私之辨"》，《哲学与文化》，2000年，第5期，第472页。

③ （清）孙希旦：《礼记集解》，第582页。

④ 许维遹：《吕代春秋集释》，第24页。

而不显者，不可谓不公。"①心中虽然怀有善念，但是隐而不宣，这也叫作"私"。情欲虽有不善，但能无所隐匿，这也叫作"公"。所谓"公"就是指公开内心的真实感情，坦坦荡荡，光明磊落。"私"是指隐匿内心真实的情感和想法，不管一个人的思想、念头如何，只要不隐瞒自己的真实思想和情感，这都叫作"无私"。有私无私，有措施无措施是从本质上区分人善恶的标准。

> 然事亦有似非而非非，类是而非是者，不可不察也。故变通之机，或有矜以至让，贪以致廉，愚以成智，忍以济仁。然矜吝之时，不可谓无廉；猜忍之形，不可谓无仁；此似非而非非者也。或谤言似信，不可谓有诚。激盗似忠，不可谓无私；此类是而非是也。②

公私与是非是两个不同的概念。如何辨别"似非而非非"和"类是而非是"的复杂关系呢？是非是指人的思想情感的正确与错误，而公私则是指人对待自己思想感情的态度，是公开还是隐匿。嵇康为了说明这种复杂的关系，举了一个例子：第五伦是东汉士人，第五为复姓。他身居高位，以清正廉洁著称，甚至敢于公开自己内心深处的思想杂念。《后汉书·第五伦传》载："或问伦曰：公有私乎？对曰：昔人有与吾千里马者，吾虽不受，每三公有所选举，心不能忘，而亦终不用也。吾兄子常病，一夜十往，退而安寝。吾子有疾，虽不省视而竟夕不眠。若是者，岂可谓无私乎？"③过去有人赠第五伦千里马，虽然没有收，但是心里忘不了。他哥哥的儿子生病，一夜看十次，但是回家后睡得很安稳，而他自己儿子生病了，虽然没有去看，但是彻夜未眠。第五伦说也许这就是私心。嵇康认为，第五伦所述是"是非"问题，因为"私"是指隐匿，"公"是指坦诚，第五伦毫不避讳地讲出来，是属于"无私"。对自己兄弟孩子探视而不关心是"是非"问题。

在嵇康的伦理序列当中，"公私"比"是非"更为重要。因为他所在

---

① 戴明扬：《嵇康集校注》，第 403 页。
② 同上，第 404 页。
③ 范晔：《后汉书》，第 1402 页。

的年代就是一个充满"伪善"的年代。司马氏集团利用原本引导人们向善的道德名目，铲除异己，欺压百姓。阴奉阳违、口是心非之士太多，以司马氏以孝治天下来说，"孝"被其利用为工具，其"孝"俨然不是真"孝"。刘泽华先生认为，公与私"关系着社会关系和结构的整合，关系着国家、君主、社会、个人之间关系的价值取向和行为准则，关系着社会意识形态的规范和社会道德与价值体系的核心重大问题"①。该如何做是正确的，这涉及怎样安身立命的问题。嵇康还说：

> 不措所措，而措所不措。不求所以不措之理，而求所以为措之道，故明为措，而暗于措，是以不措为拙，措为工。唯惧隐之不微，唯患匿之不密；故有矜讦之容，以观常人；矫饰之言，以要俗誉。谓永年良规，莫盛于兹；终日驰思，莫窥其外；故能成其私之体，而丧其自然之质也。②

公私之辨即是真伪之辨。"无措"为真，为公。"匿情"为"伪"，为私。无措与"自然"一致。"无措"即是无心；即是无心于世俗之是非毁誉，而随顺自然之性，任心自然本体。在社会生活中常常出现许多是非不辨、善恶不分的情况，是人丧失了自己的自然本质。正确地区分是非善恶不能只看行为不问动讯，必须"论其用心，定其所趣，执其辞以准其理，察其情以寻其变；肆乎所始，名其所终"。袁准认为："治国之道万端，所以行之者在一。一者何？曰：公而已矣。唯公心而后可以有国，唯公心可以有家，唯公心可以有身。身也者，为国之本也。公也者，为身之本。夫私，人之所欲，而治之所甚恶也。"③ 行公之道，即有公心，才能立身治国。

四、理想人格

嵇康所处的时期，政治黑暗多变，士们不仅济世思想破灭，甚至连个体生命都难以保全。嵇康立志玄远，"托好老庄，游心太玄"，以此弥补

---

① 刘泽华：《春秋战国的"立公灭私"观念与社会整合》，南开学报，2003年第4期。
② 戴明扬：《嵇康集校注》，第405页。
③ （唐）魏征编撰：《群书治要》，北京理工大学出版社，2013年，第670页。

精神之困苦。嵇康从个人之"真"即自然本性情出发，走向更高的人格境界——这就是嵇康视野中的"君子人格"。

（一）君子人格内涵

对于君子所具有的内涵，嵇康有确切的定义："夫称君子者，心无措乎是非，而行不违乎道者也。何以言之？夫气静神虚者，心不存乎矜尚；体亮心达者，情不系于所欲。矜尚不存乎心，故能越名教而任自然；情不系于所欲，故能审贵贱而通物情。物情顺通，故大道无违；越名任心，故是非无措也。是故言君子，则以无措为主，以通物为美。"① 这段文字中，对"君子"作了两个规定：一是"心无措乎是非"，二是"行不违乎道"。"心不措乎是非"，从反面理解，是"心"不以外界的是非毁誉等为念；从正面理解，指君子根据自己的"心"的要求"自然而然"地开展其生命活动。"行不违乎道"，是君子的具体行为不违背"道"的规定，"行"是"心无所措乎是非"的"行"，是指社会历史或社会存在的规范性。所谓"通物情"，就是王弼所说的"圣人应物而无累于物"。这种修养方法用于每一个普通士人身上。圣人可以做到的，普通的士人只要"情不系于所欲"，也能够"审贵贱而通物情"。这个君子形象的设置，汲取了道家思想资源。所谓"居九夷、游八蛮，浮沧海、践河源""泊然纯素""与天道为一指"，就是道家理想人格的形象，可以游心太玄，俯仰自得，得意忘言。嵇康说：

> 子之所以为欢者，必结驷连骑，食方丈于前也。夫俟此而后为足，谓之天理自然者，皆役身以物，丧智于欲，原性命之情，有累于所论矣。夫渴者唯水之是见，酣者唯酒之是求。人皆知乎生于有疾也。今若以从欲为得性，则渴酣者非病，淫湎者非过，桀跖之徒皆得自然。②

在嵇康看来，"欲"是不断满足自己欲望的动物性存在，会导致"役身以物，丧智于欲"，人的身体为外物所役使，而无法达"性命之情"。具体说来，不为外物所役，首先要"循性而动，各附所安"。"循性"是

---

① 戴明扬：《嵇康集校注》，第402—403页。
② 同上，第303页。

对"嗜欲"的超越，即是循自然之性，具体说是禀之自然、"归之自然"和"任自然以托身"。其次要"淑亮之心"。耳、目、门、鼻等感官，依天性有"欲"的要求。心外物为活动对象的分别之"知"，会产生是非、好恶之价值判断，这种心"知"积存于心，久之形成主观成见。心有成见，从而与人有对立、竞逐之心。

嵇康通过"小人""常人""俗人"的比较，凸显"君子"的特点。《论语·里仁》云："子曰：君子怀德，小人怀土；君子怀刑，小人怀惠。"《论语·颜渊》云："子曰：'君子成人之美，不成人之恶。小人反是。"在《卜疑》中，"忠和佞""义和利""诚和伪""正和邪"之间对立，选择前者或后者是君子与小人的区别。毫无疑问，嵇康当然选的是前者。然而，乱世之中，选择前者必定要付出重大的代价，他以自己的生命证明了这一点。

（二）儒道合一

从思想史的角度看，嵇康视野中的"君子"具有"儒道合一"的特点，因为君子能做到"越名教而任自然"①。所谓"任自然"之"自然"，并不是要追求人的自然属性或动物性，而是说追求人作为社会性存在之自然性。所谓"越名教"也并非是反对"名教"本身，而是追其合乎自然的名教。钱穆先生认为："嵇、阮是至情人，是真君子，他们的颓废放荡，实是受了政治和社会的影响，有激而然。"但是，嵇康的思想"仍未超出儒家范围。"②这里的"自然"就是"合乎自然"的"名教"。名教与自然问题，本是社会问题，然而个体生命与之息息相关。所以，联系上文所说的"游心太玄"的生命境界，我们可以将其理解为：游心太玄，就是从生存论的角度出发，关注个体生命的存在价值和意义，从而高扬了独立人格。

儒家的君子人格是以道德意识与道德实践为基点，从内向外而扩充之，从而形成内圣外王之道。嵇康以"君子"为心目中的完美人格，但并个是对先秦儒家"君子"思想的原封不动接受。"儒学具有修己和治人的两个方面，而这两方面又是无法截然分开的，但无论是修己还是治人，儒学以'君

---

① 戴明扬：《嵇康集校注》，第 403 页。

② 钱穆：《钱宾四全集》，第 19 卷，联经出版社，1998 年，第 132 页。

子的理想'为其枢纽观念：修己即所以成为君子；治人则必须先成为君子。"①

嵇康也是欣赏孔子的，他赞扬"仲尼兼爱"，称其为君子，认为儒家"达能兼善而不渝，穷则自得而不闷"。在《管蔡论》中，嵇康称赞周文王、周武王和周公为"三圣"，其实，对唐尧、虞舜、周文王、周武王及周公事迹的赞扬，足以说明嵇康深厚的儒家素养。儒家君子讲修身，《与吕长悌绝交书》云："古之君子，绝交不出丑言。"②说明他是以君子来作为自己行为的准则。

从境界上，嵇康视野中的君子，置于"游心太玄"的生命境界，在此境界下，越名任心，循性而动。在天命观上，反对宿命论对人的束缚。在儒道合一的格局中，倡导人格的独立性，实现理想的君子人格。从嵇康对"君子"的诠释，可以看出魏晋时期儒道之间对个体、生命之间的不同立场。"儒家把社会正义看得重于个体的生命，故而强调生命的道德内涵和道德意义。"③在世俗生活中，嵇康主张"修性以保神，安心以全身"。从一定意义上说，嵇康的君子人格，就是道家的儒者。道家思想本是对现实的一种痛苦的逃避，而嵇康"越名任心"的思想是深深扎根于生活之中，在以激烈的语言抨击着现实的虚伪和黑暗的同时，积极倡导人性的复归。他在《与山巨源绝交书》中说：要"非汤武而薄周孔"。然而，真的是这样吗？来看看嵇康其他诗和文中，对尧、舜、汤、武、周、孔以及这些儒家圣人的看法：

> 爰及唐虞，犹笃其绪，体资易简，应天顺矩。缔褐其裳，土木其宇。物或失性，惧若在予，畴咨熙载，终禅舜禹。④
> 夫人之相知，贵识其天性，因以济之。禹不逼伯成子高，全其节也。仲尼不假盖于子夏，护其短也。⑤

从以上的引文中，可知嵇康不仅并未肆意低毁儒家圣人，反而对之是

---

① 余英时：《中国传统思想的现代论释》，江苏人民出版社，1989 年，第 160 页。
② 戴明扬：《嵇康集校注》，第 231 页。
③ 焦国成：《中国伦理学通论》，山西教育出版社，1997 年，第 462 页。
④ 戴明扬：《嵇康集校注》，第 534 页。
⑤ 同上，第 198 页。

相当尊重和推崇的。从魏晋学术思潮史上看，无论是儒道互补，援道入儒，道家的老庄始终没有取得凌驾于孔子之上的地位：

> 王辅嗣弱冠诣裴徽，徽问曰："夫无者，诚万物之所资，圣人莫肯致言，而老子申之无已，何邪？"弼曰："圣人体无，无又不可以训，故言必及有；老、庄未免于有，恒训其所不足。"①

学界一致认为，魏晋士人人格具有儒道互补的特征，而在本文看来，所谓的儒道互补，是指不同维度的两个方面，一个主道家，另一个则以儒家为主。对于嵇康来说，嵇康所追求之道，为道家之道，游心太玄是典型例子；而嵇康所追求的理想人格，是儒家的君子人格。据统计，在嵇康的诗文中"君子"一词出现次数比"至人"一词出现次数要多 20 次，确切地说，是他在"游心太玄"之境界下，所向往的君子人格。

（三）"以志抗命"的独立精神

儒家认为，知命是达成君子人格的必要条件。孔子说："不知命，无以为君子也。"（《论语·尧曰》）"知命"指的是什么？简单地说，"天命"之"命"就是人力达不到的极限之处，不以人的意志为转移，是人无法超越的客观限制。为什么"不知命"，就"无以为君子"呢？孔子所谓"知其不可而为之"，知命穷通、极限，却不放弃主观的努力。孟子认为天命决定人事，这与孔子实是一路。在"命"面前都有个共同点，就像首先相信命运的限制，天决定了人的价值和作为，是因为人为力量在天命中的崛起。人可以感知、体认、领悟它，因而也能够顺应它。

那么嵇康是如何看待"命"的？他在《幽愤诗》中说："穷达有命，亦又何求？"在《琴赋》中说"委性命兮任去留"，嵇康似乎并不在意生死寿夭，然而，他在《养生论》中又说：

> 上药养命，中药养性者，诚知性命之理，因辅养以通也。②

嵇康认为，人禀气而来，是"禀命有限"的，必须"导养以尽其寿"。

---

① 余嘉锡：《世说新语笺疏》，第 218—219 页。
② 戴明扬：《嵇康集校注》，第 253 页。

这是说人的寿命是有限的，既不能长生不死，但也不会只有百年，只要导养得理，就可以达到"自身寿年的最大值"，即可"与羡门比寿、王乔争年"。为什么一方面不在乎"性命"之去留，另一方面又希望养生长寿？从政治上讲，嵇康的养生思想不排除避世逃祸的含义，但从中我们可以看出嵇康的性命导养之说，实际上是反对儒家的"死生有命，富贵在天"的说法。天赋予人者为"命"，人所禀受者为"性"，"命"所给予的"性"，是需要个人的辅助调养才能实现的。人的性命是自然的禀赋。阮德如说："夫命者，所禀之分也；信顺者，成命之理也。"故曰"君子修身以俟命""知命者不立于岩墙之下"。嵇康攻击说："必若所言，命以信顺成，亦以不信顺败矣。若命之成败，取足于信顺……安得云性命自然也？"① 可见嵇康的反问是非常有力度的。阮德如的"命者所禀之分也，信顺者成命之理也"，是继承了孟子"君子修身以俟命"的传统。嵇康则指出"相命"与"信顺"是不可并存的，他认为"信顺"即"不可为、不可求、而暗自遇之"，就是说人的配合天命的行为必须是"无心"的，不能有意强求。不可强求为何还提倡养生？这岂不矛盾？嵇康所说的养生，是采取一种无心无意、顺其自然的态度。清虚静泰、养神的各种技术做到了，自然而然就长生了，不需要为了成仙而孜孜追求。因此嵇康说："忘欢而后乐足，遗生而后身存。"②

可见，嵇康视野中的君子"知命"，是浸润了道家思想的"命论"，任命自然，即虽死生穷达，千变万化，而淡然自若而和理自得。但是，如前文所述嵇康反对宿命论，他认为人能不能"尽性命"还要看人的主观努力。

嵇康吸收并改造了儒家之志。孔子说："三军可夺帅也，匹夫不可夺志也。"（《论语·子罕》）又说："志士仁人，无求生以害仁，有杀身以成仁。"此后千百年来，儒家都不曾将"志"抛离。庄子说："古之所谓得志者，非轩冕之谓也，谓其无以益其乐而已矣。今之所谓得志者，轩冕之谓也。轩冕在身，非性命也，物之傥来，寄者也。寄之，其来不可圉，

---

① 戴明扬：《嵇康集校注》，第 508 页。
② 同上，第 255 页。

其去不可止。故不为轩冕肆志，不为穷约趋俗，其乐彼与此同，故无忧而已矣。今寄去则不乐，由是观之，虽乐，未尝不荒也。故曰，丧己于物，失性于俗者也，谓之倒置之民。"（《庄子·缮性》）按照庄子所说，古代所谓得志是指达到快乐自由，今之得志只是贪求逸乐，自我被物欲所蔽，可见道家在面向世俗世界时，就不如儒家的"立志""行志"思想那样灵活和深刻。嵇康说：

> 人无志，非人也。但君子用心，所欲准行，自当量其善者，必拟议而启动。若志之所之，则口与心誓，守死无二，耻躬不逮，期于必济……故以无心守之，安而体之，若自然也，乃是守志之盛者耳。①

在嵇康看来，人必要有一定的志向才行。《家诫》中的"志"所体现的是融合了儒道两家的修身、养生与处世思想。志是行动指南，不仅要立志，而且要守志。儒家思想的守志，是与行仁义联系起来的，嵇康认为行仁义行义要进行思考与斟酌，以不伤害自身的生命为原则。无论个体处于何种境地，是穷还是达，都要守住自己的志向，保持节操，这就是"遂志"的表现。

第六节　嵇康的音乐美学思想

魏晋时期的哲学思潮、艺术观念和美学思想丰富多彩，这与这一时期的思想解放是分不开的。宗白华认为："汉末魏晋六朝是中国政治史上最混乱、社会上最痛苦的时代，然而却是精神上极自由、极解放，最富于智慧、最浓于热情的一个时代。"②嵇康是不可多得的一位音乐天才。他自幼喜爱音乐，而且对音乐的喜爱，已经到了"专研"的程度，在音乐实践、音乐修养、音乐审美上有着独特而又深刻的见解。修海林说："嵇康无论是在社会生活还是在艺术实践中，都始终贯穿着一种崇尚自然、追求平和之美的审美

---

① 戴明扬：《嵇康集校注》，第544页。
② 宗白华：《美学散步》，上海人民出版社，1981年，第177页。

意识。"① 嵇康的美学思想深受儒家和道家思想的影响，通过吸取儒家、道家美学思想的精华，形成他的富有特色的音乐美学体系，一方面可以安慰困顿的心灵，另一方面可以消解对现实的抗争。

一、传统乐论

在黄帝时期就已创造出了和他们的生产、生活密切相关的音乐作品。随着朝代的更迭，音乐艺术又有了进一步的发展，音乐创作日渐繁荣。我国历史上第一部歌辞集《诗经》是由孔子进行选编与核对的，并使得《雅》《颂》两个部分的分类地位更为明确。传统儒家的乐教理论对"差等有序"的等级社会起到维护作用。儒家主张乐教的前提，是音乐具有教化和感染的作用，乐便自然而然地成为一种统治工具。到西周初期"雅乐"系统已经形成，用于祭天地神灵和祖先。制礼作乐是以维护尊卑有序的统治为目的。从先秦到东汉末年，"声以政通"的现象一直持续。《礼记·乐记》为代表的儒家音乐理论是主流，它被视为官方音乐的总纲，很重视音乐与礼、政治、社会风俗之关系。所谓"治世之音安以乐，其政和；乱世之音怨以怒，其政乖；亡国之音哀以思，其民困"②，强调音乐与政治、道德等方面的紧密联系，其所关注的重点，是音乐所承担的文化与教化功能。《史记·乐书》说：

> 故音乐者，所以动荡血脉，通流精神而和正心也。故宫动脾而和正圣，商动肺而和正义，角动肝而和正仁，徵动心而和正礼，羽动肾而和正智……故闻宫音，使人温舒而广大，闻商音使人方正而好义，闻角音，使人恻隐而爱人，闻徵音，使人乐善而好施，闻羽音，使人整齐而好礼。③

这样与脾、肺、肝、心、肾与宫、商、角、徵、羽对应，而后又和圣、义、仁、礼、智联系起来。在音乐的功能与效用上，儒家乐论又表现出神秘色彩。

---

① 修林海：《中国古代音乐美学》，福建教育出版社，2004 年，第 273 页。
② （清）孙希旦：《礼记集解》，第 978 页。
③ （汉）司马迁：《史记》，中华书局，1969 年第 1237 页。

自春秋时期的乐论，开始被人赋予了贯通神人两界的传统，就是所谓的"乐与神通"。以师旷为例，他有超常的声音辨识能力，他善鼓琴、瑟，史料多有记载，以至于"瞽旷之耳"成为后世"知音"的象征。但他被赋予了浓重的神秘色彩。师旷能根据深夜鸟的鸣叫分辨出它是快乐还是惊恐，这是一个对自然之音具有高度辨识力的乐师。《韩非子·十过》记载师旷奏《清商》："一奏之，有玄鹤二八，道南方来，集于郎门之垝。再奏之，而列；三奏之，延颈而鸣，舒翼而舞。音中宫商之声，声闻于天。"①《白虎通·德论》更为甚之，对埙、匏、笙、鼓、箫等十余种乐进行神秘化的解释。在统治阶层看来，音乐的工具价值远超过它本身的意义，它一直都与政治挂钩，成为政治的附属品。

东汉以后，士人用音乐自娱自乐的作用迅速漫延，"知音"、懂音律的人越来越多，张衡、马融、蔡邕、弥衡、郦炎、仲长统都是"妙操音律""解音律"之人。同时，关于"乐器"题材的"赋"也出现一大批。如宋玉的《笛赋》、贾谊的《虡赋》、王褒的《洞箫赋》、傅毅的《琴赋》、侯瑾的《筝赋》、马融的《琴赋》和《长笛赋》、蔡邕的《琴赋》、李尤钟的《虡赋》等。通过这些乐器赋的创作，他们力求借助自己独特的音乐感受力，将那飘忽不定、稍纵即逝的音乐旋律，凝固为一种永恒，并以此抒发个人心中郁积的生活感受。马融《琴赋》云："惟梧桐之所生，在衡山之峻陂。于是邀闲公子，中道失志。居无室庐，罔所自置。孤茕特行，怀闵抱思。昔师旷三奏，而神物下降，玄鹤二八，轩舞于庭，何琴德之深哉！"②从音乐史本身来看，东汉中后期士大夫们对音乐的爱好和音乐文学作品的创作，都还并未达到一种自觉的程度，他们好乐但并不关心音乐的本质。

在我国音乐史上，魏晋时期士人对音乐的热爱比以往高，并且对音乐本质问题作了普遍而深刻的讨论。如果哪个士人不知晓音乐，那恐怕是要

---

① （清）王先慎：《韩非子集解》，中华书局，2003年，第64页。荀子《乐论》："声乐之象：鼓大丽，钟统实，磬廉制，竽笙箫和，筦籥发猛，埙篪翁博，瑟易良，琴妇好，歌清尽，舞意天道兼。鼓，其乐之君邪？故鼓似天，钟似地，磬似水，竽笙箫和筦籥似星辰日月，鞉柷、拊鞷、椌楬似万物。"（清）王先谦：《荀子集解》，中华书局，1988年，第383—384页。

② 龚克昌等：《全汉赋评注》，花山文艺出版社，2003年，第660页。

被人嘲笑的。《三国志，方伎传》《晋书·乐志》和《律历志》中记载的音乐人才人数众多，如杜夔、荀勖、列和等专职的音乐人才，还有嵇康、阮籍等对在音乐理论和实践上均有较高成就或造诣的士人。根据高华平统计"在曹魏两晋不到 200 年的历史时期内，史籍中有姓名可稽的知音、爱乐或解律士人有 140 余人"[1]。如下表格：

阮瑀	《三国志·魏书·王粲传》注引《文士传》："瑀善解音，能鼓琴。"
王弼	《三国志·魏书·钟会传》注引何劭《王弼传》："性和理，乐游宴，解音律，善投壶。"
阮籍	《晋书·阮籍传》："善弹琴。"
王导	《世说新语·汰侈》注引王隐《晋书》："闻君从弟佳人，又解音律。"
嵇康	《世说新语·雅量》："嵇中散临刑于东市，神气不变。索琴弹之，奏《广陵散》。"
刘劭	《三国志·魏书·刘劭传》："又以为宜制礼作乐，以移风俗，著《乐论》十四篇，事成未上。"
裴秀	《三国志·魏书·裴潜传》注引《文章叙录》："著《易》及《乐论》……传于后世。"

由于社会动荡不安，汉魏时期的官方雅乐损失惨重。因此当权者积极建设官方音乐，参与建设官方音乐的士人众多，这些人中有玄学家、有文学家等等各个领域的士人。[2]中国古代的士大夫阶层，因为拥有较高的文化素养，他们对音乐的关注远远超过其他阶层。这无疑推动了魏晋尚乐之风的形成。《三国志·魏书·方伎传》曰："夔善钟律，聪思过人，丝竹八音，靡所不能，惟歌舞非所长。时散郎邓静、尹齐善咏雅乐，歌师尹胡能歌宗庙郊祀之曲，舞师冯肃、服养知先代诸舞，夔总统研精，远考诸经，近采故事，教习讲肄，备作乐器，绍复先代古乐，皆自夔始也。"[3]在曹魏三祖的爱好和提倡下，清商音乐在这一时期发展迅速，从鼓吹音乐中独立出来。魏明帝健全了乐府制度，并且重视乐府人员的培训与教习。因此魏乐官蜀

---

① 李中华：《玄学趣味》，湖北教育出版社，1997 年，第 105 页。

② 根据《三国志·魏书·方伎传》《晋书·乐志》及《律历志》记载，参与"太乐"乐律议定、宫廷歌舞曲制作的有杜夔、曹睿、左顾、左骏、邵登、张泰、桑馥、陈颀等五十多人。

③（晋）陈寿：《三国志》卷三，第 806 页。

在承袭汉制的基础上，又设立清商署。知音爱乐解律的人士多，那么音乐著作自然也多。[1]司马氏集团掌权后先后选定了傅玄、张华、荀勖、荀藩、阮孚、庾亮、谢尚等人议修雅乐。在礼乐上除了继承汉魏旧制外，又进一步完善了乐舞管理体系，有太乐、鼓吹等音乐机构，并且有相应的官职。

时代的动乱使人觉醒，自由的生命意识与独立的人格个性在这一时期都充分显露出来。嵇康音乐思想，是在旧秩序遭到破坏、豪门士族对把握现实世界的信念发生了动摇之时而产生的。一方面先秦两汉的许多音乐思想为他提供了理论资源，另一方面，嵇康试图将音乐从礼的束缚下解放出来，摆脱经学束缚，不作牵强繁琐的外部比附。他开始探索音乐内部的规律。

二、音乐本体论

嵇康的音乐思想主要集中在《声无哀乐论》和《琴赋》中。在中国古代乐论中，嵇康首次把音乐作为一门独立的艺术加以对待。用现代的音乐理论来说，音乐是根据乐音的运动形式与人类情感运动、事物运动的同构关系运用比拟的方式来反应实现的。秦汉以来，"声有哀乐"思想成为主流，从"秦客"对"东野主人"提的问题中看："治世之音安以乐，亡国之音哀以思。夫治乱在政，而音声应之，故哀思之情表于金石，安乐之象，形于管弦也。"[2]很明显，秦客所据是《乐记》中的音乐思想。它出现于儒学定于一尊的汉武帝时期。"德行于上艺成于下"是这一时期的主流观点。以《乐记》为代表的思想是儒家传统的音乐美学思想，是体现封建伦常道德的。嵇康的声无哀乐论与之相反。所以秦客问道，以往都说声有哀乐，为何你却偏说声无哀乐，你的根据何在？《声论》中，从嵇康预设秦客与东野主人的八问八答，我们可以探析其深邃的音乐思想。

（一）音声无常

秦客问题的根据是儒家乐论思想。《礼记·乐记》说："凡音者，生

---

[1] 如夏侯玄《辨乐论》、阮籍《乐论》、陆机《鼓吹赋》、贾彬《筝赋》、夏侯湛《笙赋》、伏蹈《长笛赋》、孙该《琵琶赋》等。

[2] 戴明扬：《嵇康集校注》，第345页。

人心也。情动于中，故形于声，声成文，谓之音。"[1] 即音乐是"本于人心之感于物"的存在，肯定有声音乐。音乐不是外物在人心中的反映，是人所固有的感情对外物的反应。也即说：音乐的本源不是外界生活，而是人心。嵇康认为音乐产生是自然而然的，他说：

> 夫天地合德，万物贵生；寒暑代往，五行以成。故章为五色，发为五声。音声之作，其犹臭味在于天地之间，其善与不善，虽遭浊乱，其体自若，而无变也。岂以爱憎易操，哀乐改度哉？[2]

天地万物产生于自然之道，音乐的本体就是自然，即"道"，音乐的产生是自然的，不会因为人的感情改变而变化。嵇康认为音乐之体，有恒常性。

不是音乐本身具有什么内容可以使人感染，音乐是独立存在的，与人无关。"律吕分四时之气耳，时至而气动，律应而灰移。皆自然相待，不假人以为用也。"[3] 音律能分别四时之气，时节到了相应的气就产生了，音律变了，季节就一定改了，这些都是因为自然的更替，而不是人为的随意支配。在现代音乐理论中，奥地利人汉斯立克为代表，认为"音乐的内容就是乐音运动的形式"[4]，音乐与人的情感无直接关系，不表达或表现情感，而且也不管时间地点和场合。它是一种建立在音乐自身的形式和格局上的一种存在。用嵇康的话说是"其体自若"，即遵循着自然之理，是自然之道的体现，所以音乐有自己的本质特征。

音乐遵循自然之理是嵇康汲取了道家音乐思想的精华后出的结果。《庄子·齐物论》有段写"风"的一段话："夫大块噫气，其名为风。是唯无作，作则万窍怒呺。而独不闻翏翏乎……泠风小和，飘风则大和，厉风济则众窍为虚。而独不见之调调刁刁乎？"风的万窍怒号，前后相随，余音不断，就像交响乐一样。表面上是写"风"，实际上是"以风喻乐"。人籁

---

① （清）孙希旦：《礼记集解》，第 978 页。

② 戴明扬：《嵇康集校注》，第 346 页。

③ 同上，第 352 页。

④ 汉斯立克：《论音乐的美——音乐美学的修改刍议》，人民音乐出版社，1980 年，第 110 页。

是人造的乐器，地籁是指大小不同的孔穴，要依靠"大块噫气"才能有响声，二者都需要靠媒介才能发出响声。"天籁"则不同，它是"吹万不同，而使其自已也"。天籁是音乐的最高境界，因为它自然而然，合乎自然本性，不需要依靠外在人为的自然之乐。关于自然之理本书第二章已有介绍，此不赘述。

由于音乐是自然产生的，它有自己的自然本性。人的哀乐与之无关。"音声无常"当属其中之一。嵇康在《声无哀乐论》中指出："夫殊方异俗，歌哭不同。使错而用之，或闻哭而欢，或听歌而戚，然而哀乐之情均也。今用均同之情，而发万殊之声，斯非音声之无常哉。"[①] 不同的地方音乐习俗不同，所以同一乐曲，就会表现出不同的情感。所谓"音声无常"即是"声"并不表现一定的感情。它与感情之间没有必然的联系。

关于音乐的本体，嵇康说，"声俱一体之所自出""音声有自然之和"这个"和"的悖性来自天地自然。"和声"是不因外界条件而改变。音乐的本体是自然之和，是外在于人的客观存在，它外在于人的主观情感，两者没有直接关系。它由最初自在的"体"产生出来。嵇康认为，音乐不表达具体的对象，因为"声之与心，殊途异轨，不相经纬"，即声音和情感之间并没必然的联系，是包含一切而不受任何限制的"和声无象""若资不固之音，含一致之声"。嵇康认为，并不是音乐本身具有什么内容可以使人感染，而是人内心固有的情感被激发出来的一定的内容感化人。这种音乐思想明显与传统儒家的"以情感本体"不同，除了概念世界的音乐精神外，嵇康的理论还有一种实在的音乐论，所谓"声音和比""八音谐会""万殊之声"等。

这是在音乐本体研究中，将音乐音响运动形态视为其本体存在方式，以音乐的物质构成"材料—声音"作为其元理论。我们不妨从"内容"与"形式"上来分析嵇康的音乐特点。汉斯立克说：凡是音乐都应该具有原始性，一定也表现在主题上。例如贝多芬的降 B 大调交响曲，什么是它的内容呢？什么又是它的形式？很多情况下，人们在区分形式与内容时，不是用这些

---

① 戴明扬：《嵇康集校注》，第 346 页。

概念原来的、逻辑的意义，而是用一种特殊的、音乐的含义。例如交响曲、序曲、奏鸣曲、合唱曲等中，人们把乐曲的组成部分，即连接起来的各部分和分组的结构称作"形式"；把一些"主题"理解为乐曲的内容。如果将音乐作为研究对象，那么它的音、乐、音声、声音都是其内容的组成部分。嵇康可以从艺术的角度，欣赏被统治阶级排斥的郑声，认为郑声因美妙而使人迷恋。嵇康对音乐构成因素、乐音和噪音作出区分。"声""声音""音声"来代表实在的音乐，①音乐是观念世界的音乐精神的一种具体表现形式。它的本体，就是大小、单复、高低、善恶、舒疾、慢快等音乐形式上的变化。有些地方，嵇康所说的"声""声音"或"音声"也是指实在的音乐和自然的声音而言。"音声"概念，除其本意，即与"声"含义相同，音声之义还有音调之义。如在《声无哀乐论》中：

> 此为声音之体，尽于舒疾，情之应声亦止于躁静耳。②
> 然律有一定之声，虽冬吹中吕，其音自满而无损也。③
> 姣弄之音，挹众声之美，会五音之和。其体赡而用搏，故心役于众理；五音会，故欢④放而欲惬。

这些都是指"音声"的声，所以，"音"的概念既可指音声，也可指音调，如，"治世之音安以乐，亡国之音哀以思""言比成诗，声比成音""若音声之无常，钟子之触类，其果然邪？则仲尼之识微，季札之善听，固亦诬也"。不同的"声"与"音"从感官听觉上便可以感知把握。他说："夫内有悲痛之心，则激切哀言。言比成诗，声比成音。杂而咏之，聚而听之，心动于和声，情感于苦言。嗟叹未绝，而泣涕流涟矣。"⑤所以说，声音是自然之物，由于某种特征使之成为音乐，这种特征，也就是音乐的本质、音乐的客观自然物质基础。

---

①根据蔡仲德《中国音乐美学史资料注译》（人民音乐出版社，2007 年）统计，《声论》全文中，"声"字共使用了 87 次，"音"共使用 38 次，"音声"共使用 8 次，"声音"共使用 30 次，"乐"共使用 15 次。

②戴明扬：《嵇康集校注》，第 354 页。

③同上，第 352 页。

④同上，第 354 页

⑤同上，第 345—346 页。

（二）音声之和

声音虽有猛、静之别，但是，猛、静各有一和，"和之所感，莫不自发"。这些变化，统一于"和"。它对人所能起的作用，只限于躁静、专散；但是，音乐的表现力不能被过分夸大。"秦客"认为音乐不仅能表现哀乐之情，还表现品德、容貌、盛衰等等。总之把音乐的表现力夸得"神乎其神"。因此，嵇康提出"和声无象"。嵇康说：

> 若音声无常，钟子触类，其果然邪？则仲尼之识微，季札之善听，固亦诬矣。此皆俗儒妄记，欲神其事而追为耳，欲令天下惑声音之道，不言理以尽此，而推使神妙难知，恨不遇奇听于当时，慕古人而自叹，斯所以大闷后生也。[①]

假如音声无常，"钟子触类""仲尼之识微""季札之善听"岂不是不实之词了？嵇康认为，这都是俗儒不负责任的记录，神话先贤的事迹，目的是叫天下人都相信他们的音乐理论。

因此，嵇康又提出"和声无象"。汉代以来的象数思维对音乐理论影响很大，从"秦客"的表述中，我们可知，风土人情可以在音乐中形成表象，可以根据这个"表象"进行判断。如"羊舌母听闻儿啼而审其丧家""师旷吹律知南风不竞"等，说明汉代以来的音乐观带有浓重的神秘色彩。嵇康的"和声无象"说打碎了汉代以来音乐理论中的象数观念。如说音乐的本质就是旋律，那么旋律就是声音之和，给人以和谐的美感。和谐与不和谐，取决于旋律，有旋律的音乐，即和音会带给人快感。除了旋律，曲调乐器等都会影响人的音乐美感。凡此种种，都说明音乐的客观外在性与美感的主观性，快感是存在于人，音乐是外在之物。这种音乐精神的性质就是"平和""太和""至和"。因此，嵇康的"和声无象"的落脚点是音乐有"自然之和"的特质。所谓音声有自然之和是指和谐是音乐自身所具有的自然之理。

（三）声情关系

卢那察尔斯基在《音乐与革命》中指出，"音乐力图使整个音响世界——

---

① 戴明扬：《嵇康集校注》，第348—349页。

皖
籍
思
想
家
文
库
·
嵇
康
卷

趋于和谐""一切潜力、机械力、热力、有机力总是趋向平衡"。①但同时，音乐的生命也在激起矛盾，音乐运动与事物运动都具有不断变化的特点。音乐运动与情感表现均是一种运动过程，人的情绪、心理不同会呈现不同的运动状态。音乐常常反映在作曲者、弹奏者心中的折射中。从这个意义上说，音乐的现实作用体现在影响人的主观世界去促进客观世界的变革。②音乐可以诱发和强化人的情感。人的情感分为积极情感和消极的情感。音乐可以使人的情感得到宣泄和净化。嵇康说："声音之作，其犹臭味在于天地之间；其善与不善，虽遭浊乱，其体自若，而无变也。"③声音声音就像气味在天地之间，味道是好是坏，虽然历经种种变乱，但是当时的本质并未变。无论是"音声"还是"声音"，都是天地之间自然的声音，所谓善恶，就是好听不好听，音色的好坏，乐音与躁音的区别而言。"宫商集比，声音克谐，此人心至愿，情欲之所钟。"④人们对好听的和谐的音乐都表现出其钟爱之心。这同《荀子·乐论》中的"夫乐者乐也，人情之所必不免也。"⑤表达相同的意思。他说"音声有自然之和""声音以平和为体"，只能用音乐"和"的性质，使人们心中原来已经有的相互殊异的哀乐情感各自表现出来。嵇康说：

> 夫哀心藏于内，遇和声而后发。和声无象，而哀心有主。夫以有主之哀心，因乎无象之和声，其所觉悟，唯哀而已。岂复知吹万不同，而使其自已哉。⑥

和声没有一定的特征，哀心却有心灵主导。拿一颗有主导倾向的悲哀的心，去感受没有固定感情色彩的和声，那么这颗心，当然只有悲哀。听乐后出现的哀乐不是来自音乐，而是来自听乐者自身。和声具有对人发滞导情的作用。嵇康强调心声异轨，其实是将心声分为两个不同的领域，"和

①卢那察尔斯基：《音乐与革命》，载《音乐译丛》，人民出版，1979年，第3页。
②同上，第4页。
③戴明扬：《嵇康集校注》，第346页。
④同上，第348页。
⑤（清）王先谦：《荀子集解》，第379页。
⑥戴明扬：《嵇康集校注》，第346页。

声"之所以感发人心，是因为音声之平和是以内心之平和为前提。他说："五
音会，故欢放而欲惬。然皆以单复、高埤、善恶为体，而人情以躁静而专
散为应。"[1]五音即音乐。此处音声、宫商宜为乐音，即组织音乐之音素。
乐音巧妙地组织起来，音调十分谐和，此乃人心至愿，衷心所爱。声之动
引起情之动，但在嵇康看来，情之动的反应止于躁静，并无哀乐。老子"五
音使人耳聋"，是有时代局限性的，深具音乐社会学含蕴。信奉老庄的嵇康，
修正了老子之言，发展了老子音乐哲学思想，使其具有魏晋时代的特点。
综览《琴赋》贯串始终的一个字眼是"和"，如"宣和情志""清和条昶""性
洁静以端理，含至德之平和""总中和以统物，咸日用而不失"。[2]其实，
"和"是嵇康音乐美学思想的核心，透过"和"这把钥匙，深入下去便可
感受其博大精深的美学思想。嵇康不仅对乐声作了绘声绘色的描绘，而且
融入自己对音乐的理解、感悟及创作经验，而这些对音乐的体会、理解和
经验构成了嵇康音乐思想的核心。

三、音乐以"和"为美

嵇康对音乐"和"的特性的认识，是从音乐实践时中得出来的。[3]他所
在的时代，阮咸的琵琶、桓伊的笛、王敦的鼓都比较有名，与这些相比，
嵇康的琴则更胜一筹。此外，在嵇康的诗作中，也有许多与音乐相关的诗
句如"弹琴咏诗，聊以忘忧""目送归鸿，手挥五弦""永啸长吟，颐性
养寿"等，说明在嵇康的世界里，音乐在他生命中已然成为主要部分。因此，
音乐之美，也是嵇康对生命的感悟。任何事物都可能是科学和道德的对象，
却不一定是审美对象，只有能引起人的审美感受而与人构成一定审美关系
的事物，才是审美对象。"每一代的美都是而且也应该是为那一代而存在；

———————

① 戴明扬：《嵇康集校注》，第354页。

② 同上，第140、141、144页。

③ 他创作的《长清》《短清》《长侧》《短侧》就是后人所谓的"嵇氏四弄"和
蔡氏五曲《游春》《渌水》《秋思》《幽居》《坐愁》等"五弄"，和称"九弄"。北
宋陈旸《乐书》云："昔人论琴弄吟引，有以嵇康为之者，长清、短清、长侧、短侧之
类是也。"南宋杨瓒曾向民间搜求嵇康的"四弄"，得到十多种传谱，可见嵇康的乐曲
流传之广。

它毫不破坏和谐,毫不违反那一代的美的要求;当美与那一代一同消逝的时候,再下一代就将有它自己的美、新的美。"①

（一）乐器与弹奏的艺术

首先,嵇康对古典音乐和民间音乐都有关注。《琴赋》中,嵇康引用了《白雪》《清角》《清徵》《尧昶》《微子》《广陵》《止息》《太山》《飞龙》等等古代名曲,像《王昭》《楚妃》《别鹤》这类比较通俗的琴曲也被嵇康引用。嵇康的音乐理论,打破了他之前统治阶层凝固的音乐理论的束缚,在音乐上争取个性的解放。② 其次,他作《琴赋》对琴木的生长、琴的制作过程,以及弹琴者、聆听者都有详细的论述。这两方面都表现在嵇康对于乐器的了解以及对弹奏艺术的精湛把握。在《琴赋》中,从琴的材料到工匠制琴的过程,从乐师调琴到各种琴音的描绘,都是围绕琴展开。嵇康写此赋的缘由,首先是他爱好音乐,精通琴道。其次是因为"琴之德",琴声的优美能够表达嵇康的心境,尤其是道家"自然之和"之意境。前者是演奏者的身份,后者是聆听者的身份,演奏者与聆听者构成嵇康讨论的视角。制作琴,首先要选择琴木。嵇康对琴木的生长环境有详尽的描写:

> 惟椅梧之所生兮,托峻岳之崇冈。披重壤以诞载兮,参辰极而高骧。含天地之醇和兮,吸日月之休光。郁纷纭以独茂兮,飞英蕤于昊苍。夕纳景于吁虞渊兮,旦晞干于九阳。经千载以待价兮,寂神跱而永康。③

从琴木所生长的环境构成来看,天、地、日、月、夕、旦缺一不可。琴木生长的地方,必须是崇山峻岭之极,含天地间的精纯之气,汲取日月的光辉,朝有晨曦与晚有夕阳。琴木受到这些元素的滋养。"且其山川形势,则盘纡隐深,礚嵬岑岩。互岭巇岩,岝崿岖崟。丹崖崄巇,青壁万寻。

---

① 车尔尼雪夫斯基:《生活与美学》,人民文学出版社,1959 年,第 125 页。

② 根据庄万寿《嵇康研究及年谱》,嵇康作《声无哀乐论》是在正始七年前后。曹叡以后,宫廷豪族日渐奢靡,融入胡乐的"俗乐"旋律优美、音色华丽,并大行其道,对"恶郑声之乱雅乐"的士人有相当的反应。刘邵作《乐论》以移风俗,何晏《乐悬》阮籍《乐论》,夏侯玄《辨乐论》给以回应。人们对音乐本质、功能、作用有不同看法。嵇康的《声无哀乐论》与《琴赋》就是在此背景下完成的。

③ 戴明扬:《嵇康集校注》,第 140 页。

若乃重巘增起，偃蹇云覆。"①琴木生长的高山可以高达云表，周围有幽远的河流，山壁高险，山崖陡峭。并且，山上物产丰富，繁衍不息，有春兰，有沙棠。甘露滋润，南风吹拂。简而言之，环境神妙悠然，让人思慕喜爱。良好的生长环境让遁世之士"假物以托心"因此造琴，对于此处的描写，与琴能"导养神气，宣和情志"的说法相应。对于制琴的过程嵇康也有论述。首先，树木从"良木"到"良琴"，需要精细地认真加工。良木无工，仍是木。乐官夔和琴师襄制作琴之法则，匠人倕和鲁班施展制琴之神工，伯牙举手弹琴，钟子期倾听琴音，每一个环节都缺一不可。绮季之这类隐士不畏艰险爬上高山，看到琴木之树挺拔不凡，并且慕古人之遗音，以器物托思，于是便把椅桐砍下了，制作雅琴。匠石、师襄、鲁班、工倕等这些名匠各怀绝技，"华绘雕琢，布藻垂文，错以犀象，借以翠绿。弦以园客之丝，徽以钟山之玉。爰有龙凤之象，古人之形。伯牙挥手，钟期听声。华容灼爚，发采扬明，何其丽也！伶伦比律，田连操张，进御君子，新声嘹亮，何其伟也！"②工匠们精雕细琢。关于琴的配件的选材上也是精挑细选，用最好的丝作弦，最好的玉作徽，等等。最后，请伯牙弹奏，钟期听音，校正音律。简单说，音乐就是"音"做材料所构成的艺术。音乐就是"美音的连续"，由一群调和的声音所组成，即有一定的音调、旋律、拍子和声，利用人声和乐器的音，来充分表现人类的精神世界。音乐虽然是艺术，但也要有物质基础，而这一切都是自然的产物。

　　嵇康对乐器发音的长度、弦的张力及其发音的高低关系和不同乐器之间的表达性能，有独到见解。在《琴赋》中，嵇康对弹琴及琴声有非常精妙的描写："及其初调，则角羽俱起，宫徵相证，参发并趣，上下累应。踸踔磥硌，美声将兴，固以和昶而足躭矣。尔乃理正声，奏妙曲，扬白雪，发清角。"③刚开始弹琴时，角羽齐发，宫徵相验，单音与和音同时进行，各种音节都能密切配合，上下呼应，声音响亮而变化无穷。随后弹《白雪》

---

① 戴明扬：《嵇康集校注》，第140页。

② 同上，第140页。

③ 同上，第141—142页。

《清扬》等名曲时，琴声如高山流水，春雨潇潇，美妙动听！

当然，在嵇康的视野里，弹琴还有更高的境界。恰逢美景当前，由美丽的女神伴在身旁，于是"器泠弦调，心闲手敏"。弹奏手法运转如意，无论是什么曲子，都能曲尽其妙。突然改换风格，琴声忽而纷乱急切，徘徊往复，激昂慷慨，轻盈飞扬。琴声的变化也是曼妙无穷的："时劫掎以慷慨，或怨嫭而踌躇，忽飘摇以轻迈，乍留联而扶疏。或参谭繁促，复叠攒仄，从横骆驿，奔遁相逼。拊嗟累赞，间不容息。瑰艳奇伟，殚不可识。"[1]琴曲虽多，必须得到知音才能体会其妙。琴的制定决定音色，先调音，再举琴曲，以及琴声的各种姿态。用手指一弹琴弦，声音有虚而实，由小而大，将要演奏的雅乐具有和谐之声。从琴曲的开始到结束的一系列特点和发展过程，用形象的比喻，将其淋漓尽致地表现出来。音乐得以栩栩如生地表现。

古琴诉诸直观的感觉是听，听其音与韵。音乐是否优美以音色的丰富多样性和张力变化为关键；音乐的表演技术和表情相联系，不同的音乐、曲调、弹法、旋律都会有相应的表情。所以说演奏者姿态是一回事，演奏技术是另一回事。嵇康对何时重弹及何时快弹、轻弹、间弦弹、两弦同弹有很好的把握。例如"飞纤指似驰骛"形容"快弹"，"轻行浮弹"形容"轻弹"，"间声错揉"形容"间弦弹"，"双美并赴，骈驰翼驱"形容"两弦同弹"等。如果没有实际经验和亲身深刻的体会，是不会区分这么详细的。"纷淋浪以流离，奂淫衍而优渥。粲奕奕而高逝，驰岌岌以相属。沛腾遌而竞趣，翕韡晔而繁缛……怫谓烦冤，纡余婆娑。"[2]"淋浪"本意指水滴不息，形容乐声连续不断，指"轻快地""丰满地"，高超、急促、奔放、纤巧、抑止、舒展地、从容地。安轨徐步是指从容地弹，从容便能展现出潇洒。《琴赋》以《乱》结尾："愔愔琴德，不可测兮；体清心远，邈难极兮；良质美手，遇今世兮；纷纶翕响，冠众艺兮；识音者希，孰能珍兮；能尽雅琴，唯至人兮！"[3]

---

[1] 戴明扬：《嵇康集校注》，第142—143页。

[2] 同上，第142页。

[3] 同上，第145页。

"愔愔"有"和悦静深"之意，以此来形容琴德，说明琴德之妙在体清心远，涵容无限的音声变化，故难以尽识，因为它深不可测。"良质美手，遇今世兮"说明良琴与善弹者的相遇乃千载难逢。这正是玄道琴德的体现。"知音者"少，能够解读琴音的"至人"可谓可遇而不可求。

（二）平和之美

嵇康建立了以"和"为核心的音乐体系，"和"体现出其主要的音乐美学的意蕴。他认为，音声只有美与不美的善恶之分，没有悲哀和快乐之别。音声有自己的独立性，并不因为人的情感而变化。这与儒家传统的音乐理论有所差异，颠覆了曾占有主导地位的儒家音乐观。音乐的本质就是"含至德之和平"，所以同一乐曲可以使哀者更哀，乐者更乐。"和平"是指琴，也是听者所具备的特质。因此，在听琴上，有怀戚者、康乐者、和平者三种不同境界。"声音虽有猛静，各有一和""声音以和平为体"，"和平"或者"平和"指的是嵇康的自然之理或自然之道，实际上"和"不仅仅是音乐的特性，它还是天人之间的最和美的状态。

在中国音乐美学思想史上，"和"是很早就出现的审美范畴。从古籍文献的记载中来看，从前秦时期的《国语》《左传》到汉时《礼记·乐记》，再到荀子《乐论》，直至嵇康《声无哀乐论》，都对"和"的内涵作了各种论述。[1]儒家的"和"主张"乐而不淫，哀而不伤"，即有节制地、符合礼中和情感，进而达到政治上"和"。儒家认为"乐由天作"，所谓大乐于天地同"和"。《乐记》曰："地气上齐，天气下降；阴阳相摩，天地相荡，鼓之以雷霆，奋之以风雨，动之以四时，煖之以日月，而百化兴焉。如此，则乐者，天地之和也。"《老子·十四章》曰："视之而弗见，名之曰微；听之而弗闻，名之曰希。"河上公注："无声曰希，无形曰微。"所以"大音希声"，即最美妙的声音就是无声。其中"大音希声"是后人争论的焦点。大音希声，一是指"道"本身的意义，指出"道"本身的一个特点即听之不闻而包含至和；第二就是说合乎"道"的特性的音乐以及

---

①《国语·周语》："乐从和，和从平，声以和乐。""和"其实就是正，不偏。而"中和"则是不偏不倚，它为道家发展"无为而治""平和之美"的思想起到先决作用。

理想的音乐。而所谓理想的音乐，又有两层意义。一是此乐无声、无为而自然，朴素而虚静，至善至美，不会由美变丑，是永恒的音乐美，绝对的意义美，所以称它为"大音"。从这一点说，"大音希声"就是至乐无声。二是"道生万物""有生于无"，无声之至乐是一切有声之乐的本源。由此可见老子所说的声就是指自然之声。

"和"是嵇康判断音乐好坏的标准，更是嵇康音乐之美的起点。"至和之声，无所不感，托大同于声音，归众变于人情。"① "自然之和"就是音乐的自然属性，指的是乐音的和谐振动、乐器材质的天然特点及音律的数的规律。他说："至乐虽待圣人而作，不必圣人自执也。何者？音声有自然之和，而无系于人情，克谐之音，成于金石，至和之声，得于管弦也。"② 在音乐审美活动中，"自然之和"的平和之声，内存"忧喜不留于意，泊然无感而体气和平"的平和之心，从而达到平和质美的境界。汉代对歌赋等大多"以悲为美"，而嵇康认为这种为悲而悲的做法是不可取的，是对礼乐本质的一种误解。听琴的最高境界乃是人与自然和一，所以他说"总中和以统物"。

与嵇康同一时期的阮籍，也谈到了"和"的音乐观。阮籍的《乐论》说："夫乐者，天地之体，万物之性也。"③ 这是在道家自然观的基础上的音乐美学思想，以自然之道为音乐之体，音乐"合其体"则得其性；离其体，则失其性。音乐的本质是与天地万物之性相一致的"和"。所以雅乐顺应天地自然无为的精神，万物恬淡平和的自然本性，能够起到移风易俗的作用。可以看出，阮籍的"和"是要达到儒家的中和。他总结说："乾坤易简，故雅乐不烦；道德平淡，故无声无味。不烦则阴阳自通，无味则百物自乐，日迁善成化而不自知，风俗移易而同于是乐，此自然之道，乐之所始也。"④

在嵇康看来，音乐的和谐美和规律就是自然之道的和谐运行。嵇康以"自

---

① 戴明扬：《嵇康集校注》，第 353 页。
② 同上，第 350 页。
③ 陈伯君：《阮籍集校注》，第 78 页。
④ 同上，第 81 页。

然之和"作为音乐的审美理想。音乐的美在于音高、音强、音色等形式美法则的综合运用。嵇康说："五味万殊，而大同于美，曲变虽众，亦大同于和。美有甘，和有乐。然随曲之情，尽于和域；应美之口，绝于甘境。"①"美"与"和"并列对举，可见，嵇康认为音乐的美就是和谐，音乐之美，音声无常，音乐曲调多种多样，但都有一个共同的本质属性，即和谐。嵇康《琴赋》写了音乐能够陶冶人的精神、调和人的心理、宣泄人的感情，并歌颂了琴的制作过程、琴木的生长环境、弹琴的境界等，进而又歌颂了琴德。他说："然八音之器，歌舞之象，历世才士，并为之赋颂。其体制风流，莫不相袭。称其才干，则以危苦为上；赋其声音，则以悲哀为主；美其感化，则以垂涕为贵。丽则丽矣，然未尽其理也。推其所由，似元不解音声；览其旨趣，亦未达礼乐之情也。众器之中，琴德最优。"②那么琴德优在哪里呢？琴音"体清心远"，它的清和乐声能够给人感受平静，使人的灵魂得到沉淀与提升，从而心灵得到安顿。平和之美不仅表现在嵇康的音乐理论中，也表现在他的行为上。在嵇康临刑之前，他神气不变，索取古琴，从容地演奏这首慷慨激昂、意蕴深长的广陵散，发泄他悲愤反抗的情绪，并说："袁孝尼尝学此散，吾靳固未与，《广陵散》于今绝矣！"这种悲怆与凄美达到魏晋名士音乐活动的最高境界。

四、音乐与教化

在理论上，嵇康并不承认音乐有思想感情内容，但他一接触到琴弹出音乐的时候，又不由自主地突破了自己理论的框框，而对琴声所体现的感情内容又予以肯定。嵇康认为《唐尧》曲"宽明弘润"，《微子》"优游踌躇"。有的琴声传达着"慷慨"的感情，有的琴声传达着"娇怨"的感情。有的琴声温柔、顺叙、委蛇，有的像嵩山，又像流水。总之，嵇康看见了音乐有感情内容，也承认音乐能以其内容感染听者。他甚至幻想音乐有形象。音乐对人是怎样产生作用的呢？《琴赋》说：

---

① 戴明扬：《嵇康集校注》，第354页。

② 同上，第140页。

性洁静以端理，含至德之和平。诚可以感荡心志，而发泄幽情矣！是故怀戚者闻之，莫不憯懔惨凄，愀怆伤心，含哀懊咿，不能自禁。其康乐者闻之，则欨愉欢释，抃舞踊溢，留连澜漫，嗢噱终日。若和平者听之，则怡养悦愉，淑穆玄真，恬虚乐古，弃事遗身。是以伯夷以之廉，颜回以之仁，比干以之忠，尾生以之信，惠施以之辩给，万石以之讷慎。其余触类而长，所致非一，同归殊途，或文或质，总中和以统物，咸日用而不失。①

"和平"之音可以打动人的心弦，悲哀的人听到它更加忧伤，快乐的人听到它，满怀笑容不禁手舞足蹈，心境平和的人听到他会觉得轻松舒畅。那么，嵇康的音乐理论到底是否具有社会功用呢？在《声无哀乐论》中前后有八次问值得推敲。其焦点引向"移风易俗、莫善于乐"上。而在《声论》的最后一段，他对音乐的"移风易"俗功用是肯定的态度。他一方面不像道家那样排斥音乐（"五音令人耳聋"），主张"不淫于声乐"。但同时又否认音乐的政治性和应起的社会作用。

上文提到《乐记》是雅乐的代表，是儒家第一部自成体系的音乐理论专著，它的主旨是"声音之道，与政通矣"，认为音乐与政治有密切联系，强调乐与礼相结合而形成的社会教化教育功能。雅乐是主流的正统音乐形态，看重的就是雅乐的教育作用，提倡在雅乐的审美活动中完成君子道德品质的培养。雅乐的发达集中体现了封建社会统治阶级在音乐文化上的成就。所谓郑音是指下层社会流行的新兴音乐。儒家站在教化立场认为雅乐可以发挥中和的作用，能够"故礼以导其志，乐以和其声，政以一其行，刑以防其奸"。②而郑音就会使人纵情声色，因此斥其为淫声。嵇康对雅乐是推崇的，立足于音乐本身的特征和审美品位看待雅俗问题。他认为雅俗风格形成的原因首先在于时代政权的更迭、风俗的改变。他说：

先王恐天下流而不反，故具其八音，不渎其声，绝其大和，不穷其变；捐窈窕之声，使乐而不淫。犹大羹不和，不极勾药之味也。若流俗浅近，则声不足悦，又非所欢也。若上失其道，国丧其纪，

---

① 戴明扬：《嵇康集校注》，第144页。
② （清）孙希旦：《礼记集解》，第977页。

男女奔随，婬荒无度，则风以此变，俗以好成。尚其所志，则群能肆之，乐其所习，则何以诛之？托于和声，配而长之，诚动于言，心感于和，风俗一成，因而名之。然所名之声，无中于淫邪也。淫之与正同乎心，雅郑之体，亦足以观矣。①

先王用乐，可以"远近同风，用而不竭"，可以"结忠信，著不迁"。因为雅乐八音具备，让人听到了快乐而不放纵。所以说雅乐的特质是具备嵇康所说的"声音以平和为体"的特点。他在《游仙诗》中也说："临觞奏九韶，雅歌何邕邕。"②《九韶》是禹舜时的名曲，著名的雅乐之一。魏晋南北朝时期，随着礼制的逐步瓦解，雅乐也最终因其生命力的贫弱，逐步为俗乐所取代。虽然统治阶级一再视俗乐为"亡国之音""乱世之音"，却无法遏制俗乐犹如春风烧不尽的野草一般蓬勃兴盛。嵇康对郑声的态度分为两方面。他赞美郑声的美妙：

> 若夫郑声，是音声之至妙。妙音感人，犹美色惑志。耽槃荒酒，易以丧业，自非至人，孰能御之？③

郑声一类的乐曲，是最美妙的音乐，它对人的感染力极强。嵇康坚持任何音乐都有"和"的本质，所以他看待音乐是从音乐本身出发。他说："托于和声，配而长之，诚动于言，心感于和，风俗一成，因而名之。"④郑声之所以被人们喜欢是因为郑声较为平缓少变，而雅乐由于没有现实生活与情感体验作支撑从而缺乏艺术生命力，很难激起人们内心真实的情感。在嵇康的《琴赋》中提到的蔡氏五曲等民间音乐有很大发展。他不赞成儒家乐论重内容轻形式的立场，他认为应该用音乐的、艺术的视角来看。他说："姣弄之音，挹众声之美，会五音之和，其体赡而用博，故心侈于众理。"⑤郑声的多样、美妙，确实容易使人迷惑而荒废正业，所以嵇康又说，除非是至人，否则谁又能抵挡得了郑音的诱惑呢。

---

① 戴明扬：《嵇康集校注》，第 358—359 页。
② 同上，第 65 页。
③ 同上，第 358 页。
④ 同上，第 359 页。
⑤ 同上，第 354 页。

先秦两汉以来官方以音乐为工具，起到节制、规范百姓的作用，从而达到统一。在《声无哀乐论》中绝大部分都是探讨音乐自身的规律，只有在全文结尾大谈音乐的教化即移风易俗的问题。他一方面承认音乐移风易俗的作用，同时又说"移风易俗，本不在此"。他在《声无哀乐论》中说：

> 夫言移风易俗者，必承衰弊之后也。古之王者，承天理物，必崇简易之教，御无为之治，君静于上，臣顺于下；玄化潜通，天人交泰，枯槁之类，浸育灵液，六合之内，沐浴鸿流，荡涤尘垢，群生安逸，自求多福，默然从道，怀忠抱义，而不觉其所以然也。和心足于内，和气见于外，故歌以叙志，儛以宣情。然后文之以采章，照之以风雅。播之以八音，感之以太和。导其神气，养而就之。迎其情性，致而明之。使心与理相顺，气与声相应，合乎会通，以济其美……乐之为体，以心为主。故无声之乐，民之父母也。至八音会谐，人之所悦，亦总谓之乐。然风俗移易，不在此也。①

嵇康关于音乐移风易俗的观点，看似有些矛盾。这也导致学者们对此问题有争议。有些人认为嵇康支持音乐移风易俗，有些人持反对意见。实际上，嵇康所讲的"移风易俗"与儒家所讲的不同。儒家从情感出发，音乐即礼乐之教是陶冶性情的，最终的目的是起到对百姓的教化作用。嵇康的着眼点是音乐的本质——平和之心，能够移风易俗的是"平和之心"，也就是说，移风易俗的任务要靠音乐的本质"和"来完成。音声之和使人消除戾气与杂念，因此风俗自然会得到改善。实际上，嵇康是结合了道家的自然原则与儒家的人道原则方式克服名教的异化现象，利用道家的思想改造儒家的乐教理论，突出了在音乐创作和音乐活动中合理的自由地位。

第七节　嵇康的文学思想

在中国文学史上，魏晋时期的文学被玄学打上了深深的烙印。鲁迅说："曹丕的时代可说是'文学的自觉时代'。"② 文的自觉即是人的自觉。魏

---

① 戴明扬：《嵇康集校注》，第358—359页。
② 鲁迅：《鲁迅全集》，第3卷，第527页。

晋文学对人生、社会深入思考后，呈现出慷慨激奋与痛苦忧虑。在理想与现实的冲突下，嵇康的文学思想表现为主体意识的高扬，通过"诗化"的生活方式，展现其特有的精神风貌，对后世文学的繁荣与发展产生了重要作用。

一、老庄旨趣

魏晋时期的文学创作具有老庄思想的倾向，这是一个具有普遍性的特点。老庄的思想在魏晋士人生活的各个领域可以得到反映。其实文学创作的思想倾向是循序渐进的一个过程。在汉赋中，扬雄的《太玄赋》、张衡的《思玄赋》就流露出老庄思想的倾向。汉魏之际仲长统《见志诗》说："百家杂碎，请用从火。抗志山栖，游心海左，元气为舟，微风为枻，翱翔太清，纵意容冶。"[1] 虽然他说是百家杂碎，但是诗中的思想倾向确实指向老庄。汉魏之际的文学家，多以"气"为主，曹丕提出"文气"论，主张文以气为主，气之清浊有体。刘师培说："建安文学，革易前型，迁蜕之由，可得而说：两汉之世，户习七经，虽及子家，必缘经术，魏武治国，颇杂刑名，文体之因，渐趋清峻，一也。建武以还，士民秉礼，迨及建安，建尚通悦，悦则多陈哀乐，通则渐藻玄思，二也。"[2] 建安文学的特点是"慷慨任气"。到了正始时期，玄学的产生，对当时文学创作产生了重要影响。玄学由老庄思想演变而来，因此老庄主题已经是正始文学创作中的不可或缺的重要元素。何晏的《言志》说："鸿鹄比翼游，群飞戏太清，常恐失网罗，忧患一旦并；岂若集五湖，顺流唼浮萍，逍遥放志意，何为怵惕惊！"[3] 何晏是曹爽身边的红人，仕途可谓相当得意，但是他在作诗的思想倾向上，充满了对道家尤其是庄子逍遥游思想的向往。

嵇康"托好老庄"、傲视世俗，追求一种自由自在的理想人生。因此他的文学创作主题表现出恬淡寡欲、追求高远和清逸旷达的风格。

老子将"道"作为存在形态，老子曰："惚兮恍兮，其中有象。恍兮惚兮，

① （宋）范晔：《后汉书》，第 1646 页。
② 刘师培：《中国中古文学史讲义》，凤凰出版社，2011 年，第 8 页。
③ （唐）欧阳询：《艺文类聚》，第 1566 页。

其中有物。窈兮冥兮，其中有精。其精甚真，其中有信。"《韩非子·解老》云："道者，万物之所以然也，万理之所稽也。理者，成物之文野。道者，万物之所以成也。"①"万理之所稽"就是万理归一之义，即道有万物所具有的自然本性。然而，它又是"无状之状，无物之象"②的。它不是一般意义上的有，也不是一般意义上的无。可以说老子所说的"道"超越了人的感知的能力。"人法地，地法天，天法道，道法自然"，即是说"道"以自然为性，或者说就是"自然"的别名。当然老子的自然不同于西方哲学史上的"自然"，西方所指的自然是物质世界或者客观世界；老子的"自然"是万物存在的状态，自然如此，不加外力；它也是一种过程，人生而自然，通过后天习得离开自然状态，再通过道可以复归于自然。

庄子把宇宙看成一个生生不息的大生命，宇宙生命从整体而言就是"道"。他说："道不可闻，闻而非也；道不可见，见而非也；道不可言，言而非也。知形形之不形乎？道不当名。"（《庄子·知北游》）道是形而上的概念。自然本质上是无为而无不为的，庄子说："天下莫不沉浮，终身不故；阴阳四时运行，各得其序。惛然若亡而存，油然不形而神，万物畜而不知。"（《庄子·知北游》）庄子反复强调要"物顺自然"，即要遵从事物的本性天性，生命的起源、发生、发展、消亡、转化的一系列过程，都是自然而然的，庄子强调这种自然性。自然之道，实际上是人追求理想希望的象征物，也是人的自由精神以追求"自然"的形式表现出来。郭沫若先生认为庄子固然是中国有数的哲学家，但也是中国有数的文艺家，他那思想起脱精微、文辞清拔恣肆，实在是古今无两。③

嵇康说："守陋巷，教养子孙，时与亲旧叙阔……浊酒一杯，弹琴一曲。"④刘勰说"嵇志清峻"，"清"是高朗的志向与超俗的境界，也是嵇康的人生追求。他在述志诗中说："比翼翔云汉，饮露餐琼枝。多

---

① （清）王先慎：《韩非子集解》，第146—147页。
② 楼宇烈：《王弼集校释》，中华书局1980年。
③ 郭沫若：《关于接受文学遗产》，《沫若文集》，第十二卷，人民文学出版社，1959年，第254页。
④ 戴明扬：《嵇康集校注》，第199页。

念世间人，凤驾咸驱驰。冲静得自然，荣华安足为。"①诗中以鸳鸯比喻兄弟间的真情，希望与兄一起以兰惠为食物。在《卜疑》集中，他说：

> 有弘达先生者，恢廓其度，寂寥疏阔。方而不制，廉而不割。超世独步，怀玉被褐。交不苟合，仕不期达。常以为忠信笃敬，直道而行之，可以居九夷，游八蛮。浮沧海，践河源。甲兵不足忌，猛兽不为患。是以机心不存，泊然纯素，从容纵肆，遗忘好恶，以天道为一指，不识品物之细故也。②

《卜疑》虚构了一位"被褐怀玉"的宏达先生，对于"大道既隐，智巧滋繁"的世道产生了疑问，于是求教"太史贞父"，要求指点迷津。是卑懦委随，阿谀奉承，追求名利呢？还是刚正不阿，是非分明，对抗权势呢？嵇康一连问了十四个相互对立的疑问，正是反应了他对黑暗社会的苦恼与困惑。他又说：

> 太史贞父曰，吾闻至人不相，达人不卜。若先生者，文明在中，见素抱璞。内不愧心，外不负俗；交不为利，仕不谋禄。鉴乎古今，涤情荡欲。夫如是，吕梁可以游，汤谷可以浴。方将观大鹏于南溟，又何忧于人间之委曲！③

太史贞父的回答，实际上是嵇康自己的见解。在面临多种选择的情况下，嵇康还是回到了"观大鹏于南冥"的道家精神境界中，这是一种自我安慰。要改变自己的个性太难了，就像嵇康在《与山巨源绝交书》中所说的一样。

二、玄诗雅志

在中国文学史上，诗歌是上古文学的重要组成部分，四言诗更是上古时代中国诗歌的重要形式。嵇康的生活如"诗"，"诗"也是他的生活。在形式上，嵇康的诗歌载体多样，有四言诗如《四言诗》《幽愤诗》《赠兄秀才入军诗》等，五言诗如《游仙诗》《酒会诗》，六言诗如《六言诗》，

---

① 戴明扬：《嵇康集校注》，第58页。
② 同上，第235页。
③ 同上，第237页。

骚体诗如《思亲诗》。嵇康的诗多以景写情，或以形象写情，清逸脱俗，有高洁的志趣。《文心雕龙·明诗》云："正始明道，诗杂仙心，何晏之徒，率多浮浅。唯嵇志清峻，阮旨遥深，故能标焉。"[1]他个性傲然独立，在诗歌的世界中亦是与众不同。当流行五言诗时，而嵇康选择被"冷落"的四言诗。嵇康的 60 首诗作中，有四言诗 30 首，五言诗 12 首，六言诗 10 首，乐府诗 7 首，骚体诗 1 首。他敢于激烈地批判现实，慷慨陈词，轻肆直言，寄情山水，又怡然自得，诗歌总能表现出高远的境界。

四言诗作为一种古老诗体，在汉以后，由于句式短促，很难用来表现比较复杂的生活。汉初文人这种文体创作中，缺乏动人的激情，虽然作品不断，但是一直没有出现新的生机，很少有成功作品。汉初四言诗，注重的是体现《诗经》的传统。在《诗经》中，《颂》和《大雅》的风格凝重而典雅，《风》和《小雅》则具有婉丽情深的特点。因此，汉代四言诗亦分为这两种风格。到了汉魏之际，政治、社会都发生了巨变，因此，诗歌创作的风格也随之变化。四言诗除了一部分继续延用诗经雅颂体的句式以外，句式结构已经发生了根本的变化。如曹操、曹丕、曹叡的四言诗，除了继承和发扬《诗经》风格外，亦受汉乐府诗歌的影响。

四言诗句式字少，而且是偶数，运用起来容易陷于呆滞，必须以充沛的感情驱动。钟嵘在《诗品序》中指出，四言诗的特点是"文约意广"。文学艺术形式在选择所要表现生活的方式上都有一定的局限性，但只要作者具有充分真实的思想感情，且能准确把握所运用的艺术形式的特点，就能有出色的作品。这一点嵇康把握得很好。例如《幽愤诗》说：

> 子玉之败，屡增惟尘。大人含弘，藏垢怀耻，民之多僻，政不由己。惟此褊心，显明臧否；感悟思愆，怛若创痏。欲寡其过，谤议沸腾；性不伤物，频致怨憎。昔惭柳下，今愧孙登。内负宿心，外恧良朋。仰慕严、郑，乐道闲居，与世无营。[2]

《幽愤诗》是嵇康被吕安事件牵连入狱后所写，他怀着幽愤的心情，

---

① 黄叔琳等：《文心雕龙校注》，中华书局，2012 年第 65 页。
② 戴明扬：《嵇康集校注》，第 42—43 页。

阐明了自己的性格特点和内心的矛盾，在这篇带有懊悔色彩的诗中，嵇康既自责沮丧，同时也抒发了自己对现实的不满；在诗的结尾处，一如既往地阐发他"采薇山阿，永啸长吟，颐性养寿"的向往。明代胡应麟《诗薮》指出："叔夜送人从军至十九首，已开晋、宋四言门户。然雄辞彩语，错互其间，未令人厌。"①

在中国诗歌史上，《诗经》是四言诗第一个鼎盛的时代，可谓四言诗的典范之作。②

嵇康的四言诗主要来源于《诗经》，在其基础上开拓创新。《诗经》被奉为"经"，具有很重要的正统地位，因此，《诗经》的四言诗就是诗歌的正统体式。嵇康对《诗经》的继承首先表现在他的诗体上。《诗经》中，有大量叠字的使用，如"关关雎鸠""桃之夭夭，灼灼其华""翘翘错薪"等。嵇康的四言诗也有这个特点，如"鸳鸯于飞，肃肃其羽"，用肃肃形容鸳鸯飞行时的声音。其次，嵇康的四言诗也有对《诗经》的诗句直接或间接的引用。所谓"直接引用"是指嵇康四言诗的某些诗句与《诗经》中相同；"间接引用"是指嵇康进行了一些"转化"。如《四言诗十一首》说："淡淡流水，沦胥而逝。泛泛之舟，载浮载滞。微啸清风，鼓楫容裔。放棹投竿，优游卒岁。"这首诗是化自《小雅·雨无正》"若此无罪，沦胥以铺"、《邶风·柏舟》"汎彼柏舟，亦汎其流"，整体的诗境取意于《小雅·采菽》"汎汎杨舟"句。《诗经》中"载……载"的句式，也被嵇康继承。刘勰在《文心雕龙》中说："若夫四言正体，则雅润为本。"③嵇康家世儒学，其钟于四言体诗，能体现儒家"雅润"的特性。④

嵇康的四言诗常用对偶和散句结合，构成诗的基本骨架。如："咏彼长川，言息其浒；陟彼高冈，言刈其楚。"以隔句押韵形成诗歌的韵律感，这样，在诗句的内容上显得饱满，所以，葛晓音说："嵇康对于实字四言

---

① 胡应麟：《诗薮》，上海古籍出版社，1979 年，第 49 页。

② 《诗经》中除了有目无辞的 6 篇外，305 篇中，四言诗有 152 篇。

③ 黄叔琳等：《文心雕龙柱注》，第 65—66 页。

④ 许学夷在《诗源辨体》卷四云："叔夜四言，虽稍入繁衍，而实得风人之致，以其出于性情故也。"（人民文学出版社，1987。）

体最大的贡献是句序的寻求。"①在表现手法上,嵇康主要继承了诗经的"赋比兴"。其《幽愤诗》用"赋"对自己处境后悔和自责,抒情与叙事结合,显得诗歌具有层次感。

四言诗虽然在手法和结构上汲取《诗经》的精华,但是嵇康好老庄,追求思想的自由与精神的超越,并且在他的诗中,具有强烈的主体意识。在精神世界里,他将玄学与诗歌融合为一体,用玄学的方式来展示意境。他说:

> 乘风高游,远登灵丘。讬好松乔,携手俱游。朝发太华,夕宿神州。弹琴咏诗,聊以忘忧。②

除了对老庄的喜欢,嵇康诗歌所表达的主题也受当时恐怖政局所影响。嵇康诗歌通常反映的情感很复杂。他将现实的情兴与玄思相结合,赞美山林之逸、向往自然仙境般的生活,所以其四言诗总体风格呈现韶秀清玄、高超隽妙的特点。

嵇康的五言诗和四言诗在表达风格上是一致的。在嵇康为数不多的五言诗中,也有自己的创作特点。钟嵘《诗品》评价到:"过为峻切,讦直露才,伤渊雅之致。然托喻深远,良有鉴裁,亦未失高流矣。"③在《述志诗》中,嵇康愤世嫉俗,悔恨绵绵。根据侯外庐等人考证,《述志诗》是嵇康入狱后所作。深陷囹圄,雅志难施,痛苦万分。他说:"潜龙育神躯,跃鳞戏兰池。延颈慕大庭,寝足俟皇羲。庆云未垂景,盘桓朝阳陂。悠悠非吾俦,圭步应俗宜。"④这与老子的"至朴之世"很相同。"甘其食,美其服,安其居,乐其俗。邻国相望,鸡犬之音相闻,民至老死不相往来。"在诗的结尾,他说:"多年世间人,凤驾咸驱驰。冲静得自然,荣华安足为。"⑤表露出对逍遥生活的向往。实际上,"冲静得自然"这种精神追求,包含了许多对现实的黑暗的无奈。《述志诗》是对司马氏集团劣行的不满,

① 葛晓音:《汉魏两晋四言诗的新变和体式的重构》,北京大学学报,2006年第5期。
② 戴明扬:《嵇康集校注》,第29页。
③ 曹旭:《诗品集注》,上海古籍出版社,第210页。
④ 戴明扬:《嵇康集校注》,第58页。
⑤ 戴明扬:《嵇康集校注》,第58页。

以及自己志向不得施展而无奈的一种表达。在这一点上，嵇康的五言诗和四言诗的风格具有相似的情感主线。《答二郭三首》云：

> 详观凌世务，屯险多忧虞，施报更相市，大道匿不舒。夷路值枳棘，安步将焉如，权智相倾夺，名位不可居。鸾凤避爵罗，远托昆仑墟，庄周悼灵龟，越稷嗟王舆。至人存诸己，隐璞乐玄虚，功名何足殉，乃欲列简书。所好亮若兹，杨氏叹交衢，去去从所志，敢谢道不惧。①

此诗是嵇康避难河东时所作，诗中充满愤懑和忧伤，体现出嵇康对友情的怀恋、对功名的轻蔑和对权利的憎恶，以及对政治迫害的恐惧。嵇康避难河东，一来，素有"绝世"之志；二来，钟会造访嵇康并受到嵇康的侮辱，嵇康并非对此事没有预见力，所以才有河东之行。钟嵘品评嵇康诗也提到了"直"，的确嵇康在述及自己与他人的弱点时都是直来直去，毫不隐晦。嵇康的美学提倡"中和"美，然而他的诗风非常"峻切"。此外，嵇康的诗有着浓厚的玄学味道，源于对老庄之道的追求。与四言诗相比，五言诗多了一个语法成分，增加了艺术表达能力。四言诗通常是两字一停顿，五言诗是一句三拍，多了一个独立表达的单位。因此，嵇康的五言诗除反映时代特征外，还具有鲜明的个人特点。

嵇康也创作了一部分六言诗，共十首。如《惟上古尧舜》："二人功德齐均，不以天下私亲。高尚简朴慈顺，宁济四海蒸民。"②这首诗表达了嵇康"不以天下私亲"的人生观。《唐虞世道治》和《智能用有为》表达了嵇康的政治思想。对上古社会的向往其实是对现实的讽刺与不满。嵇康六言诗与曹丕、曹植的比起来，显得更加和谐规范，能够体现出平衡美，在言辞、情绪上平而和。卫绍生在《六言诗体研究》中说："嵇康这些规整的六言四句诗，至少在表现形式上为唐代六言诗句的产生提供了基本的范式。这也是嵇康对六言诗歌的最大贡献。"③除了六言诗，嵇康也有骚体

---

① 戴明扬：《嵇康集校注》，第109页。
② 戴明扬：《嵇康集校注》，第68页。
③ 卫绍生：《六言诗体研究》，社会科学文献出版社，2010年，第40页。

诗《思亲诗》和乐府诗的作品，但是并未显出鲜明的个人特色。

从诗歌理论上来讲，嵇康的诗歌不同于建安时期诗歌创作的"悲凉"风格。诗以言志，在"情"的基础上，使诗歌有一种新的色彩和调格，有宁静、有飘逸、有愤慨，也有平和。这在诗歌发展诗上具有重要的意义。

三、师心谴论

论体文是抒发见解的最近文体。广义上讲，凡是论事说理的作品都可以成为"论体文"。《文心雕龙》曰："详观论体，条流多品，陈政则与议说合契；释经则与传注参体，辨史则与赞评齐行；铨文则与叙引共纪。"① 就狭义来说，"论体文"主要是指以辨名说为内容的议论性的散文。魏晋时期的论体文比较繁盛，嵇康的论体文占有重要地位，它不仅体现了嵇康的学术个性，也反映了魏晋时期的学术思想，同时也代表正始论体文的最高成就。刘师培认为"嵇康、阮籍之文，文章壮丽，总采骈词，虽阐发道家之绪，实与纵横家言为近者也"②。

（一）贵于求理

关于嵇康文章，李充评论为"研求名理而论生焉。论贵于允理，不求支离。若嵇康之论，成文矣"③。刘师培曾对嵇康评论道："李氏以论推播，明论体之能成文者，魏晋之间，实以嵇氏为最。"④ 嵇康是名副其实的文章大家，他的文章多数以"论辩"为主，就论辩方式上讲，可以分为两类。一类是有论辩对象的文章：如《养生论》和《答难养生论》，是与向秀的论辩；《难宅无吉凶摄生论》《答释难宅无吉凶摄生论》，是与阮德如的论辩；《难自然好学论》，是张邈的论辩等。还有一类是以主客辩难，由嵇康自己设定辩难的双方，如《声无哀乐论》。张溥在《嵇中散集题辞》中说："集中大文，诸论为高，讽养生而达老庄之旨，辩管蔡而知周公之心，其时役

---

① 黄叔琳等：《文心雕龙校注》，第 244 页。
② 刘师培：《中国中古文学史讲义》，中国人民大学出版社，2004 年版，第 35 页。
③ （清）严可均：《全晋文》，商务印书馆，1999 年，第 560 页。
④ 刘师培：《中国古文学史讲义》，上海古籍出版社，2000 年，第 41 页。

司马门下者，非为不能作，亦不能读也。"① 可见，嵇康论体文在内容上有新颖的旨归。辨名析理是嵇康的方法论，他注重通过严密的分析得出观点，对体式有清晰的认知和建构。他的文章结构完整，逻辑严密。《养生论》中，他通过正面立论而提出观点。他说：

> 世或有谓：神仙可以学得，不死可以力致者。或云：上寿百二十，古今所同，过此以往，莫非妖妄者。此皆两失其情。请试粗论之：夫神仙虽不目见，然记籍所载，前史所传，较而论之，其有必矣；似特受异气，禀之自然，非积学所能致也。至于导养得理，以尽性命，上获千余岁，下可数百年，可有之耳。②

《养生论》文章开头列出了世间流行的两种养生论的观点，指出两种观点都有偏颇，然后便提出他自己观点，即全文的主旨。接下来，他从正面论证了精神对养生的主导作用，以及外物辅助对养生的重要性。又从反面论述了不善养生的表现，以及虽然养生，却没有成功的原因。最后又从正反两面，论述了"导养"对生命的作用。

嵇康论文视角独特，论辩犀利，如刘师培所说，析理绵密，亦为汉人所未有。在论说文中假设人物和譬喻设词的形式从汉赋开始便有，这种相互辨驳、自设宾主的问答方式，在汉代论说文中已出现。在《声无哀乐论》中，通过秦客与东野主人的八问八答，展现了嵇康与众不同的音乐观。他有对"音声""哀乐"的"名实"分析。秦客"治世之音安以乐，亡国之音哀以思"的发难，其实就是"滥于名实"的结果。嵇康认为，"哀乐"之情是人本身就有的，遇见"和声"，只是被对方激发出来。儒家以礼乐治天下，音乐具有很强的政治属性。嵇康"声无哀乐"的观点，打破了儒家的这一传统。嵇康能够将自己师心独见的思考方式，在论点与世俗对立的基础上进行分析。如《管蔡论》，他不仅不认为管、蔡为叛乱者，反而赞为贤人，其论述能够自圆其说，析理缜密，层层深入，论辩说服力强。同时，嵇康的文章都带有强烈的情感。他的作品既饱含着充沛的主观情感，又不失理性，说理清晰有力。

---

① (明)张溥著、殷孟伦注《汉魏六朝三家集题辞注》，人民文学出版社，1960年版，第92页。

② 戴明扬：《嵇康集校注》，第252—253页。

《难宅无吉凶摄生论》说："思省来论，旨多不通，谨因来言，以生此难。"① 说明"难"在"论"的基础上产生。在《声无哀乐中》中说"愿借子之难以立鉴识别之域"②，此是将"论难"当作一种体式，借"难"而立论。嵇康文思周密，精核过人，长于辨难。他在《琴赋》中说"非至精者不能与之析理"，表明在嵇康的论体文中重视逻辑。鲁迅评他"思想新颖，往往与旧说反对"。嵇康的《难自然好学论》是针对张邈的《自然好学论》，将"六经"对人性的"压制"与人的自然天性进行对比。《自然好学论》主张不读经就像处在黑夜，嵇康直接反驳道："不学未必为长夜，六经未必为太阳。"六经意志人性，违背自愿原则。在司马氏集团提倡名教的时候，嵇康奋起揭露其虚伪。在《释私论》中，嵇康首先界定"公"与"私"，并在厘清"公私""是非"和"善恶"的前提下提出作者的观点。可谓立论周密，"锋颖精密"。

《管蔡论》从历史旧案谈起：武王死，成王立，周公辅政。管、蔡怀疑周公将篡位。可以说，由体裁、语体和风格整合而成的"体"或"文体"，也就是本文所说的"嵇康师心以遣论"。钱钟书将嵇康的论文风格评论为："嵇体物研机，衡铢剖粒，思之慎而辨之明，前载得未曾有。"③

（二）文势壮丽

魏晋时代是"文"的自觉的时代。文章的文采以优美的语言所呈现，运用不同修辞手法，使语言更加生动准确，并且丰富了文本的意义空间。鲁迅说："嵇康的论文比阮籍更好，思想新颖，往往与古时旧说相反。"④ 魏晋时期的文人因为社会险恶，动荡不安，因此大多采取明哲保身的态度，而嵇康用他自己的话说是"刚肠疾恶，轻肆直言"，因此，他的文章很辛辣。他的文章直指人性，斥责虚假与伪善：

> 夫称君子者，心无措乎是非，而行不违乎道者也。何以言之？

---

① 戴明扬：《嵇康集校注》，第 472 页。
② 同上，第 351 页。
③ 钱钟书：《管锥编》，第 1199 页。
④ 鲁迅《鲁迅全集》，第 3 卷，第 533 页。

夫气静神虚者，心不存于矜尚；体亮心达者，情不系于所欲。矜尚不存乎心，故能越名教而任自然；情不系于所欲，故能审贵贱而通物情。物情顺通，故大道无违；越名任心，故是非无措也。是故言君子，则以无措为主，以通物为美。言小人，则以匿情为非，以违道为阙。①

《释私论》的主旨在于公私之辨，公私之辨全在于真伪。"无措"为真，"匿情"为伪。在虚伪奸诈的社会中，许多似是而非的事情需要我们去辨别。在《与山巨源绝交书》中，他称自己"有必不堪者七，甚不可者二"，诸如非汤武而薄周孔，越名教而任自然，这些与旧说相反的惊人言论，就像是空谷足音。这些"壮丽"的文风来源于他新颖的思想。

《管蔡论》用问答的形式证明管、蔡起兵并非叛乱之凶逆，而是因为"不达圣权""不能自通"。

从句式上看，嵇康的散文句子力求整齐，多好偶对，并且用韵；并且，语言朗朗上口，行文也很流畅。在《声无哀乐论》中，曰：

夫音声和比，人情所不能已者也。是以古人知情之不可放，故抑其所遁，知欲之不可绝，故因其所自。为可奉之礼，制可导之乐。口不尽味，乐不极音，揆终始之宜，度贤愚之中，为之检则，使远近同风，用而不竭，亦所以结忠信，著不迁也。②

嵇康将骈俪之体与论说文风融合为体作《琴赋》，具有体物神貌俱至、寄情清俊不俗的特点。《琴赋》的第一段描写琴材椅梧的美好，说它生长在险峻的山崖上，云雾缭绕，沐日月之光，枝繁叶茂，历经千年，待人发掘。在崖的下边是波涛汹涌的深渊，水流奔腾，直到平原才趋于平静。椅梧的周围尽是奇花异卉和各种奇怪的美石，天然神丽，令人心驰神往。第二段描写制琴的过程。第三段开始调试音。第四端刻画理想的弹琴情境。第五段形容琴声变化之妙。第六段摹写琴声之美在其他的乐器之上。琴曲虽多，但是要遇到知音才能体会其中的妙处。然后讲琴音的特色和功能，最后一段赞美琴为乐器之最为珍贵者。在写作手法上，排比、对偶、铺陈等修辞

---

① 戴明扬：《嵇康集校注》，第402页。
② 同上，第358页。

格的手法使文章连贯通畅，富有节奏，气势磅礴，具有极强的感染力。以骈句书写理论文章，除了具有玄奥的理论外，还有玄理与美文结合的特性，增加了文章的可读性。

除此之外还有对比喻的运用。在议论文中，使得说理生动，增强文章的感染力。《答难养生论》中说："故世之所患，祸之所由，常在于智用，不在于性动。今使瞽者遇室，则西施与嫫母同情。愦者忘味，则与糟糠与精粺等甘。岂识贤、愚、好、丑，以爱憎乱心哉。"[1]用比喻手法穿插文章，使人印象深刻。

第八节　嵇康的政治思想

嵇康的思想具有极强的批判精神，用他自己的话说是"非汤武而薄周孔"，痛斥当时的社会与政治的一些虚伪的乱象（虚伪的名教）。嵇康对社会问题、政治问题从来没有停止过关心。在名教与自然的关系问题上，他提出"越名教而任自然"。这个观点内涵十分丰富，我们可以将它理解成嵇康对司马氏宣扬虚伪的名教的激烈反应，实际上也是对理想政治秩序的一种重构。当个人理想与社会现实冲突时，嵇康困顿、彷徨甚至有些消极，但是嵇康从未放弃努力，即调和自然与名教关系的努力。

一、越名教而任自然

（一）政治立场

嵇康一直是个言辞激烈，对当权者（司马氏）以及虚伪的名教进行猛烈抨击的一位斗士。司马氏集团以卑劣的手段夺走曹魏政权，宰割天下，却以名教标榜自己。表面上褒扬仁孝，实际却篡位、弑君、夺权，这种虚伪的行为引人反感。在《释私论》中，他明确提出"越名教而任自然"，这不仅是伦理学问题，也是嵇康的政治立场。

司马氏是儒学世家，尊崇名教，嵇康对名教进行强烈的批判，说明嵇康

---

① 戴明扬：《嵇康集校注》，第298页。

拒绝与司马氏合作的政治立场。阮籍、嵇康并不是由于站在曹魏集团一边，作为前朝遗民而反对司马氏政权的。哲学与政治虽然有密切关系，却不是某个政治集团的狭隘的传声筒。它力求反映时代精神，着重于从普遍利益的高度对现实政治进行全面的调整。① 嵇康说："夫气经神虚者，心不存于矜尚，体亮心达者，情不系于所欲。矜尚不存乎心，故能越名教而任自然。"② 众所周知，正始时期的何晏、王弼，援道入儒，在本体论层面重新建构名教，企图建立正常的封建秩序。然而，魏晋以后，企图融合自然与名教的观点彻底失败，司马氏集团以"名教"网络罪名，残害士人。嵇康在《太师箴》中说：

> 季世凌迟，继体承资，凭尊恃势，不友不师，宰割天下，以奉其私。故君位益侈，臣路生心，竭智谋国，不容灰沉。赏罚虽存，莫劝莫禁。若乃骄盈肆志，阻兵擅权，矜威纵虐，祸崇丘山。刑本惩暴，今以胁贤，昔为天下，今为一身。下疾其上，君猜其臣，丧乱弘多，国乃陨颠。③

这段话暗指司马氏的虚伪，抨击司马氏"宰割天下，以奉其私"，其表面上推行所谓的"仁义"，而实际却篡夺曹魏政权。他写《管蔡论》为"淮南三判"辩护，《太师箴》《释私论》《难自然好学论》反对司马氏的名教之治。然而最具有标志性的就是《与山巨源绝交书》。初期，司马氏集团对嵇康的言行是克制的，因为拉拢嵇康这样有影响力的士人对营造声誉是有利的，然而，他们的拉拢并没有成功。他对司马氏面前的红人钟会表现出蔑视，当时不愿意与司马氏为伍的士人也不在少数。这并没有阻止司马昭的野心与步伐，在司马氏集团的威逼利诱下，士大夫阶层已经开始屈服了。

但是，嵇康一直保持着斗士的精神。他干脆提出"越名教"而"任自然"。表面上看来，这是嵇康的一种声明，而往深挖掘，我们不难发现嵇康其实也意识到了"理想与现实"到了不可调和的地步。所以嵇康的言行直指司马氏集团。嵇康之兄嵇喜参军，意味着与司马氏合作，因此，嵇康写了《赠

---

① 任继愈：《中国哲学发展史》（魏晋南北朝卷），人民出版社，1987年，第150页。
② 戴明扬：《嵇康集校注》，第402页。
③ 同上，第534页。

兄秀才入军》诗，其中不乏讽刺。他认为其兄是"为时所羁"，"鸟尽良弓藏，谋极身必危"等。嵇康的政治态度非常鲜明，但基本都是用含蓄的方式反对司马氏。前文提到，嵇康与山涛的关系可谓"契若金兰"，然而嵇康不但拒绝了司马昭邀请，且写了《与山巨源绝交书》，此书借题发挥，表达对司马氏集团的不满。以这种激烈的方式表达不合作的态度，是嵇康的个性使然。与嵇康同时期的名士刘毅拒绝了司马昭的邀请，但他是借病推辞，以后在司马昭变脸时只好答应了。性情刚直的嵇康在《绝交书》中，表明了自己的政治态度，并且陈述了拒绝为官的"必不堪者七，甚不可者二"。他说自己"性不可化""轻肆直言""非汤武而薄周孔"，其实就是表明一种不合作的态度，与司马氏集团彻底决裂。

（二）任自然之道

"越名教而任自然"也是嵇康重要的政治思想观点，它的提出既是与时代呼应，也是"名教"与"自然"之辨的逻辑发展的结果。司马氏以孝治天下，巧取豪夺，嵇康提出"越名教而任自然"，反对司马氏的虚伪。

然而，从"名教"与"自然"之辨本身来看，自先秦时期就已有此争论。庞朴先生曾作《名教与自然之辨的辩证发展》，写道："圣人（孔子）贵名教，老庄尚自然，由来尚矣。时至汉代，尤其是东汉时代，这两种思想都有了新的发挥，反映着不同的阶级或集团利益，展开了激烈的争辩。魏晋玄学家的历史使命，在于以某种形式，把名教和自然两种对立的思想，这样那样地结合起来，给门阀氏族提供世界观的依据。"[1] 何晏与王弼提倡导名教与自然结合。王弼说："万物以自然为性，故可因而不可为也。可通而不可执也。"万物都应该顺应自然，名教自然也不例外。在阮籍的早期思想中，倡导名教与自然的融合。他在《通老论》中说：

圣人明于天人之理，达于自然之分，通于治化之体，审于大慎之训。故君臣垂拱，完太素之朴；百姓熙洽，保性命之和。[2]

---

① 庞朴：《庞朴文集》（第1卷），山东大学出版社，2005年，第389页。
② 陈伯君：《阮籍集校注》，第159卷。

所谓天人之理，就是自然与名教。天即天道，即是自然；人理就是人事、名教。阮籍主张"道法自然而化，侯王能守之，万物将自化"①。在嵇康的所有著作中，《太师箴》《管蔡论》《释私论》是政治理论最浓厚的三篇，当然其他的篇章也或多或少地论及政治思想，如《声无哀乐论》《答难养生论》等。在《太师箴》中，嵇康开门见山，首先把他立论的根据抖了出来——元气自然的宇宙观。②他说："浩浩太素，阳曜阴凝；二仪陶化，人伦肇兴。厥初冥昧，不虑不营。"③元气自然陶化产生人类，所以人类之初是没有任何欲望的，处于一种蒙昧的状态。嵇康说，"示以赏罚，不避亲戚。荣爵所显，必钟盛德，戮挞所施，必加有罪"，④这是名教纲常之义。唐长孺说："嵇阮在原则上并不反对儒家所规定的伦理秩序，只是反对虚伪的名教，他们理想中真率自然之人格仍然与封建道德不可分割。"⑤所谓的理想社会，就是"君无文与上，民无意于下"的社会。万事万物祥和质朴，顺于自然。有很多对理想的社会形态的赞赏都与道家如出一辙。例如在《太师箴》中有六处引用了《庄子》、一处引用了《老子》。嵇康认为，个人安适为人生最后的目的，所以是"圣人不得已"而临天下。无为而治，是理想政治的必要条件。嵇康说：

> 故君道自然，必讬贤明。茫茫在昔，罔或不宁。赫胥既往，绍以皇羲。默静无文，大朴未亏。万物熙熙，不夭不离。爰及唐虞，犹笃其绪。体资易简，应天顺矩。絺褐其裳，土木其宇。物或失性，惧若在予。畴咨熙载，终禅舜禹。夫统之者劳，仰之者逸。至人重身，弃而不恤。故子州称疾，石户乘桴，许由鞠躬，辞长九州。先王仁爱，愍世忧时。哀万物之将颓，然后莅之。⑥

① 陈伯君：《阮籍集校注》，第160年。

② 太师，和太傅、太保，同属于"三公"，虽然不是官，但是地位很高。因为太师辅佐天子，帮助天子掌握为君之道、治国理民之法，太师熟悉礼仪、古代典籍，对诗书礼乐无所不通。

③ 戴明扬：《嵇康集校注》，第533页。

④ 同上，第421页。

⑤ 唐长孺：《魏晋南北朝史论丛》，第288页。

⑥ 戴明扬：《嵇康集校注》，第534页。

这完全是一幅理想的盛世景象：在遥远的古代，社会安宁，人民康泰。所谓"赫胥既往，绍以皇羲"，语出《庄子·胠箧》："子独不知至德之世乎？昔者容成氏、大庭氏、伯皇氏、中央氏、栗陆氏、骊畜氏、轩辕氏、赫胥氏、尊卢氏、祝融氏、伏羲氏、神农氏，当是时也，民结绳而用之，甘其食，美其服，乐其俗，安其居，邻国相望，鸡狗之音相闻，民至老死，而不相往来。若此之时，则至治已。"《庄子》中的"赫胥"之时，民居不知所为，行不知所之，含哺而熙，鼓腹而游，民能以此矣。接下来的伏羲帝，亦是静默无文，实行无为而治。此种治理方式下的结果是："万物熙熙，不夭不离。"即万物和睦兴旺，不受伤害。之后到了唐虞之世，一切没有改变；兢兢业业，害怕万物失去其本性，一切"体资易简，应天顺矩"。

二、"以万物为心"的君主

嵇康所在的时期，君臣关系的错位和混乱，给人们带来了许多困惑。曹魏通过禅代得到了政权，司马氏通过禅代得到了曹魏的政权。作为国家政治权力的执行者，他们之间的权力分割及相互关系，直接影响社会政治实践的结果。这种混乱的政治局面也造成了嵇康政治思想的复杂性。嵇康的理想社会是"洪荒之世，大朴未亏"的时代，但是"君主"的存在是必要的，在上的君主没有浮华之气，百姓没有竞争，社会井然有序。接下来，嵇康进一步阐释了他心中理想的君主：

> 且圣人宝位，以富贵为崇高者，盖谓人君贵为天子，富有四海，民不可无主而存，主不能无尊而立，故为天下而尊君位，不为一人而重富贵也。又曰富与贵是人之所欲者，盖为季世恶贫践而好富贵也。[①]

这段话最为关键的一句是"民不可无主而存"，社会需要组织，万民需要君主。圣人之所以看重地位，是因为人君贵为天子，君主又不能没有尊贵的地位，是为了天下而尊崇君位。"富贵"是君位的属性，但不是君主的特权。《吕氏春秋·重己》说：

---

① 戴明扬：《嵇康集校注》，第 296 页。

天下非一人之天下也，天下之天下也。阴阳之和，不长一类；甘露时雨，不私一物；万民之主，不阿一人。[①]

结合《吕氏春秋》中所说，再来看嵇康理想君主就很清晰了。高居君位的君主而享有富贵，不是因为他看上这种富贵，君主本质上并不贪恋这种富贵。紧接着嵇康又说：

圣人不得已而临天下，以万物为心，在宥群生，由身以道，与天下同于自得。穆然以无事为业，坦尔以天下为公。虽居君位，飨万国，恬若素士接宾客也。虽建龙旂，服华衮，忽若布衣之在身。故君臣相忘于上，蒸民家足于下。[②]

圣人是万不得已才治理天下，以万物为新，以道律即，身体力行。以"无为"为作为，天下是大家的，在上君臣之间相安无事，在下老百姓家道殷实。君与臣是一体的，君主处于主导地位。其实，嵇康眼中的理想君主——圣人即是庄子所说的"至人"，以"无己无为"的态度，面向国家与百姓。阮籍在《大人先生传》中也描述了自己理想的"大人先生"。阮籍说：

大人先生盖老人也，不知姓字。陈天地之始，言神、黄帝之事，昭然也；莫知其生平年之数。尝居苏门之山，故世或谓之。问养性延寿，与自然齐光。其视尧、舜之所事若手中耳。以万里为一步，以千岁为一朝。行不赴而居不处，求乎大道而无所寓。先生以应变顺和，天地为家，运去势隤，魁然独存。自以为能足与造化推移，故默探道德，不与世同。[③]

"大人先生"的形象来无踪影，他应变顺和，天地为家，恣心所从，无始无终，他神明自得：自以为能足与造化推移，故默探道德，不与世同之。阮籍笔下的"大人先生"类似庄子所讲的"真人""至人"，但是也不完全等同。在魏晋玄学内部，由于各种学派的基本观点不同，其理想人格的具体含义也不完全相同。

嵇康言辞激烈，"每非汤武而薄周孔"，又赞扬孔子是"损己为世""经

① 许佳通：《吕氏春秋集释》，第12页。
② 戴明扬：《嵇康集校注》，第297页。
③ 陈伯君：《阮籍集校注》，第161—162页。

营四方"的"圣人",称其为君子。在《太师箴》中通过劝谏的方式来表达他所认为正确的为君之道,并说"无曰我尊,慢尔德音,无曰我强,肆于骄淫,弃彼佞幸,纳此连颜"①,实际上他是在规劝君主不要唯我独尊,远离谄媚小人,亲近忠良之士。嵇康自幼好老庄,提倡"越名教而任自然",向往山林生活,与司马氏始终采取不合作的态度。但是不可否认,嵇康也在极力建立一种他认为的秩序。嵇康所崇尚的"大朴之世"与他眼中的理想君主,不是纯道家的模式,也不是纯儒家的模式。这是魏晋哲学家的特点,用二者互补的方式来建构心中的理想秩序。

三、"无为"的治理思想

在处理名教和自然关系时,嵇康通过"超越""因任"的方式,使人归于自然,用道家之自然、无为消解名教。嵇康提倡无为而治的政治理念,"君道自然""默静无文"实际上就是无为而治。"无为"也可以用"自然"来表达。在老庄哲学中,自然无为,在天道观上是指世界的终极存在没有外在原因,天道运行即是自在自为,这是天地运行的内在规律。"无为"的价值在于对人类智慧与文明的重新评估。老子的"道法自然",道无为而无不为,引申到政治领域就是"无为之治"。《庄子·天道》说:

> 明以此南乡,尧之为君也;明以此北面,舜之为臣也。以此处上,帝王天子之德也;一次处下,玄圣素王之道也。以此退而闲游江南,山林之士服;以此进而为抚世,则功大名显而天下一也。静而圣,动而王,无为也而尊,朴素而天下莫能与之争美。

"无为而治"被道家奉为圭臬。老子认为,"民多利器,国家混乱",人的自然本性,应该像婴儿那样淳朴。百姓淳朴,君主无为不扰。因为"民治难治",就是因为"以其智多"。老子无为而治的政治理论,其实是强调君主与百姓之间互不干扰,又能保持一种和谐的秩序。嵇康也向往无为而治的政治景象,他的六言诗中有三首诗是歌功颂德上古社会及其君王的:

---

① 戴明扬:《嵇康集校注》,第535页。

二人功德齐均，不以天下私亲。高尚简朴慈顺，宁济四海蒸民。
万国穆亲无事，贤愚各自得志。晏然逸豫内忘，佳哉尔时可喜。
为法滋章寇生，纷然相召不停。大人玄寂无声，镇之以静自正。①

　　他认为上古社会之所以安定繁荣，是因为上古社会有尧舜禹这样的贤
王，他们统治的社会四海安宁、一派祥和。在《太师箴》中，嵇康描述了
上古的理想社会型态，那时的人们"爰初冥昧，不虑不营"。魏晋提倡无
为而治的思想家不在少数，如何晏、王弼、嵇康、郭象、张湛等。何晏以
"天地万物以无为本"，概括他的宇宙观，"无"是宇宙的本体。开物成
务，则"有"以之生。无生为有，未必即与道相违。天地万物，自然运生，
由之自然。按照此种宇宙观应用于政治则是无为之治。嵇康提倡无为而治，
无为而治乃是理想生活的必备条件。很明显，嵇康认为政治乃是自然变化
的产物，故主有君位，有必要取无为而治的方略。然而，嵇康话锋一转，
就将大道沉沦后的重重现象揭露出来：

　　下逮德衰，大道沉沦。智惠日用，渐私其亲，惧物乖离，擘
义画仁。利巧愈竞，繁礼屡陈，刑教争施，天性丧真。季世陵迟，
继体承资，凭尊恃势，不友不师。宰割天下，以奉其私。故君位益侈，
臣路生心。竭智谋国，不吝灰沉。②

　　嵇康提出无为而治的目标是要实现他眼中的"至和"之世。理想的社
会是有道的景象，大道尽失后，道德沦表，山河日下，万物乖离，格外纷
乱。嵇康说："夫民之性，好安而恶危，好逸而恶劳。故不扰其愿得，不
逼则其志从。洪荒之世，大朴未亏。君无文于上，民无竞于下。物全理顺，
莫不自得。"③所谓的仁义礼乐都属于"下德"，在道德丧失之后才形成。
嵇康对现实的困顿很无奈，在此种境遇下，他看不到历史发展的新方向，
所以对"茫茫在昔"的上古情有独钟。

---

①戴明扬：《嵇康集校注》，第68—69页。
②同上，第534页。
③同上，第446页。

第三章　嵇康思想的历史影响

嵇康是一位"博综伎艺"式的人物。嵇康的玄学思想似乎并没有王弼、何晏等人那样响亮，但是，在社会上的影响反超二人之上。嵇康被认为是名士的楷模，他的风骨及风度在中国历史上留有深刻的印迹，不仅在中国，在朝鲜半岛、日本、英国、美国、法国的学术界也非常著名。嵇康的思想在中国古代思想史上到底是怎样的一个定位，我们需要客观分析，我们要历数他的闪光点，但是也不能拔高他的影响。嵇康是一个充满魅力的哲学家，他的哲学思想，不但体现在文字中，更体现在他的日常生活中。

第一节　主体意识的觉醒

汤氏认为，魏晋"本体之学"乃何晏、王弼所开创。嵇康表现了玄学的浪漫方面，即把"汉人之思想与其浪漫之趣味混成一片，并无作形上学精密之思考，而只是把元气说给以浪漫之外装"①，这样看来，嵇康似乎在魏晋玄学核心问题中缺席，但是嵇康的思想有其内在理论的回应。葛兆光曾经说过："哲学史基本上只是清理精英和经典中可以称为'哲学'的东西，而思想史则可以较广泛地容纳一般知识、思想与信仰，能够较多呈现社会生活和历史进程中实际起作用的那些观念。"②嵇康的思想，玄学的演变和发展体现了历史的逻辑和必然。

---

① 汤用彤：《魏晋玄学论稿》，第 121 页。
② 葛兆光：《为什么是思想史——"中国哲学"问题再思》，《江汉论坛》，2003 年第 7 期。

玄学的本质是从本体论角度探索内圣外王之道的学说。汤用彤认为玄学远离世俗尘嚣，追求纯粹本体，如果顺着汤用彤先生的玄学路数走，那么嵇康思想在魏晋玄学的核心问题中，的确不突出。然而，在讨论天与人、主与客、自然与社会的相互关系时，我们不能孤立地只看一方。因为所有这些问题都是相互渗透、相互作用、相互联系的一个整体。它们不是截然不同的界域。王弼的玄学思想自成体系，然而他更多关注的是本体论视域，所探索的是事物背后的存在依据。然而，讲本体而不能脱离现象，不能脱离社会生活。

　　在魏吾名教与自然的讨论中，嵇康提出"越名教而任自然"。当权者所提倡的名教，是一种压抑的工具。无论是当权者的"虚伪"还是名教中的"虚伪"，都是嵇康批判的对象。其实，嵇康批判的只是不合于自然的名教。"任自然"就是指顺应人的自然之性，它与名教势必会形成一种对立的局面。嵇康顺着王弼"名教本于自然"的观点，又向前走了一步，即强调"任自然"，即尊重人的内在意愿，探讨如何以"适性"为原则，把自然归结为人的本性，寻求个体在社会中的定位，即个体如何寻求适性的空间，不被过分干预。当然，嵇康也一直处于纠结和矛盾中：如何在传统经学价值失落中寻得名教的价值。"越名教而任自然"所越的"名教"并不是一般的名教，而是司马氏玩弄的那一套。但是嵇阮之后有些子弟，只是从皮毛上领略了这个命题的含义，从"任达"变成"放诞"，甚至是纵情享乐。《世说新语》的《德行篇》记载了很多荒诞的例子。这种放诞膨胀之后，就会危及统治阶层的安全。因此，乐广提出，"名教中有乐地"这是对那些行为荒诞子弟的一种警告。玄学的兴起，并不是偶然。所谓风雨骤至，乃渐靡使之然。所以，也可以说玄学是阐发内圣外王之道的政治哲学。顺着名教与自然的辩证关系看，嵇康起初所反对的司马氏的虚伪的名教，在政治上已然不是问题，因为晋朝统一天下后，又会有士人站出来，重新统一名教与自然，郭象完成了这个任务。郭象也提"任自然"，所谓君臣上下，手足内外，乃天理自然；也"任名教"，或者说，名教就是自然，自然也是名教。至此，魏晋时期的名教与自然之辨告一段落。嵇康的"越名教而任自然"的意义是多元化的。

如果名教代表社会伦理规范，那么"自然"即指个体。在嵇康的文论中重视"自我"即个体的发展。他说："六经以抑引为主，人性以从欲为欢。抑引则违其愿，从欲则得自然。"① 人的自然欲求是人本来就有的，它构成人的本性，然而"六经"即名教的本质是抑制人的本性的存在。嵇康把认识和感受、思维与情感融为一体，他不去关心现象与本体之间的逻辑联结，而是关注"自我"。嵇康的"任自然"，便是"自然"最高存在的本体体验，通过主体内在的意向活动，实现人与自然本体的合一。从生存论角度来看，任自然就是顺应人性的自然，它指个体生命本身"自然而然"的存在。当然，这种任自然并不排斥人的社会属性，相反，人自然而然的存在，实际上已然包含了一定的规范性和秩序性。所以，嵇康在《难自然好学论》中，强调"适性"，它排斥强加于人的外在性的东西。

嵇康所孜孜以求的"自然之理"，不是从现象的共性中探求，而是从自我意识的个性来探求。在与友人的反复论辩中"与其说嵇康的辩论是为了探求客观的自然之理，无宁说是为了突出别人相区别的自我意识的主体"②。

文学的自觉，从人的自觉开始，进而发展到了文学的自觉。余敦康指出："嵇康自然论的玄学与何晏、王弼的贵无论的玄学不同，不去讨论世界的本体是什么，而把自觉的意识对本体的关系作为研究的中心。"在创作中，表现为主体意识的高扬，重视追求全新审美理念以及情感的抒发。

第二节　嵇康对文学艺术的影响

魏晋时期，是中国文学艺术思想史上重要的转变时期，玄学对中国的文学和艺术产生了深远的影响。在魏晋之前，中国并不是没有艺术，诗词、歌赋、绘画、音乐等作品不在少数，然而，先秦诸子百家和汉代思想家的"艺术"都不是纯粹的艺术，无法脱离为统治者歌功颂德之目的。魏晋玄学作

---

① 戴明扬：《嵇康集校注》，第 447 页。

② 任继愈：《中国哲学发展史》魏晋玄学卷，人民出版社，1988 年，第 174 页。

为一种集中表现的哲学思潮，是人们对世界的一种认识，也是对生活的态度，更是人对自身价值的一种反思。玄学，为文学创作奠定了基础。在中国文学发展史上，文学第一次有了自己独立的个性和特点，对后世文学的繁荣与发展产生了巨大的推动作用。

一、文以载道、诗以通玄

魏晋文学受玄学的本体论"道"的影响，认为文学艺术的源泉是"道"。嵇康的文学思想充分展示了在"道"影响下的风流意蕴。他的诗，清丽而不失豪壮。后代人对嵇康的诗作推崇备至。黄庭坚说："叔夜此诗，豪壮清丽，无一点尘俗气。凡学作诗者，不可不成诵在心，想见其人，虽沈于世故者，然而揽其余芳，便可扑去面上三斗俗尘矣。"[①] 嵇康有诗曰："目送归鸿，手挥五弦，俯仰自得，游心太玄。嘉彼钓叟，得鱼忘筌。郢人逝矣，谁可尽言。"[②]"游心太玄"之"太玄"，即老庄之道。"玄"乃是万物之始的"道"，亦即幽暗深远、神妙莫测的最高本体。《老子》中有"玄之又玄，众妙之门"，扬雄《太玄》亦曰："玄者，幽摛万类而不见形者也。"可见，嵇康的太玄与老子、扬雄之"玄"，都是视之无形、听之无声的至高之"道"。太玄之境，即是理想的自由境界。在嵇康的诗文中，还出现了不少与"太玄"含义大致相同的词汇，如"泰清""太素""玄虚""玄默""太和""大象""玄艺"，这些都指自由玄远之境。从这个角度看，嵇康没有违背"老子、庄周，吾之师也"的主旨。他索求的"游心太玄"，是一种体验，心与道合，于是我与自然融为一体。

《世说新语·巧艺》载："顾长康道：画五挥五弦易，目送归鸿难。"[③] 顾恺之是从画的传神方面谈嵇康的"手挥五弦"。"目送归鸿"是获得象外之意，手挥五弦有助于得"道"。道的境界，只可意会，不可言传。嵇

---

① 吴光田：《黄庭坚书论全辑注》，河北教育出版社，2008年，第264页。
② 戴明扬：《嵇康集校注》，第24页。
③ 余嘉锡：《世说新语笺疏》，第796页。

康在《养生论》中说："夫至物微妙，可以理知，难以目识。"① 陶渊明的"采菊东篱下，悠然见南山"的境与意会，以道为体，以文为用。道，微妙无形，不可言传。刘勰认为："形而上者谓之道，形而下者谓之器神道难摹，精言不能追其极。"② 刘勰以道为体，认为文学的妙处在象外，在言外。"至于思表纤旨，文外曲致。言所不追，笔固知止；至精而后阐其妙，至辨而后通其数。"③ 理想与现实的激烈矛盾带给他们巨大痛苦的同时也成就了他们文学的辉煌，而玄学则使他们的文学活动在自觉心灵的统摄下表现出独特的风貌，具有更为鲜明的特征和更为独特与长久的艺术魅力。

一般来说，建安文学慷慨多气，而正始文学则偏于哲理化。嵇康诗歌飘逸、通玄。钟嵘《诗品》曰："永嘉时，贵黄老，稍尚虚谈。于时篇什，理过其辞，淡乎寡味。爰及江表，微波尚传。孙绰、许询、桓、庾诸公诗，皆平典似道德论，建安风力尽矣。"④ 嵇康的诗"言及玄远"。嵇康把道家的哲理境界诗化了，玄学的思维方式的潜移默化影响到嵇康诗歌风格。罗宗强认为嵇康是诗化庄子的第一人。诗以言志，而不再仅仅当作政治的工具和附庸，其本身的审美作用被充分肯定，人们对文学审美特点的认识日渐深化，一些早已存在但曾经遭受儒家正统观念压抑的审美趣味、文学观点得到了发展。嵇康的玄言诗有四言诗、五言诗、六言诗和杂体诗。嵇康玄言诗的特点即是理过其辞，淡乎无味。其中，有偏于理性的玄言诗和偏于感性的玄言诗，他的诗歌充满着玄学观点，以玄言为载体，阐发他的思想，使得玄理言出有境。

在从军诗中，他巧妙地想象嵇喜从军途中的情形，写出了自己内心的孤独无俦、游心太玄、寄情山水、服膺庄玄、与道合一。这些四言诗是最早将玄学趣味与诗歌境界融为一体的作品，也是魏晋玄言诗的发端。嵇康不是为了玄言而玄言，在当时的政治高压下，"玄言"也是一种抒发自己

---

① 戴明扬：《嵇康集校注》，第 255 页。
② 黄叔琳等：《文心雕龙校注》，第 461 页。
③ 同上，第 366 页。
④ 蒙旭：《诗品集注》，第 210 页。

感触的途径，所以嵇康的玄言诗又有政治化的倾向，通过玄言揭露司马氏集团的虚伪与黑暗。

嵇康将自己的情思融入对宇宙人生的体验之中，以冲和虚静的心态去认识自然，所谓"荣华安足为""功名何足殉"。嵇康的诗歌展示了一个具体的个别的"自我"。

二、嵇康的音乐贡献

魏晋时期的爱乐知音者众多，在中国古代可以说是空前绝后的。对于各种乐器、歌舞，历代的有才之士都为其写诗作赋，但是这些诗赋的体例与风格，又陈陈相因。称颂乐器的材料，就认为取材高山就是好的；形容声音，就认为只有悲哀的声音才是主导；赞美效果，就认为一定让人感动得落泪才妙。这些言辞，虽然美，但是并没有阐发出音乐的全部奥妙。而时下对音乐的这种风气，在嵇康看来就是一种流弊，其根由就是他们根本不懂音乐，其旨趣也谈不上对礼乐之情的理解。当嵇康以实践对个别的音乐问题进行具体分析的时候，有进步意义。

用今天的话来说，嵇康是一位当之无愧的作曲家和古琴演奏家。他的音乐思想集中在《声无哀乐论》和《琴赋》中，而《声无哀乐论》是一篇自成体系的音乐美学专著。在我国古代，这样在思想上自成体系的专著，除了《乐记》之外，便只有《声无哀乐论》了。儒家乐论强调注重音乐的社会作用，为政治服务。《声无哀乐论》把道家关于本体的"道""和"的思考引申和运用到具体的、现实的音乐形式上。嵇康吸取了汉代道家元气说，其《声无哀乐论》吸取了道家之整体和谐性，作为音乐美学的基础，超越道家无声之乐而为至乐。嵇康的音乐观与先秦两汉以来儒家的音乐观念有了质的不同，这一观念影响深远。

嵇康音乐之"和"其体自若而不变。儒家也讲和，要求音乐中正和平，它的哲学基础实际上是一种"中庸"精神。嵇康倡导的音乐之"和"，是嵇康哲学中的"自然之和"，它来自道家的自然原则。嵇康将道家的"自然原则"转化为"自然之理"、"自然之和"，认为人的本性即是恬淡平和，音乐顺乎人的本性，因此也是平和的。但是道家乐论不承认音乐的教化和移风易俗的功能，而嵇康恰恰没有吸取道家乐论这个特点，认为音乐有教化的作用。嵇康不失为一个浪漫主义者，但是他的乐论在充满浪漫色彩的背后，其实是规律和法则。嵇康《琴赋》云："检容授节，应变合度。兢名擅业，安轨徐步。"①弹琴时要端正仪容，音符节奏要"合度"，专心致志，谨慎对待，按照音乐的规律节奏进行，这就是嵇康的音乐法则，它遵循着"天地恃以生，万物恃以成"的"道"。

嵇康的音乐美学思想是一个从音乐本体到音声之理再到音乐欣赏的思辨性很强的完整体系。它克服了儒家乐论的"德成而行，艺成而下"的偏颇，把音乐当作独立的艺术即纯音乐加以研究。儒家的音乐功能强调音乐与政治的关系，音乐是治乱的工具而没有自己的独立性，并不是作为艺术的审美对象而存在。嵇康从艺术审美的角度强大了音乐的效果。

嵇康在音乐的特征论上，强调了音乐的自然平和的特征，把道家的思想引入其中，从而把中国人对艺术审美特征的认识推到了一个新高度，对后世的音乐理论有重要的影响。总之，魏晋对艺术的审美特征的重视，对艺术本体论的探究，开创了中国审美文化的新篇章。魏晋音乐的"乐道"观思想建构艺术的本体，强调艺术的独立，重视艺术的审美作用无疑有其重要的启示价值。

"和"是一种超越各种具体情感、局部现实及有限感官的形上本体，超越了一切"偏固之音""一致之声"，这与自然是相通的。嵇康把审美本体的地位提到一个空前的高度。他已经认识到音乐与人们的生理、心理情感在形式上有着某种对应关系，触及审美过程的一个重要方面。从审美角度上看，《声无哀乐论》是中国美学史上第一篇将审美对象的固有性质与审美主体的内心反应区别开来加以分析的论文。嵇康既是审美主体也是音乐创作者，从对音乐的内在体验上去感受丰富的生活和时代气息。

---

① 戴明扬：《嵇康集校注》，第 141 页。

第三节 流传千古的名士风骨

稽康作为魏晋名士，其影响最深远的便是名士风骨。这里为什么不用"风度"而用风骨？是因为"风骨"是指顽强的风度、气质，有个性、有力量，有耿直的言辞和骏爽的意气统一的特点。

一、名士中的斗士

毫不夸张地说，稽康是名士中的斗士。首先，稽康敢于向天命挑战，这与以往魏晋思想家不同。王弼主张"天命无妄"，郭象主张"安命"，稽康却怀疑"天命"的权威。他在《幽愤诗》中说："穷达有命，亦又何求？"在《琴赋》中说"委性命兮任去留"。稽康似乎并不在意生死寿夭。稽康曾与阮德如辩论宅有无吉凶的问题，仔细寻味，我们会发现其中蕴含着稽康对"天命""命"的怀疑甚至是抗争的精神。阮德如说："夫命者，所禀之分也；信顺者，成命之理也。故曰君子修身以俟命。"稽康反驳道："必若所言，命以信顺成，亦以不信顺败矣。若命之成败取足于信顺……安得云性命自然也？"[1]稽康指出"相命"与"信顺"是不可并存的，"信顺"即"不可为、不可求，而暗自遇之"，就是说人配合天命的行为必须是"无心"的，不能有意强求。不可强求为何还提倡养生？这岂不矛盾？稽康所说的养生，是采取一种无心无意、顺其自然的态度。清虚静泰，养神的各种技术做到了，自然而然就长生了，不需要为了成仙而孜孜追求。因此稽康说："忘欢而后乐足，遗生而后身存。"[2]稽康反对宿命论，极力肯定人的主观努力。在他看来，人能不能"尽性命"还要看人的主观努力。人的生命，可以因愚于用身而夭折，也可以因智而善求得长寿。他的《养生论》，强调养生在于通过养形达到养神，养神则是不为外界的声色物欲所诱惑。这里仅是一篇关于养身本身的讨论，更是关于人生意义与生命意义的讨论。

其次，稽康敢于向黑暗的政治挑战。他的前期思想像何晏、王弼等一样，

---

① 戴明扬：《稽康集校注》，第 508 页。
② 同上，第 255 页。

倾向于名教与自然的融合。但是，魏晋禅代的动乱中，嵇康认识到这种调整不切实际。司马氏集团打着名教的幌子，欺压百姓，胡作非为。嵇康奋起批判与反抗。嵇康以不合作的态度来应对司马氏在政治上的拉拢。嵇康曾撰写了一篇《管蔡论》，认为管叔、蔡叔都是服教殉义的，因而文王"列而显"发旦"举而用"，后来"周公践政，率朝诸侯"。嵇康敢于不应司马氏的征召，非汤武而薄周孔，这就是以节死国的士大夫精神。

二、名士中的隐士

在中国古代社会中，士文化的发展是一个连续渐进的过程。先秦的"士"阶层，很早开始注重于"名"的辨析。孔子有"名不正则言不顺；言不顺则事不成"（《论语·子路》），老子有"名可名，非常名"。"名士"一词，最早出现在《礼记》。"此时的名士，相当于"隐士"，早期的名士以"隐居不在位者"的身份出现。

两汉时期，名士不在隐居不仕，而是变成了"循吏"，此时，"士"阶层被大一统的思想所振奋。"名士"阶层成了自我意识强烈的士大夫的代称，在汉末大一统政权时走向崩溃。魏晋的名士文化，把体道当成了人生目标，清谈玄理，在玄学的实践活动中，力求将体道与日用常行结合。

嵇康追求"自然"，也把自然理论变成了一种人生观，其终极目标是要寻求一种理想人格。通览嵇康的诗与文，会发现他极为渴望一种高远飘逸的境界，即"游心太玄"。嵇康在《兄秀才公穆入军赠诗十九首》中说："目送归鸿，手挥五絃。俯仰自得，游心太玄。"折射出的是嵇康对现实中污浊社会厌恶与无法脱离其中的无奈。在司马氏集团取代曹氏集团的过程中，多数士人无法置身事外，"竹林七贤"先后有"六贤"以不同的方式或真或假地融入了司马氏集团，唯独嵇康坚持自己心中的信念，不同流合污。他在《游仙诗》说："飘飖戏玄圃，黄老路相逢，授我自然道，旷若发童蒙……长与俗人别，谁能睹其踪。"[1]诗中所描绘的仙界气息，让人心驰神往，但他真的想成仙吗？非也。其实，嵇康是以游仙之名，行玄理之实。他追求

---

[1] 戴明扬：《嵇康集校注》，第64页。

的是一种淡泊朴实、闲适自得的生活。

嵇康的隐逸避世的思想还在于他写的《圣贤高士传》，其所描绘的"圣贤高士"，其最高的追求是脱离人世功名利禄，回归自然，摒弃一切虚伪造作，从而达到一种化境之美。《卜疑》中的"宏达先生"，是嵇康理想中的君子形象的体现。"机心不存，泊然纯素，"这个君子形象的设置，是道家理想人格的形象。君子根据自己"心"的要求"自然而然"地开展其生命活动。

三、名士的"家国天下"情怀

在高平陵政变后，司马氏掌权，正始名士的"贵无论"玄学已经失去赖以生存的政治土壤。嵇康提出"越名教而任自然"和"非汤武而薄周孔"，很快在社会思想领域产生巨大反响。

玄学的发展亦进入一个新的时期。玄学所谈论的主题也由对世界本体的讨论转变为对个体生命的探讨。这既是玄学思潮本身发展的一次自我否定，也是其本身的自我深化。

心理学认为，每个人都有一种表现自己、实现自我价值的强烈要求。士人将个体与国家融为一体，个体的价值只能在群体中才能得到确立。东汉以后，士人经历了一次又一次磨难，士大夫陷入了巨大的悲苦和迷惘之中。《后汉书·逸民列传》曰："桓帝世，党锢事起，守外黄令陈留张升去官归乡里，道逢友人，共班草而言。升曰：吾闻赵杀鸣犊，仲尼临河而反；覆巢竭渊，龙凤逝而不至。今宦竖日乱，陷害忠良，贤人君子其去朝乎？夫德之不建，人之无援，将性命之不免，奈何？因相抱而泣。"[①]嵇康的名士情怀与汉代不同。个体依附国家君王，积极入世、建功立业是士大夫个体价值的主要追求。嵇康不是从群体中来确定个体价值，他是超越了群体来寻求个体价值。李泽厚说："对自我第一的肯定，对外在标准（包括权势名利）的卑视，不管实际是否做到，在当时哲学上却非常重要。人（我）的自觉成为魏晋思想的独特精神，而对人格作本体建构，正是魏晋玄学的

---

① （宋）范晔《后汉书》，第2775—2776页。

主要成就。"① 嵇康在主观追求上虽然力求摆脱政治，但是无法与政治摆脱关系。

他赞美古代治世圣贤，并且希望经过至人、明君的治理，社会达到上古"治世"。他崇尚上古时期的君王，具有道家"自然之性"、以无心为心的特点。他清醒地认识到，曹魏大势已去。曹魏在高平陵政变之前，也没有让嵇康多么心驰神往，他保持高洁的个性，向往着"畅游玄境"的生活。但是，嵇康没有这样一直逍遥下去，在众多魏晋士人倒向司马氏集团为其服务时，嵇康感到了沉重的压力，始终伴随着士人的困顿与苦闷。这就是家国情怀。"人无志，非人也。但君子用心，所欲准行，自当量其善者，必拟议而后动。"② 在嵇康看来，作为人必须有一定的志向才行。道德的核心是责任，有社会的责任，有自我的责任。嵇康用生命诠释了"自我责任"，这种殉道精神至今仍令人敬佩！

---

① 李泽原：，《中国古代思想史记》，人民出版社，1985 年，第 193 页。
② 戴明扬：《嵇康集校注》，第 544 页。

嵇康文选

兄秀才公穆入军赠诗十九首

双鸾匿景曜，戢翼太山崖。抗首嗽朝露，晞阳振羽仪。长鸣戏云中，时下息兰池。自谓绝尘埃，终始永不亏。何意世多艰，虞人来我疑。云网塞四区，高罗正参差。奋迅势不便，六翮无所施。隐姿就长缨，卒为时所羁。单雄翻孤逝，哀吟伤生离。徘徊恋俦侣，慷慨高山陂。鸟尽良弓藏，谋极身必危。吉凶虽在己，世路多崄巇。安得反初服，抱玉宝六奇。逍遥游太清，携手长相随。

鸳鸯于飞，肃肃①其羽。朝游高原，夕宿兰渚②。邕邕和鸣，顾眄俦侣，俛仰慷慨，优游容与。

鸳鸯于飞，啸侣命俦。朝游高原，夕宿中洲。交颈振翼，容与清流。咀嚼兰蕙，俛仰优游。

泳彼长川，言③息其浒④；陟彼高冈，言刈其楚。嗟我征迈，独行踽踽。仰彼凯风，涕泣如雨！

泳彼长川，言息其沚⑤；陟彼高冈，言刈其杞。嗟我独征，靡瞻靡恃。仰彼凯风，载坐载起。

穆穆⑥惠风，扇彼轻尘；弈弈素波，转此游鳞。伊我之劳，有怀佳人。寤言永思，宝锺所亲。

所亲安在？舍我远迈。弃此荪芷，袭彼萧艾。虽曰幽深，岂无颠沛。言念君子，不遐⑦有害。

人生寿促，天地长久。百年之期，孰云其寿。思欲登仙，以济不朽。

---

① 肃肃：鸟羽振动声。

② 兰渚：美丽的小洲。

③ 言：语助词。

④ 浒：水边。

⑤ 沚：水中的小洲。

⑥ 穆穆：淳和。

⑦ 遐：久远。

揽辔踟蹰，仰顾我友。我友焉之。隔兹山冈。谁谓河广。一苇可航。徒恨永离，逝彼路长。瞻仰弗及，徙倚①彷徨。

良马既闲，丽服有晖。左揽繁弱②，右接忘归。风驰电逝，蹑景追飞。凌厉中原，顾盼生姿。

携我好仇③，载我轻车。南凌长阜，北厉清渠。仰落惊鸿，俯引渊鱼。盘于游畋，其乐只且。

凌高远眄④，俯仰咨嗟。怨彼幽絷，邈尔路遐。虽有好音，谁与清歌。虽有姝颜，谁与发华。仰讯高云，俯讬轻波。乘流远遁，抱恨山阿。

轻车迅迈，息彼长林。春木载荣，布叶垂阴。习习谷风，吹我素琴。咬咬黄鸟，顾俦弄音。感寤驰情，思我所钦。心之忧矣，永啸长吟。

浩浩洪流，带我邦畿⑤；萋萋绿林，奋荣扬晖。鱼龙瀺灂，山鸟群飞。驾言出游，日夕忘归。思我良朋，如渴如饥。顾言不获，怆矣其悲。

息徒兰圃，秣马华山。流磻平皋，垂纶长川。目送归鸿，手挥五絃。俯仰自得，游心太玄。嘉彼钓叟，得鱼忘筌。郢人逝矣，谁可尽言。

闲夜肃清，明月照轩。微风动袿，组账高褰。旨酒盈尊，莫与交欢。琴瑟在御，谁与鼓弹。仰慕同趣，其馨若兰。佳人不存，能不永叹。

乘风高游，远登灵丘。讬好松乔，携手俱游。朝发太华，夕宿神州。弹琴咏诗，聊以忘忧。

琴诗自乐，远游可珍。含道独往，弃智遗身。寂乎无累，何求于人？长寄灵岳，怡志养神。

流俗难悟，逐物不还。至人远鉴，归之自然。万物为一，四海同宅。与彼共之，予何所惜。

生若浮寄，暂见忽終。世故纷纭，弃之八戎。泽雉虽饥，不愿园林。安能服御，劳形苦心。身贵名贱，荣辱何在？贵得肆志，纵心无悔。

----

① 徙倚：徘徊。

② 繁弱：良弓名。

③ 好仇：本义指美好的匹侣，这里指好助手。

④ 眄：本意为斜视，这里指眺望。

⑤ 邦畿：古代指直属于天子的地方。

幽愤诗一首

嗟余薄祜，少遭不造。①哀茕靡识，越在襁褓。母兄鞠育，有慈无威。恃爱肆姐，不训不师。爰及冠带，冯宠自放。抗心希古，任其所尚。讬好老庄，贱物贵身。志在守朴，养素全真。曰余不敏，好善暗人。子玉之败，屡增惟尘。大人含弘，藏垢怀耻。民之多僻，政不由己。惟此褊心，显明臧否。感悟思愆，怛若创痏。欲寡其过，谤议沸腾。性不伤物，频致怨憎。昔惭柳惠，今愧孙登。内负宿心，外恧良朋。仰慕严郑，乐道闲居。与世无营，神气晏如。咨予不淑，婴累多虞。匪降自天，寔由顽疎。理蔽患结，卒致囹圄。对答鄙讯，絷此幽阻。实耻讼免，时不我与。虽曰义直，神辱志沮。澡身沧浪，岂云能补。嗷嗷鸣雁，奋翼北游。顺时而动，得意忘忧。嗟我愤叹，曾莫能俦。事与愿违，遘兹淹留。穷达有命，亦又何求。古人有言："善莫近名"。奉时恭默，咎悔不生。万石周慎，安亲保荣。世务纷纭，祗搅予情。安乐必诫，迺终利贞。煌煌灵芝，一年三秀。予独何为，有志不就。惩难思复，心焉内疚。庶勖将来，无馨无臭。采薇山阿，散髪岩岫。永啸长吟，颐性养寿。

述志诗二首

潜龙育神躯，濯鳞戏兰池。延颈慕大庭，寝足俟皇羲。庆云未垂景，盘桓朝阳陂。悠悠非我俦，圭步应俗宜。殊类难偏周，鄙议纷流离。轗轲丁悔吝，雅志不得施。耕耨感宁越，马席激张仪。逝将离群侣，杖策追洪崖。焦明振六翮，罗者安所羁？浮游太清中，更求新相知。比翼翔云汉，饮露湌琼枝。多念世间人，凤驾咸驱驰。冲静得自然，荣华何足为。

斥鷃擅蒿林，仰笑神凤飞。坎井蜍蛙宅，神龟安所归。恨自用身拙，任意多永思。远实与世殊，义誉非所希。往事既已谬，来者犹可追。何为人事间，自令心不夷？慷慨思古人，梦想见容辉。愿与知己遇，舒愤启其微。岩穴多隐逸，轻举求吾师。晨登箕山巅，日夕不知饥。玄居养营魄，千载

---

① 祜：福也。郑玄曰：造，家道未成。

长自绥。

游仙诗一首

遥望山上松，隆冬郁青葱。自遇一何高，独立迥无双。愿想游其下，蹊路绝不通。王乔异我去，乘云驾六龙。飘飖戏玄圃，黄老路相逢。授我自然道，旷若发童蒙。采药锺山隅，服食改姿容。蝉蜕弃秽累，结友家板桐。临觞奏九韶，雅歌何邕邕。长与俗人别，谁能睹其踪。

六言十首

惟上古尧舜

二人功德齐均，不以天下私亲。高尚简朴慈顺，宁济四海蒸民。①

唐虞世道治

万国穆亲无事，贤愚各自得志。晏然逸豫内忘②，佳哉尔时可喜。

知慧用有为

法令滋章寇生，纷然相召不停。大人玄寂无声，镇之以静自正。

名与身孰亲

哀哉世俗殉荣。驰骛竭力丧精。得失相纷忧惊，自是勤苦不宁。

生生厚招咎

金玉满室莫守，古人安此麤丑。③独以道德为友，故能延期不朽。

① 蒸民：即民众。《诗·大雅·烝民》：天生烝民。
② 内忘：忘怀。
③ 麤丑：麤同粗。

名行显患滋

位高势重祸基，美色伐性不疑。厚味腊毒难治，如何贪人不思。

东方朔至清

外似贪污内贞，秽身滑稽隐名。不为世累所撄，所以知足无营。①

楚子文善仕

三为令尹不喜，柳下降身蒙耻。② 不以爵禄为己，静恭古惟二子。

老莱妻贤名

不愿夫子相荆，相将避禄隐耕。乐道闲居采萍，终厉高节不倾。

嗟古贤原宪

弃背膏粱朱颜，乐此屡空饥寒。形陋体逸心宽，得志一世无患。

重作四言诗七首（一作《秋胡行》）

富贵尊荣，忧患谅独多。富贵尊荣，忧患谅独多。古人所惧，丰屋蔀家。人害其上，兽恶网罗。惟有贫贱，可以无他。歌以言之，富贵忧患多。

贫贱易居，贵盛难为工。贫贱易居，贵盛难为工。耻接直言，与祸相逢。变故万端，俾吉作凶。思牵黄犬，其计莫从。歌以言之，贵盛难为工。

劳谦寡悔，忠信可久安。劳谦寡悔，忠信可久安。天道害盈，好胜者残。彊梁致灾，多事招患。欲得安乐，独有无愆。歌以言之，忠信可久安。

役神者弊，疾欲令人枯。役神者弊，极欲疾枯。颜回短折，下及童乌。纵体淫恣，莫不早徂。酒色何物，今自不辜。歌以言之，酒色令人枯。

绝智弃学，游心於玄默。绝智弃学，游心於玄默。过而弗悔，当不自得。垂钓一壑，所乐一国。被发行歌，和气四塞。歌以言之，游心于玄默。

---

① 知足无营：《老子》有"知足不辱"。
② 参见：《论语·微子》，子曰：柳下惠、少连，降志辱身矣。

思与王乔，乘云游八极。思与王乔，乘云游八极。凌厉五岳，忽行万亿。授我神药，自生羽翼。呼吸太和，练形易色。歌以言之，思行游八极。

徘徊锺山，息驾於层城。徘徊锺山，息驾于层城。上荫华盖，下采若英。受道王母，遂升紫庭。逍遥天衢，千载长生。歌以言之，徘徊于层城。

思亲诗一首

奈何愁兮愁无聊，恒恻恻兮心若抽[①]。愁奈何兮悲思多，情郁结兮不可化。奄失恃兮孤茕茕，[②]内自悼兮啼失声。思报德兮邈已绝，感鞠育兮情剥裂。嗟母兄兮永潜藏，想形容兮内摧伤。感阳春兮思慈亲，欲一见兮路无因。望南山兮发哀叹，感机杖兮涕汍澜。[③]念畴昔兮母兄在，心逸豫兮轻四海。忽已逝兮不可追，心穷约兮但有悲。上空堂兮廓无依，睹遗物兮心崩摧。中夜悲兮当谁告？独抆泪兮抱哀戚。日远迈兮思予心，恋所生兮泪不禁。慈母没兮谁予骄？顾自怜兮心忉忉。诉苍天兮天不闻，泪如雨兮叹青云。欲弃忧兮寻复来，痛殷殷兮不可裁。

答二郭三首

天下悠悠者，下京趋上京。二郭怀不群，超然来北征。乐道托莱庐，雅志无所营。良时遘其愿，遂结欢爱情。君子义是亲，恩好笃平生。寡智自生灾，屡使众衅成。豫子匿梁侧，聂政变其形。顾此怀怛惕，虑在苟自宁。今当寄他域，严驾不得停。本图终宴婉，今更不克并。二子赠嘉诗，馥如幽兰馨。恋土思所亲，不知气愤盈。

昔蒙父兄祚，少得离负荷。因疏遂成懒，寝迹北山阿。但愿养性命，终己靡有他。良辰不我期，当年值纷华。坎壈趣世教，常恐婴网罗。羲农

---

① 恻：痛心。

② 奄：忽然。

③ 汍澜：流泪的样子。

邈已远，拊膺独咨嗟。朔戒贵尚容，渔父好扬波。虽逸亦以难，非余心所嘉。岂若翔区外，飡琼漱朝霞。遗物弃鄙累，逍遥游太和。结友集灵岳，弹琴登清歌。有能从此者，古人何足多？

详观凌世务，屯险多忧虞。施报更相市，大道匿不舒。夷路值枳棘，安步将焉如。权智相倾夺，名位不可居。鸾凤避罻罗，远讬昆仑墟。庄周悼灵龟，越搜嗟王舆。至人存诸己，隐璞乐玄虚。功名何足殉，乃欲列简书。所好亮若兹，杨氏叹交衢。去去从所志，敢谢道不俱。

与阮德如一首

含哀还旧庐，感切伤心肝。良时遘数子，谈慰臭如兰。畴昔恨不早，既面侔旧欢。不悟卒永离，念隔怅增叹。事故无不有，别易会良难。郢人忽已逝，匠石寝不言。泽雉穷野草，灵龟乐泥蟠。荣名秽人身，高位多灾患。未若捐外累，肆志养浩然。颜氏希有虞，隟子慕黄轩；涓彭独何人，唯志在所安。渐渍殉近欲，一往不可攀。生生在豫积，勿以怵自宽。南土旱不凉，衿计宜早完。君其爱德素，行路慎风寒。自力致所怀，临文情辛酸。

酒会诗七首

乐哉苑中游

乐哉苑中游，周览无穷已。百卉吐芳华，崇台[1]邈高跱。林木纷交错，玄池[2]戏戏鲂鲤。轻丸毙翔禽，纤纶出鳣鲔。坐中发美赞，异气同音轨。临川献清酤，微歌[3]发皓齿。素琴挥雅操，清声随风起。斯会岂不乐？恨无东野子。酒中念幽人，守故弥终始。但当体七弦，寄心在知己。

---

① 崇台：高台。

② 玄池：深池。

③ 微歌：美妙动听的歌声。

淡淡流水

淡淡流水，沦胥而逝；汎汎柏舟，载浮载滞。微啸清风，鼓楫容裔。
放櫂投竿，忧游卒岁。

婉彼鸳鸯

婉彼鸳鸯，戢翼而游。俯唼绿藻，讬身洪流。朝翔素濑，夕栖灵洲。
摇荡清波，与之沉浮。

藻汜兰池

藻汜①兰池，和声激朗。操缦清商，游心大象。倾昧修身，惠音遗响。
锺期不存，我志谁赏。

敛弦散思

敛弦②散思，游钓九渊。重流千仞，或饵者悬。猗与庄老，栖迟永年。
寔惟龙化，荡志浩然。

肃肃泠风

肃肃泠风，分生江湄③。却背华林，俯泝丹坻。含阳吐英，履霜不衰。
嗟我殊观，百卉俱腓。心之忧矣，孰识玄机。

猗猗兰蔼

猗猗④兰蔼，殖彼中原。绿叶幽茂，丽蕊浓繁。馥馥蕙芳，顺风而宣。
将御椒房，吐薰龙轩。瞻彼秋草，怅矣惟骞。

---

①藻汜：根据戴明扬《嵇康集校注》（上）载，依吴宽丛书堂钞本简称"吴钞"作"藻汜"，四库本作"流咏"。

②絃：作"弦"。

③《诗经·蒹葭》有"在水之湄"，《毛传》："湄，水隒也。"

④猗猗：美盛貌。

四言诗

（一）

泆泆白雲，順風而回；渊渊绿水，盈坎而颓。乘流遥迈，息躬兰隈。杖策答诸，纳之素怀。长啸清原，惟以告哀。

（二）

眇眇翔鸾，舒翼太清；俯眺紫辰，仰看素庭。凌躡玄虚，浮沈无形。将游区外，啸侣长鸣。神不存，谁与独征。

（三）

有舟浮覆，绋纚是维。栝楫松櫂，泛若龙微。津经险，越济不归。思友长林，抱朴山湄。守器殉业，不能奋飞。

（四）

羽化华岳，超游清霄。云盖习习，六龙飘飘。左佩椒桂，右缀兰茗。凌阳赞路，王子奉辂。婉娈名山，真人是要。齐物养生，与道逍遥。

五言诗三首

（一）

人生譬朝露，世变多百罗。苟必有终极，彭聃不足多。仁义浇淳朴，前识丧道华。留弱丧自然，天真难可和。郢人审匠石，锺子识伯牙；真人不屡存，高唱谁当和？

（二）

修夜寂无为，独步光庭侧。仰首看天衢，流光曜八极。抚心悼季世，遥念大道逼。飘飘当路士，悠悠进自棘。得失自己来，荣辱相蚕食。朱紫杂玄黄，太素贵无色。渊淡体至道，色化同消息。

（三）

俗人不可亲，松乔是可邻。何为秽浊间，动摇增垢尘。慷慨之远游，整驾俟良辰。轻举翔区外，濯翼扶桑津。徘徊戏灵岳，弹琴咏太真。沧水藻五藏，变化忽若神。姮娥进妙药，毛羽翕光新。一纵发开阳，俯视当路人。哀哉人间世，何足久托身。

琴 赋

余少好音声，长而翫之，以为物有盛衰，而此无变；滋味有厌，而此不倦。可以导养神气，宣和情志。处穷独而不闷者，莫近于音声也。是故复之而不足，则吟咏以肆志；吟咏之不足，则寄言以广意。然八音①之器，歌舞之象，历世才士，并为之赋颂。其体制风流，莫不相袭。称其材干，则以危苦为上；赋其声音，则以悲哀为主；美其感化，则以垂涕为贵。丽则丽矣，②然未尽其理也。推其所由，似元不解音声；览其旨趣，亦未达礼乐之情也。众器之中，琴德最优。故缀叙所怀，以为之赋。其辞曰：

惟椅梧之所生兮，讬峻岳之崇冈。披重壤以诞载兮，参辰极而高骧。含天地之醇和兮，吸日月之休光。郁纷纭以独茂兮。飞英蕤于昊苍。夕纳景于虞渊兮，旦晞干于九阳。经千载以待价兮，寂神跱而永康。

且其山川形势，则盘纡隐深，礚嵬岑嵓，互岭巉岩，岝崿岖崟。丹崖嶮巇，青壁万寻。若乃重巘增起，偃蹇云覆。邈隆崇以极壮，崛巍巍而特秀。蒸灵液以播云，据神渊而吐溜。

尔乃颠波奔突，狂赴争流。触岩抵隙，郁怒彪休。汹涌腾薄，奋沫扬涛。瀄汨澎湃，蟺蟺相纠。放肆大川，济乎中州。安回徐迈，寂尔长浮。澹乎洋洋，萦抱山丘。详观其区土之所产毓，奥宇之所宝殖，珍怪琅玕，瑶瑾翕艳，丛集累积，夹衍于其侧。若乃春兰被其东，沙棠殖其西。涓子宅其阳，玉醴涌其前。玄云荫其上，翔鸾集其巅。清露润其肤，惠风流其间。竦肃肃以静谧，密微微其清闲。夫所以经营其左右者，固以自然神丽，而足思愿爱乐矣。

---

① 八音：中国古代对乐器的统称，指金、石、土、革、丝、木、匏、竹。
② 丽：美丽，华丽。

于是遁世之士，荣期、绮季之畴，乃相与登飞梁，越幽壑，援琼枝，陟峻崿，以游乎其下。周旋永望，邈若凌飞，邪睨昆仑，俯阚海湄。指苍梧之迢递，临回江之威夷。悟时俗之多累，仰箕山之余辉。羡斯岳之弘敞，心慷慨以忘归。情舒放而远览，接轩辕之遗音。慕老童于騩隅，钦泰容之高吟。顾兹梧而兴虑，思假物以讬心。乃斫孙枝，准量所任。至人摅思，制为雅琴。

乃使离子督墨，匠石奋斤，夔、襄荐法，般、倕骋神。镂会裛厕，朗密调均，华绘雕琢，布藻垂文。错以犀象，籍以翠绿。絃以园客之丝，徽以钟山之玉。爰有龙凤之象，古人之形，伯牙挥手，钟期听声。华容灼烁，发采扬明，何其丽也。伶伦比律，田连操张。进御君子，新声慭亮，何其伟也！

及其初调，则角羽俱起，宫徵相证，参发并趣，上下累应。踸踔磥硌，美声将兴，固以和昶而足躭矣。尔乃理正声，奏妙曲，扬白雪，发清角。纷淋浪以流离，奂淫衍而优渥。粲奕奕而高逝，驰岌岌以相属。沛腾遌而竞趣，翕韡晔而繁缛。状若崇山，又象流波。浩兮汤汤，郁兮峨峨。佛谓烦冤，纡馀婆娑。陵纵播逸，霍濩纷葩。检容授节，应变合度。兢名擅业，安轨徐步。洋洋习习，声烈遐布。含显媚以送终，飘余响乎泰素。若乃高轩飞观，广厦闲房，冬夜肃清，朗月垂光，新衣翠粲，缨徽流芳。于是器冷弦调，心闲手敏。触搷如志，唯意所拟。初涉渌水，中奏清徵。雅昶唐尧，终咏微子，宽明弘润，优游躇跱，拊弦安歌，新声代起。歌曰：凌扶摇兮憩瀛洲，要列子兮为好仇，餐沆瀣兮带朝霞，眇翩翩兮薄天游。齐万物兮超自得，委性命兮任去留。激清响以赴会，何弦歌之绸缪。

于是曲引向阑，众音将歇，改韵易调，奇弄乃发。扬和颜，攘皓腕，飞纤指以驰骛，纷僸䍃以流漫。或徘徊顾慕，拥郁抑按，盘桓毓养，从容秘玩，闼尔奋逸，风骇云乱。牢落凌厉，布濩半散。丰融披离，斐韡奂烂。英声发越，采采粲粲。或间声错糅，状若诡赴。双美并进，骈驰翼驱。初若将乖，后卒同趣。或曲而不屈，直而不倨。或相凌而不乱，或相离而不殊。时劫掎以慷慨，或怨婹而踌躇。忽飘飖以轻迈，乍留联而扶疏。或参谭繁促，复叠攒仄。纵横骆驿，奔遯相逼。拊嗟累赞，间不容息。瑰艳奇伟，殚不可识。

若乃闲舒都雅，洪纤有宜。清和条昶，案衍陆离。穆温柔以怡怿，婉顺叙而委蛇。或乘险投会，邀隙趋危。譬若离鹍鸣清池，翼若游鸿翔层崖。纷文斐尾，慊縿离纚。微风馀音，靡靡猗猗。或搂批擽捋，缥缭潎冽。轻行浮弹，明婳㬏慧。疾而不速，留而不滞。翩绵飘邈，微音迅逝。远而听之，若鸾凤和鸣戏云中；迫而察之，若众葩敷荣曜春风。既丰赡以多姿，又善始而令终。嗟姣妙以弘丽，何变态之无穷。

若夫三春之初，丽服以时。乃携友生，以遨以嬉。涉兰圃，登重基，背长林，翳华芝，临清流，赋新诗。嘉鱼龙之逸豫，乐百卉之荣滋。理重华之遗操，慨远慕而长思。

若乃华堂曲宴，密友近宾，兰肴兼御，旨酒清醇。进南荆，发西秦，绍陵阳，度巴人。变用杂而并起，竦众听而骇神。料殊功而比操，岂笙籥之能伦。

若次其曲引所宜，则广陵止息，东武太山，飞龙鹿鸣，鹍鸡游弦。更唱迭奏，声若自然，流楚窈窕，惩躁雪烦。下逮谣俗，蔡氏五曲，王昭楚妃，千里别鹤，犹有一切，承间簉乏，亦有可观者焉。然非夫旷远者，不能与之嬉游；非夫渊静者，不能与之闲止，非夫放达者，不能与之无吝；非夫至精者，不能与之析理也。

若论其体势，详其风声，器和故响逸，张急故声清，间辽故音庳，弦长故徽鸣。性絜静以端理，含至德之和平，诚可以感荡心志，而发泄幽情矣。是故怀戚者闻之，莫不憯懔惨凄，愀怆伤心，含哀懊咿，不能自禁；其康乐者闻之，则欨愉懽释，抃舞踊溢，留连澜漫，嗢噱终日。若和平者听之，则怡养悦愉，淑穆玄真，恬虚乐古，弃事遗身。是以伯夷以之廉，颜回以之仁，比干以之忠，尾生以之信，惠施以之辩给，万石以之讷慎。其余触类而长，所致非一，同归殊途，或文或质，揔中和以统物，咸日用而不失。其感人动物，盖亦弘矣。

于时也，金石寝声，匏竹屏气，王豹辍讴，狄牙丧味，天吴踊跃于重渊，王乔披云而下坠。舞鸑鷟于庭阶，游女飘焉而来萃。感天地以致和，况蚑行之众类。嘉斯器之懿茂，咏兹文以自慰。永服御而不厌，信古今之所贵。

乱曰：愔愔琴德，不可测兮；体清心远，邈难极兮；良质美手，遇今世兮；

纷纶翕响，冠众艺兮；识音者希，孰能珍兮；能尽雅琴，唯至人兮！

与山巨源绝交书

康白：足下昔称吾于颍川，吾常谓之知言。然经怪此意，尚未熟悉于足下，何从便得之也。前年从河东还，显宗、阿都，说足下议以吾自代，事虽不行，知足下故不知之。足下傍通，多可而少怪。吾直性狭中，多所不堪，偶与足下相知耳。闲闻足下迁，惕然不喜，恐足下羞庖人之独割，引尸祝以自助，手荐鸾刀，漫之膻腥，故具为足下陈其可否。

吾昔读书，得并介之人，或谓无之，今乃信其真有耳。性有所不堪，真不可强。今空语同知有达人，无所不堪，外不殊俗，而内不失正，与一世同其波流，而悔吝不生耳。老子、庄周，吾之师也，亲居贱职；柳下惠、东方朔达人也，安乎卑位，吾岂敢短之哉！又仲尼兼爱，不羞执鞭，子文无欲卿相，而三登令尹，是乃君子思济物之意也。所谓达能兼善而不渝，穷则自得而无闷，以此观之，故尧、舜之君世，许由之岩栖，子房之佐汉，接舆之行歌，其揆一也。仰瞻数君，可谓能遂其志者也。故君子百行，殊途而同致，循性而动，各附所安。故有处朝廷而不出，入山林而不反之论。且延陵高子臧之风，长卿慕相如之节，志气所托，不可夺也。

吾每读尚子平、台孝威传，慨然慕之，想其为人。少加孤露，母兄见骄，不涉经学。性复疏懒，筋驽肉缓，头面常一月十五日不洗，不大闷痒，不能沐也。每常小便而忍不起，令胞中略转乃起耳。又纵逸来久，情意傲散，简与礼相背，懒与慢相成，而为侪类见宽，不攻其过。又读《庄》、《老》，重增其放，故使荣进之心日颓，任实之情转笃。此犹禽鹿少见驯育，则服从教制，长而见羁，则狂顾顿缨，赴蹈汤火；虽饰以金镳，飨以嘉肴，愈思长林而志在丰草也。

阮嗣宗口不论人过，吾每师之而未能及；至性过人，与物无伤，唯饮酒过差耳。至为礼法之士所绳，疾之如仇，幸赖大将军保持之耳。吾不如嗣宗之资，而有慢弛之阙；又不识人情，暗于机宜；无万石之慎，而有好尽之累。久与事接，疵衅日兴，虽欲无患，其可得乎？

又人伦有礼，朝廷有法，自惟至熟，有必不堪者七，甚不可者二：卧喜晚起，而当关呼之不置，一不堪也。抱琴行吟，弋钓草野，而吏卒守之，不得妄动，二不堪也。危坐一时，痹不得摇，性复多虱，杷搔无已，而当裹以章服，揖拜上官，三不堪也。素不便书，又不喜作书，而人间多事，堆案盈机，不相酬答，则犯教伤义，欲自勉强，则不能久，四不堪也。不喜吊丧，而人道以此为重，己为未见恕者所怨，至欲见中伤者；虽懔自责，然性不可化，欲降心顺俗，则诡故不情，亦终不能获无咎无誉，如此，五不堪也；不喜俗人，而当与之共事，或宾客盈坐，鸣声聒耳，嚣尘臭处，千变百伎，在人目前，六不堪也。心不耐烦，而官事鞅掌，机务缠其心，世故烦其虑，七不堪也。又每非汤、武而薄周、孔，在人间不止，此事会显，世教所不容，此甚不可一也。刚肠疾恶，轻肆直言，遇事便发，此甚不可二也。以促中小心之性，统此九患，不有外难，当有内病，宁可久处人间邪？又闻道士遗言，饵术黄精，令人久寿，意甚信之；游山泽，观鱼鸟，心甚乐之；一行作吏，此事便废，安能舍其所乐而从其所惧哉！

夫人之相知，贵识其天性，因而济之。禹不逼伯成子高，全其节也；仲尼不假盖于子夏，护其短也；近诸葛孔明不逼元直以入蜀，华子鱼不强幼安以卿相，此可谓能相终始，真相知者也。足下见直木，不可以为轮，曲者，不可以为桷，盖不欲枉其天才，令得其所也。故四民有业，各以得志为乐，唯达者为能通之，此足下度内耳。不可自见好章甫，强越人以文冕也；己嗜臭腐，养鸳雏以死鼠也。吾顷学养生之术，方外荣华，去滋味，游心于寂寞，以无为为贵。纵无九患，尚不顾足下所好者。又有心闷疾，顷转增笃，私意自试，不能堪其所不乐。自卜已审，若道尽途穷则已耳。足下无事冤之，令转于沟壑也。

吾新失母兄之欢，意常凄切。女年十三，男年八岁，未及成人，况复多病。顾此恨恨，如何可言！今但愿守陋巷，教养子孙，时与亲旧叙阔，陈说平生，浊酒一杯，弹琴一曲，志愿毕矣。足下若嬲之不置，不过欲为官得人，以益时用耳。足下旧知吾潦倒疏，不切事情，自惟亦皆不如今日之贤能也。

若以俗人皆喜荣华，独能离之，以此为快；此最近之可得言耳。然使长才广度，无所不淹，而能不营，乃可贵耳。若吾多病困，欲离事自全，以保余年，此真所乏耳，岂可见黄门而称贞哉！若趣欲共登王涂，期于相致，时为欢益，一旦迫之，必发狂疾。自非重怨，不至于此也。野人有快炙背而美芹子者，欲献之至尊，虽有区区之意，亦已疏矣。愿足下勿似之。其意如此，既以解足下，并以为别。嵇康白。

与吕长悌绝交书

康白：昔与足下年时相比，以故数面相亲，足下笃意，遂成大好，由是许足下以至交，虽出处殊途，而欢爱不衰也。及中间少知阿都，志力开悟，每喜足下家复有此弟。而阿都去年向吾有言：诚忿足下，意欲发举，吾深抑之，亦自恃每谓足下不得迫之，故从吾言。间令足下，因其顺吾，与之顺亲。盖惜足下门户，欲令彼此无恙也。又足下许吾终不击都，以子父交为誓，吾乃慨然感足下重言，慰解都，都遂释然，不复兴意。足下阴自阻疑，密表击都，先首服诬都，此为都故信吾，吾又非无言。何意足下苞藏祸心邪？都之含忍足下，实由吾言。今都获罪，吾为负之。吾之负都，由足下之负吾也。怅然失图，复何言哉！若此，无心复与足下交矣。古之君子，绝交不出丑言。从此别矣！临书恨恨。嵇康白。

卜 疑

有弘达先生者，恢廓其度，寂寥疏阔，方而不制，廉而不割。超世独步，怀玉被褐。交不苟合，仁不期达。常以为忠信笃敬，直道而行之，可以居九夷，游八蛮，浮沧海，践河源。甲兵不足忌，猛兽不为患。是以机心不存，泊然纯素，从容纵肆，遗忘好恶，以天道为一指，不识品物之细故也。然而大道既隐，智巧滋繁。世俗胶加，人情万端。利之所在，若鸟之追鸾，富为积蠹，贵为聚怨。动者多累，静者鲜患。尔乃思丘中之隐士，乐川上之执竿也。于是远念长想，超然自失。郢人既没，谁为吾质？圣人吾不得见，冀闻之于数术。乃适太史贞父之庐而访之，曰：吾有所疑，愿子卜之。贞父乃危坐操著，拂几陈龟，曰：君何以命之？

先生曰：吾宁愤陈诚，说言帝庭，不屈王公乎？将卑懦委随，承旨倚靡，为面从乎？宁恺悌弘覆，施而不德乎？将进趣世利，苟容偷合乎？宁隐居行义，推至诚乎？将崇饰矫诬，养虚名乎？宁斥逐凶佞，守正不倾，明否臧乎？将傲倪滑稽，挟智任术，为智囊乎？宁与王乔、赤松为侣乎？将追伊挚而友尚父乎？宁隐鳞藏彩，若渊中之龙乎？将舒翼扬声，若云间之鸿乎？宁外化其形，内隐其情，屈身随时，陆沉无名，虽在人间，实处冥冥乎？将激昂为清，锐思为精，行与世异，心与俗并，所在必闻，恒荧荧乎？宁寥落闲放，无所矜尚，彼我为一，不争不让，游心皓素，忽然坐忘，追羲农而不及，行中路而惆怅乎？将慷慨以为壮，感慨以为亮，上干万乘，下凌将相，尊严其容，高自矫抗，常如失职，怀恨快快乎？宁聚货千亿，击锺鼎食，枕藉芬芳，婉娈美色乎？将苦身竭力，翦除荆棘，山居谷饮，倚严而息乎？宁如伯奋、仲堪，二八为偶，排摈共、鲧，令失所乎？将如箕山之夫，白水之女，轻贱唐、虞而笑大禹乎？宁如泰伯之隐德潜让，而不扬乎？将如季札之显节义慕，为子臧乎？宁如老聃之清净微妙，守玄抱一乎？将如庄周之齐物，变化洞达而放逸乎？宁如夷吾之不吝束缚，而终立霸功乎？将如鲁连之轻世肆志，高谈从俗乎？宁如市南子之神勇内固，山渊其志乎？将如毛公、蔺生之龙骧虎步，慕为壮士乎？此谁得谁失？何凶何吉？时移俗易，好贵慕名，臧文不让位于柳季，公孙不归美于董生，贾谊一当于明主，绛灌作色而扬声。况今千龙并驰，万骥俱征。纷纭交竞，逝若流星。敢不惟思，谋于老成哉？

太史贞父曰：吾闻至人不相，达人不卜。若先生者，文明在中，见素抱璞。内不愧心，外不负俗；交不为利，仕不谋禄。鉴乎古今，涤情荡欲。夫如是吕梁可以游，汤谷可以浴。方将观大鹏于南溟，又何忧于人间之委曲！

养生论

世或有谓：神仙可以学得，不死可以力致者；或云：上寿百二十，古今所同，过此以往，莫非妖妄者。此皆两失其情。请试粗论之：

夫神仙虽不目见，然记籍所载，前史所传，较而论之，其有必矣；似特受异气，禀之自然，非积学所能致也。至于导养得理，以尽性命，上获千余岁，下可数百年，可有之耳。而世皆不精，故莫能得之。何以言之？夫服药求汗，或有弗获，而愧情一集，涣然流离；终朝未餐，则嚣然思食，而曾子衔哀，七日不饥，夜分而坐，则低迷思寝，内怀殷忧，则达旦不瞑；劲刷理鬓，醇醴发颜，仅乃得之，壮士之怒，赫然殊观，植发冲冠。由此言之：精神之于形骸，犹国之有君也；神躁于中，而形表于外，犹君昏于上，国乱于下也。

夫为稼于汤之世，偏有一溉之功者，虽终归燋烂，必一溉者后枯，然则一溉之益，固不可诬也。而世常谓一怒不足以侵性，一哀不足以伤身，轻而肆之；是犹不识一溉之益，而望嘉谷于旱苗者也。是以君子知形恃神以立，神须形以存，悟生理之易失，知一过之害生；故修性以保神，安心以全身，爱憎不栖于情，忧喜不留于意，泊然无感而体气和平，又呼吸吐纳，服食养身，使形神相亲，表里俱济也。

夫种田者，一亩十斛，谓之良田，此天下之通称也。不知区种，可百馀斛。田种一也，至于树养不同，则功收相悬，谓商无十倍之价，农无百斛之望，此守常而不变者也。且豆令人重，榆令人瞑，合欢蠲忿，萱草忘忧，愚智所共知也；薰辛害目，豚鱼不养，常世所识也。虱处头而黑，麝食柏而香，颈处险而瘿，齿居晋而黄。推此而言：凡所食之气，蒸性染身，莫不相应，岂惟蒸之使重而无使轻，害之使暗而无使明，薰之使黄而无使坚，芬之使香而无使延哉？故神农曰：上药养命，中药养性者，诚知性命之理，因辅养以通也。而世人不察，惟五谷是见，声色是耽，目惑玄黄，耳务淫哇。滋味煎其府藏，醴醪鬻其肠胃，香芳腐其骨髓，喜怒悖其正气，思虑销其精神，哀乐殃其平粹。夫以蕞尔①之躯，攻之者非一涂，易竭之身，而外内受敌，身非木石，其能久乎？其自用甚者，饮食不节，以生百病；好色不倦，以致乏绝；风寒所灾，百毒所伤。中道夭于众难，世皆知笑悼，谓之不善持生也！至于措身失理，亡之于微，积微成损，积损成衰，从衰得白，从白得老，从老得终，闷若无端。中智以下，谓之自然。纵少觉悟，咸叹恨于所遇之初，而不知慎众险于未兆。是由桓侯抱将死之疾，而怒扁鹊之先见，以觉病之日，为病之始也。害成于微，而救之于著，故有无功之治。驰骋常人之域，故有一切之寿。仰观俯察，莫不皆然。以多自证，以同自慰，谓天地之理，尽此而已矣。

纵闻养生之事，则断以己见，谓之不然。其次狐疑，虽少庶几，莫知所由；其次自力服药，半年一年，劳而未验，志以厌衰，中路复废。或益之以畎浍②，而泄之以尾闾，欲坐望显报者；或抑情忍欲，割弃荣愿，而嗜好常在耳目之前，所希在数十年之后，又恐两失，内怀犹豫，心战于内，物诱于外，交赊③相倾，如此复败者。夫至物微妙，可以理知，难以目识；臂犹豫章生七年，然后可觉耳。今以躁竞之心，涉希静之涂，意速而事迟，望近而应远，故莫能相终。夫悠悠者既以未效不求，而求者以不专丧业，偏恃者以不兼无功，追术者以小道自溺，凡若此类，故欲之者，万无一能成也！

善养生者则不然矣。清虚静泰，少私寡欲。知名位之伤德，故忽而不营，非欲而强禁也；识厚味之害性，故弃而弗顾，非贪而后抑也。外物以累心不存，神气以醇白独著；旷然无忧患，寂然无思虑，又守之以一，姜之以和，和理日济，同乎大顺。然后蒸之以灵芝，润以醴泉，晞以朝阳，绥以五无为自得，体妙心玄，忘欢而后乐足，遗生而后身存。若此以往，庶可与羡门比寿，王乔争年，何为其无有哉！

① 蕞尔：小貌。《三国志·魏志·陈留王奂传》："蕞尔小国，土狭民寡。"

② 畎浍：田间小沟。

③ 交赊：交者，近也；赊者，远也。

难养生论

向子期

难曰：

若夫节哀乐，和喜怒，适饮食，调寒暑，亦人之所修也。至于绝五谷，去滋味，窒情欲、抑富贵，则未之敢许也。何以言之？

夫人受形于造化，与万物并存，有生之最灵者也。异于草木，草木不能避风雨，辞斤斧；殊于鸟兽，鸟兽不能远网罗，而逃寒暑。有动以接物，有智以自辅，此有生之益，有智之功也。若闭而默之，则与无智同，何贵于有智哉！有生则有情，称情则自然得。若绝而外之，则与无生同。何贵于有生哉！

且夫嗜欲，好荣恶辱，好逸恶劳，皆生于自然。夫天地之大德曰生，圣人之大宝曰位，崇高莫大于富贵。然则富贵，天地之情也。贵则人顺己以行义于下，富则所欲得以有财聚人，此皆先王所重，开之自然，不得相外也。又曰：富与贵，是人之所欲也。但当求之以道，不苟非义。在上以不骄无患，持满以损俭不溢，若此何为其伤德邪？或睹富贵之过，因惧而背之，是犹见食之有噎，因终身不飧耳。

神农唱粒食之始，后稷纂播植之业，鸟兽以之飞走，生民以之视息，周孔以之穷神，颜冉以之树德。贤圣珍其业，历百代而不废。今一旦云：五谷非养命之宜，肴醴非便性之物，则亦有和羹①，黄耇②无疆，为此春酒，以介眉寿，皆虚言也！博硕肥腯，上帝是飨，黍稷惟馨，实降神祇，神祇且犹重之，而况于人乎？肴粮入体，不逾旬而充，此自然之符，宜生之验也。

夫人含五行而生，口思五味，目思五色，感而思室，饥而求食，自然之理也。但当节之以礼耳。今五色虽陈，目不敢视；五味虽存，口不得尝，以言争而获胜则可。焉有勺药为荼蓼、西施为嫫母，忽而不欲哉？苟心识

---

① 和羹：五味调和的浓汤。

② 黄耇：黄，黄发；耇，老，寿。

可欲而不得从，性气困于防闲，情志郁而不通，而言养之以和，未之闻之也。

又云："导养得理，以尽性命，上获千余岁，下可数百年。未尽善也。若信可然，当有得者。此人何在，目未之见。此殆影响之论，可言而可不得。纵时有耆寿耇老，此自特受异气，犹木之有松栢，非导养之所致。若性命以巧拙为长短，则圣人穷理尽性，宜享遐期。而尧舜禹汤、文武周孔，上获百年，下者七十，岂复疏于导养邪？顾天命有限，非物所加耳。

且生之为乐，以恩爱相接，天理人伦，燕婉娱心，荣华悦志。服飨滋味，以宣五情。纳御声色，以达性气。此天理自然，人之所宜，三王所不易也。今若舍圣轨而恃区种，离亲弃欢，约己苦心，欲积尘露以望山海，恐此功在身后，实不可冀也。纵令勤求，少有所获。则顾影尸居，与木石为邻，所谓不病而自灸，无忧而自默，无丧而疏食，无罪而自幽。追虚徼幸，功不答劳。以此养生，未闻其宜。故相如曰："必若此长生而不死，虽济万世犹不足以喜。"言背情失性，而不本天理也。长生且犹无欢，况以短生守之邪？若有显验，且更论之。

答难养生论

答曰：所以贵知而尚动者，以其能益生而厚身也。然欲动则悔吝生，智行则前识立；前识立则志开而物遂，悔吝生则患积而身危，二者不藏之于内，而接于外，祇足以灾身，非所以厚生也。夫嗜欲虽出于人，而非道之正，犹木之有蝎，虽木之所生，而非木之宜也。故蝎盛则木朽，欲胜则身枯。然则欲与生不并久，名与身不俱存，略可知矣。而世未之悟，以顺欲为得生，虽有厚生之情，而不识生生之理，故动之死地也。是以古之人知酒色为甘鸩，弃之如遗；识名位为香饵，逝而不顾。使动足资生，不滥于物；知止其身，不营于外。背其所害，向其所利。此所以用智遂生之道也。故智之为美，美其益生而不羡；生之为贵，贵其乐知而不交。岂可疾智而轻身，勤欲而贱生哉。

且圣人宝位，以富贵为崇高者，盖谓人君贵为天子，富有四海，民不可无主而存,主不能无尊而立;故为天下而尊君位,不为一人而重富贵也。又曰:富与贵是人之所欲者,盖为季世恶贫贱,而好富贵也。未能外荣华而安贫贱,且抑使由其道而不争。不可令其力争,故许其心竞。中庸不可得,故与其狂狷。此俗谈耳。不言至人当今贪富贵也。圣人不得已而临天下,以万物为心,在宥群生,由身以道,与天下同于自得。穆然以无事为业,坦尔以天下为公。虽居君位,飨万国,恬若素士接宾客也。虽建龙旐,服华衮,忽若布衣之在身。故君臣相忘于上,蒸民家足于下。岂劝百姓之尊己,割天下以自私,以富贵为崇高,心欲之而不已哉?且子文三显,色不加悦;柳惠三黜,容不加戚。何者?令尹之尊,不若德义之贵;三黜之贱,不伤冲粹之美。二子尝得富贵于其身,终不以人爵婴心,故视荣辱如一。由此言之,岂云欲富贵人之情哉?

请问锦衣繡裳,不陈于暗室者,何必顾众,而动以毁誉为欢戚也?夫然,则欲之患其得,得之惧其失,苟患失之,无所不至矣。在上何得不骄?持满何得不溢?求之何得不苟?得之何得不失邪?且君子出其言,善则千里之外应之,岂在于多,欲以贵得哉?奉法循理,不絓世网,以无罪自尊,以不仕为逸。游心乎道义,偃息乎卑室,恬愉无遌,而神气条达。岂须荣华,然后乃贵哉?耕而为食,蚕而为衣,衣食周身,则余天下之财。犹渴者饮河,快然以足,不羡洪流。岂待积敛,然后乃富哉?君子之用心若此。盖将以名位为赘瘤,资财为尘垢也。安用富贵乎?故世之难得者,非财也,非荣也,患意之不足耳!意足者,虽耦耕甽亩,被褐啜菽,岂不自得。不足者虽养以天下,委以万物,犹未惬然。则足者不须外,不足者无外之不须也。无不须,故无往而不乏。无所须,故无适而不足。不以荣华肆志,不以隐约趋俗。混乎与万物并行,不可宠辱,此真有富贵也。故遗贵欲贵者,贱及之;故忘富欲富者,贫得之。理之然也。今居荣华而忧,虽与荣华偕老,亦所以终身长愁耳。故老子曰:"乐莫大于无忧,富莫大于知足。"此之谓也。

难曰:感而思室,饥而求食,自然之理也。诚哉是言!今不使不室不食,但欲令室食得理耳。夫不虑而欲,性之动也;识而后感,智之用也。性动者,遇物而当,足则无余;智用者,从感而求,倦而不已。故世之所患,祸之所由,常在于智用，不在于性动。今使瞽者遇室，则西施与嫫母同情；愤者忘味，则糟糠与精粹等甘。岂识贤、愚、好、丑，以爱憎乱心哉？君子识智以无恒伤生，欲以逐物害性。故智用则收之以恬，性动则纠之以和。使智止于恬，性足于和，然后神以默醇，体以和成，去累除害，与彼更生。所谓不见可欲，使心不乱者也。纵令滋味尝染于口，声色已开于心，则可以至理遣之，多算胜之。何以言之也？夫欲官不识君位，思室不拟亲戚，何者？知其所不得，则不当生心也。故嗜酒者自抑于鸩醴，贪食者忍饥于漏脯，知吉凶之理，故背之不惑，弃之不疑也。岂恨向不得酣饮与大嚼哉？且逆旅之妾，恶者以自恶为贵，美者以自美得贱。美恶之形在目，而贵贱不同；是非之情先著，故美恶不能移也。苟云理足于内，乘一以御外，何物之能默哉？由此言之，性气自和，则无所困于防闲；情志自平，则无郁而不通。世之多累，由见之不明耳。又常人之情，远，虽大莫不忽；近，虽小莫不存之。夫何故哉？诚以交赊相夺，识见异情也。三年丧不内御，礼之禁也。莫有犯者。酒色乃身之雠也，莫能弃之。由此言之，礼禁交虽小不犯，身雠赊虽大不弃；然使左手据天下之图，右手旋害其身，虽愚夫不为。明天下之轻于其身，酒色之轻于天下，又可知矣。而世人以身殉之，毙而不悔，此以所重而要所轻，岂非背赊而趣交耶？智者则不然矣，审轻重然后动，量得失以居身；交赊之理同，故备远如近，慎微如著，独行众妙之门，故终始无虞。此与夫耽欲而快意者，何殊间哉？

难曰：圣人穷理尽性，宜享遐期，而尧孔上获百年，下者七十，岂复疏于导养乎？案论尧孔虽禀命有限，故导养以尽其寿。此则穷理之致，不为不养生得百年也。且仲尼穷理尽性，以至七十；田父以六弊蠢愚，有百二十者。若以仲尼之至妙，资田父之至拙，则千岁之论，奚所怪哉？且凡圣人，有损己为世，表行显功，使天下慕之，三徙成都者。或菲食勤躬，经营四方，心劳形困，趣步失节者。或奇谋潜遘，爰及干戈，威武杀伐，功利争奋者。或修身以明汙，显智以惊愚，藉名高于一世，取准的于天下；又勤诲善诱，聚徒三千，口倦谈议，身疲磬折，形若求孺子，视若营四海。神驰于利害之端，心骛于荣辱之涂，俯仰之间，已再抚宇宙之外者。若比之于内视反听，爱气啬精；明白四达，而无执无为；遗世坐忘，以宝性全真，吾所不能同也。今不言松柏，不殊于榆柳也。然松柏之生，各以良植遂性，若养松于灰壤，则中年枯陨。树之于重崖，则荣茂日新，此亦毓形之一观也。窦公无所服御，而致百八十。岂非鼓琴和其心哉？此亦养神之一征也。火蚕十八日，寒蚕三十馀日，以不得踰时之命，而将养有过倍之隆。温肥者早终，凉瘦者迟竭，断可识矣。圉马养而不乘，用皆六十岁。体疲者速彫，形全者难毙，又可知矣。富贵多残，伐之者众也；野人多寿，伤之者寡也。亦可见矣。今能使目与瞽者同功，口与愦者等味，远害生之具，御益性之物，则始可与言养性命矣。

难曰：神农唱粒食之始，鸟兽以之飞走，生民以之视息。今不言五谷，非神农所唱也。既言上药，又唱五谷者，以上药希寡，艰而难致；五谷易殖，农而可久。所以济百姓而继夭阏也，并而存之，唯贤志其大，不肖者志其小耳，此同出一人。至当归止痛，用之不已；耒耜垦辟，从之不辍；何至养命，蔑而不议？此殆玩所先习，怪于所未知。且平原则有枣栗之属，池沼则有菱芡之类，虽非上药，犹口于黍稷之笃恭也。岂云视息之具，唯五谷哉？又曰：黍稷惟馨，实降神祇。蘩蕴藻，非丰肴之匹；潢污行潦，非重酊之对。荐之宗庙，感灵降祉^①。是知神飨德之与信，不以所养为生。犹九土述职，各贡方物，以劾诚耳。又曰：肴粮入体，益不踰旬，以明宜生之验，此所以困其体也。今不言肴粮无充体之益，但谓延生非上药之偶耳。请借以为难。夫所知麦之善于菽，稻之胜于稷，由有效而识之；假无稻稷之域，必以菽麦为珍养，谓不可尚矣。然则世人不知上药良于稻稷，犹守菽麦之贤于蓬蒿，而必天下之无稻稷也。若能仗药以自永，则稻稷之贱，居然可知。君子知其若此，故准性理之所宜，资妙物以养身。植玄根于初九，吸朝霞以济神。今若以春酒为寿，则未闻高阳皆黄发之叟也；若以充悦为贤，则未闻鼎食有百年之宾也。且冉生婴疾，颜子短折。穰岁多病，饥年少疾。故狄食米而生癞，疮得谷而血浮，马秣粟而足重，鹰食粒而身留。从此言之，鸟兽不足报功于五谷，生民不足受德于田畴也；而人竭力以营之，杀身以

---

① 祉：福。《诗·小雅·六月》"既多受祉"。

争之。养亲献尊，则唯口蔍粱；聘享嘉会，则肴馔旨酒。而不知皆淖溺筋腴，易糜速腐。初虽甘香，入身臭处。竭辱精神，染污六府。又郁秽气蒸，自生灾蠹，饕淫所阶，百疾所附。味之者口爽，服之者短祚。^①岂若流泉甘醴，琼蕊玉英。金丹石菌，紫芝黄精。皆众灵含英，独发奇生。贞香难歇，和气充盈。澡雪五脏，疏彻开明，呎之者体轻。又练骸易气，染骨柔筋。涤垢泽秽，志凌青云。若此以往，何五谷之养哉？且螟蛉有子，果蠃负之，性之变也。橘渡江为枳，易土而变，形之异也。纳所食之气，还质易性，岂不能哉？故赤斧以练丹赪发，涓子以术精久延。偓佺以松实方目，赤松以水玉乘烟。务光以蒲韭长耳，邛疏以石髓驻年，方回以云母变化，昌容以蓬蔂易颜，若此之类，不可详载也。

孰云五谷为最，而上药无益哉？又责千岁以来，目未之见，谓无其人。即问谈者，见千岁人，何以别之？欲校之以形，则与人不异；欲验之以年，则朝菌无以知晦朔，蜉蝣无以识灵龟。然而千岁虽在市朝，固非小年之所辨矣。彭祖七百，安期千年，则狭见者谓书籍妄记。刘根遐寝不食，或谓偶能忍饥；仲都冬倮而体温，夏裘而身凉，桓谭谓偶耐寒暑；李少君识桓公玉碗，则阮生谓之逢占而知。尧以天下禅许由，而扬雄谓好大为之。凡若此类，上以周孔为关键，毕志一诚；下以嗜欲为鞭策，欲罢不能。驰骛于世教之内，争巧于荣辱之间，以多同自减思不出位，使奇事绝于所见，妙理断于常论；以言通变达微，未之闻也。久惕闲居，谓之无欢；深恨无肴，谓之自愁。以酒色为供养，谓长生为无聊。然则子之所以为欢者，必结驷连骑，食方丈于前也。夫俟此而后为足，谓之天理自然者，皆役身以物，丧志于欲，原性命之情，有累于所论矣。夫渴者唯水之是见，酌者唯酒之是求，人皆知乎生于有疾也。今昔以从欲为得性，则渴酌者非病，淫酗者非过，桀跖之徒皆得自然，非本论所以明至理之意也。夫至理诚微，善溺十世，然或可求诸身而后悟，校外物以知之者。

人从少至长，□□□降杀，好恶有盛衰。或稚年所乐，壮而弃之；始之所薄，终而重之。当其所悦，谓不可夺；值其所丑，谓不可欢；然还成

---

① 祚：福，《汉书·成帝纪赞》曰：哀半短祚。

易地，则情变于初。苟嗜欲有变，安知今之所耽，不为臭腐？曩之所贱，不为奇美邪？假令厮养暴登卿尹，则监门之类，蔑而遗之。由此言之，凡所区区一域之情耳，岂必不易哉？又饥飡者，于将获所欲，则悦情注心，饱满之后，释然疏之，或有厌恶。然则荣华酒色，有可疏之时，蚺蛇珍于越土，中国遇而恶之；黼黻贵于华夏，裸国得而弃之。当其无用，皆中国之蚺蛇，裸国之黼黻也。以大和为至乐，则荣华不足顾也；以恬澹为至味，则酒色不足钦也。苟得意有地，俗之所乐，皆粪土耳，何足恋哉？今谈者不睹至乐之情，甘减年残生，以从所愿，此则李斯背儒，以殉一朝之欲，主父发愤，思调五鼎之味耳。且鲍肆自玩，而贱兰茝，犹海鸟对太牢而长愁，文侯闻雅乐而塞耳。故以荣华为生具，谓济万世不足以喜耳。此皆无主于内，借外物以乐之；外物虽丰，哀亦备矣。有主于中，以内乐外，虽无钟鼓，乐已具矣。故得志者，非轩冕也；有至乐者，非充屈也；得失无以累之耳。且父母有疾，在困而瘳，则忧喜并用矣。由此言之，不若无喜可知也。然则无乐岂非至乐邪？故顺天和以自然，以道德为师友，玩阴阳之变化，得长生之永久，任自然以托身，并天地而不朽者，孰享之哉？

养生有五难，名利不灭，此一难也；喜怒不除，此二难也；声色不去，此三难也；滋味不绝，此四难也；神虑消散，此五难也。五者必存，虽心希难老，口诵至言，咀嚼英华，呼吸太阳，不能不回其操，不夭其年也。五者无于胸中，则信顺日济，玄德日全。不祈喜而有福，不求寿而自延，此养生大理之所效也。然或有行逾曾闵，服膺仁义，动由中和，无甚大之累，便谓人理已毕，以此自臧。而不荡喜怒，平神气，而欲却老延年者，未之闻也。或抗志希古，不荣名位，因自高于驰骛；或运智御世，不婴祸，故以此自贵。此于用身甫与乡党齓齿耆年同耳，以言存生，盖阙如也。或弃世不群，志气和粹，不绝谷茹芝，无益于短期矣。或琼糇既储，六气并御，而能含光内观，凝神复璞，栖心于玄冥之崖，含气于莫大之族者。则有老可却，有年可延也。凡此数者，合而为用，不可相无，犹辕轴轮辖，不可一乏于舆也。然人若皆偏见，各备所患，单豹以营内忘外，张毅以趣外失中，齐以戒济西取败，秦以备戎狄自穷。此皆不兼之祸也。积善履信，世屡闻之。慎言语，节饮食，学者识之。过此以往，莫之或知。请以先觉，语将来之觉者。

声无哀乐论

有秦客问于东野主人[1]曰："闻之前论曰：治世之音安以乐，亡国之音哀以思。夫治乱在政，而音声应之；故哀思之情，表于金石[2]；安乐之象，形于管絃[3]也。又仲尼闻韶，识虞舜之德；季札听絃，知众国之风。斯已然之事，先贤所不疑也。今子独以为声无哀乐，其理何居？若有嘉讯，今请闻其说。"

主人应之曰："斯义久滞，莫肯拯救，故令历世滥于名实。今蒙启导，将言其一隅焉。夫天地合德，万物贵生；寒暑代往，五行以成。故章[4]为五色，发为五音；音声之作，其犹臭[5]味在于天地之间。其善与不善，虽遭遇浊乱，其体自若，而不变也。岂以爱憎易操[6]，哀乐改度哉？及宫商集比，声音克谐，此人心至愿，情欲之所锺。故人知情不可恣，欲不可极，因其所用，每为之节，使哀不至伤，乐不至淫，因事与名，物有其号。哭谓之哀，歌谓之乐，斯其大较也。然乐云乐云，锺鼓云乎哉？哀云哀云，哭泣云乎哉？因兹而言，玉帛非礼敬之实，歌哭非悲哀之主也。何以明之？夫殊方异俗，歌哭不同。使错而用之，或闻哭而欢，或听歌而感，然而哀乐之情均也。今用均同之情，而发万殊之声，斯非音声之无常哉？然声音和比，感人之最深者也。劳者歌其事，乐者舞其功。夫内有悲痛之心，则激切哀言。言比成诗，声比成音。杂而咏之，聚而听之，心动于和声，情感于苦言。嗟叹未绝，而泣涕流涟矣。夫哀心藏于内，遇和声而后发。和声无象，而哀

---

① 东野主人：《酒会诗一首》中有："斯会岂不乐，恨无东野子。"戴明扬曾注：此"当谓阮德如也"；但这里的"东野主人"是作者自谓。

② 金石：指乐器。《淮南子·主术训》："古之为金石管弦者，所以宣乐也。"注："金，钟；石，磬；管，萧也；弦，琴瑟也。"

③ 管弦：指乐器；"管"谓萧管类，弦指琴瑟类。

④ 章：色彩。《书·皋陶谟》："五服五章哉。"

⑤ 臭：气味。

⑥ 操：琴曲的一种。

心有主。夫以有主之哀心，因乎无象之和声，其所觉悟，唯哀而已。岂复知吹万不同，而使其自已哉。风俗之流①，遂成其政；是故国史明政教之得失，审国风之盛衰，吟咏情性以讽其上。故曰：亡国之音哀以思也。夫喜怒哀乐，爱憎惭惧，凡此八者，生民所以接物传情，区别有属，而不可溢者也。夫味以甘苦为称，今以甲贤而心爱，以乙愚而情憎，则爱憎宜属我，而贤愚宜属彼也。可以我爱而谓之爱人，我憎而谓之憎人，所喜则谓之喜味，所怒而谓之怒味哉？由此言之，则外内殊用，彼我异名。声音自当以善恶为主，则无关于哀乐。哀乐自当以情感而后发，则无系于声音。名实俱去，则尽然可见矣。且季子在鲁，采诗观礼，以别风雅。岂徒任声以决臧否哉？又仲尼闻韶，叹其一致，是以咨嗟，何必因声以知虞舜之德，然後叹美耶？今粗明其一端，亦可思过半矣。

秦客难曰："八方异俗，歌哭万殊，然其哀乐之情，不得不见也。夫心动于中，而声出于心。虽托之于他音，寄之于余声，善听察者，要自觉之不使得过也。昔伯牙理琴，而锺子知其所志；隶人击磬，而子期识其心哀；鲁人晨哭，而颜渊审其生离。夫数子者，岂复假智于常音，借验于曲度哉？心戚者则形为之动，情悲者则声为之哀。此自然相应，不可得逃，唯神明者能精之耳。夫能者不以声众为难，不能者不以声寡为易。今不可以未遇善听，而谓之声无可察之理；见方俗之多变，而谓声音无哀乐也。又云：贤不宜言爱，愚不宜言憎。然则有贤然后爱生，有愚然后憎成，但不当共其名耳。哀乐之作，亦有由而然。此为声使我哀，音使我乐也。苟哀乐由声，更为有实，何得名实俱去耶？又云：季子采诗观礼，以别风雅；仲尼叹韶音之一致，是以咨嗟。是何言欤？且师襄奏操，而仲尼睹文王之容；师涓进曲，而子野识亡国之音。宁复讲诗而后下言，习礼然后立评哉？斯皆神妙独见，不待留闻积日，而已综其吉凶矣。是以前史以为美谈。今子以区区之近知，齐所见而为限，无乃诬前贤之识微，负夫子之妙察耶？"

主人答曰："难云：虽歌哭万殊，善听察者要自觉之，不假智于常音，不借验于曲度，锺子之徒云云是也。此为心悲者虽谈笑鼓舞，情欢者虽拊

---

① 流：流失，向坏的方向变化。

膺咨嗟，犹不能御外形以自匿，诳察者于疑似也。以为就令声音之无常，犹谓当有哀乐耳。又曰：季子听声，以知众国之风；师襄奏操，而仲尼睹文王之容。案如所云，此为文王之功德，与风俗之盛衰，皆可象之于声音。声之轻重，可移于後世，襄涓之巧，能得之于将来。若然者，三皇五帝，可不绝于今日，何独数事哉？若此果然也，则文王之操有常度，韶武之音有定数，不可杂以他变，操以余声也。则向所谓声音之无常，锺子之触类，于是乎躓矣。若音声无常，锺子触类，其果然耶？则仲尼之识微，季札之善听，固亦诬矣。此皆俗儒妄记，欲神其事而追为耳。欲令天下惑声音之道，不言理以尽此，而推使神妙难知，恨不遇奇听于当时，慕古人而自叹。斯所以大罔后生也。夫推类辨物，当先求之自然之理。理已定，然后借古义以明之耳。今未得之于心，而多恃前言以为谈证，自此以往，恐巧历不能纪。又难云：哀乐之作，犹爱憎之由贤愚，此为声使我哀，而音使我乐。苟哀乐由声，更为有实矣。夫五色有好丑，五声有善恶，此物之自然也。至于爱与不爱，人情之变，统物之理，唯止于此；然皆无豫于内，待物而成耳。至夫哀乐自以事会，先遘于心，但因和声以自显发。故前论已明其无常，今复假此谈以正名号耳。不为哀乐发于声音，如爱憎之生于贤愚也。然和声之感人心，亦犹酒醴之发人性也。酒以甘苦为主，而醉者以喜怒为用。其见欢戚为声发，而谓声有哀乐，犹不可见喜怒为酒使，而谓酒有喜怒之理也。"

秦客难曰："夫观气采色，天下之通用也。心变于内，而色应于外，较然可见，故吾子不疑。夫声音，气之激者也，心应感而动，声从变而发。心有盛衰，声亦降杀。同见役于一身，何独于声便当疑耶！夫喜怒章于色诊，哀乐亦宜形于声音。声音自当有哀乐，但暗者不能识之。至锺子之徒，虽遭无常之声，则颖然独见矣，今蒙瞽面墙而不晓，离娄昭秋毫于百寻，以此言之，则明暗殊能矣。不可守咫尺之度，而疑离娄之察；执中痛之听，而猜锺子之聪。皆谓古人为妄记也。"

主人答曰："难云：心应感而动，声从变而发，心有盛衰，声亦降杀，哀乐之情，必形于声音，锺子之徒，虽遭无常之声，则颖然独见矣。必若所言，则浊质之饱，首阳之饥，卞和之冤，伯奇之悲，相如之含怒，不占之怖祇，千变百态，使各发一咏之歌，同启数弹之微，则锺子之徒，各审其情矣。尔为听声者，不以寡众易思，察情者，不以大小为异？同出一身者，期于识之也。设使从下出，则子野之徒，亦当复操律鸣管，以考其音，知南风之盛衰，别雅郑之淫正也。夫食辛之与甚噱，薰目之与哀泣，同用出泪，使狄牙尝之，必不言乐泪甜而哀泪苦，斯可知矣。何者？肌液肉汗，踧笮便出，无主于哀乐，犹箷酒之囊漉，虽笮具不同，而酒味不变也。声俱一体之所出，何独当含哀乐之理也？且夫《咸池》、《六茎》，《大章》、《韶夏》，此先王之至乐，所以动天地，感鬼神。今必云声音莫不象其体而传其心，此必为至乐不可托之于瞽史，必须圣人理其弦管，尔乃雅音得全也。舜命夔击石拊石，八音克谐，神人以和。以此言之，至乐虽待圣人而作，不必圣人自执也。何者？音声有自然之和，而无系于人情。克谐之音，成于金石；至和之声，得于管弦也。夫纤毫自有形可察，故离瞽以明暗异功耳。若乃以水济水，孰异之哉？”

秦客难曰：“虽众喻有隐，足招攻难，然其大理，当有所就。若葛卢闻牛鸣，知其三子为牺；师旷吹律，知南风不竞，楚师必败；羊舌母听闻儿啼，而审其丧家。凡此数事，皆效于上世，是以咸见录载。推此而言，则盛衰吉凶，莫不存乎声音矣。今若复谓之诬罔，则前言往记，皆为弃物，无用之也。以言通论，未之或安。若能明其所以，显其所由，设二论俱济，愿重闻之。”

主人答曰：“吾谓能反三隅者，得意而忘言。是以前论略而未详。今复烦循环之难，敢不自一竭耶？夫鲁牛能知历牺之丧生，哀三子之不存，含悲经年，诉怨葛卢。此为心与人同，异于兽形耳。此又吾之所疑也。且牛非人类，无道相通，若谓鸣兽皆能有言，葛卢受性独晓之，此为称其语而论其事，犹译传异言耳，不为考声音而知其情，则非所以为难也。若谓知者为当触物而达，无所不知，今且先议其所易者。请问圣人卒入胡域，当知其所言否乎？难者必曰：知之。知之之理，何以明之？愿借子之难以立鉴识之域。或当与关接识其言耶？将吹律鸣管，校其音耶？观气采色知其心耶？此为知心自由气色，虽自不言，犹将知之。知之之道，可不待言也。若吹律校音，以知其心，假令心志于马而误言鹿，察者固当由鹿以知马也。

此为心不系于所言，言或不足以证心也。若当关接而知言，此为孺子学言于所师，然后知之，则何贵于聪明哉。夫言非自然一定之物，五方殊俗，同事异号，趣举一名以为标识耳。夫圣人穷理，谓自然可寻，无微不照。理蔽则虽近不见，故异域之言，不得强通。推此以往，葛卢之不知牛鸣，得不信乎？又难云：师旷吹律，知南风不竞，楚多死声，此又吾之所疑也。请问师旷吹律之时，楚国之风耶，则相去千里，声不足达；若正识楚风来入律中耶，则楚南有吴越，北有梁宋，苟不见其原，奚以识之哉？凡阴阳愤激，然后成风；气之相感，触地而发，何必发楚庭来入晋乎？且又律吕分四时之气耳，时至而气动，律应而灰移，皆自然相待，不假人以为用也。上生下生，所以均五声之和，叙刚柔之分也。然律有一定之声，虽冬吹中吕，其音自满而无损也。今以晋人之气，吹无损之律，楚风安得来入其中，与为盈缩耶？风无形，声与律不通，则校理之地，无取于风律，不其然乎？岂师旷多识博物，自有以知胜败之形，欲固众心，而托以神微，若伯常骞之许景公寿哉？又难云：羊舌母听闻儿啼，而审其丧家。复请问何由知之？为神心独悟暗语而当耶？尝闻儿啼若此其大而恶，今之啼声似昔之啼声，故知其丧家邪？若神心独悟暗语之当，非理之所得也，虽曰听啼，无取验于儿声矣。若以尝闻之声为恶，故知今啼当恶，此为以甲声为度，以校乙之啼也。夫声之于心，犹形之于心也。有形同而情乖，貌殊而心均者。何以明之？圣人齐心等德而形状不同也。苟心同而形异，则何言乎观形而知心哉？且口之激气为声，何异于籁籥纳气而鸣耶？啼声之善恶，不由儿口吉凶，犹琴瑟之清浊，不在操者之工拙也。心能辨理善谈，而不能令籁籥调利，犹瞽者能善其曲度，而不能令器必清和也。器不假妙瞽而良，籥不因惠心而调。然则心之与声，明为二物。二物之诚然，则求情者不留观于形貌，揆心者不借听于声音也。察者欲因声以知心，不亦外乎？今晋母未得之于老成，而专信昨日之声，以证今日之啼，岂不误中于前世，好奇者从而称之哉？"

秦客难曰："吾闻败者不羞走，所以全也。吾心未厌，而言难复，更从其馀。今平和之人，听筝笛批把，则形躁而志越；闻琴瑟之音，则体静而心闲。同一器之中，曲用每殊，则情随之变。奏秦声则叹羡而慷慨；理齐楚则情一而思专，肆姣弄则欢放而欲惬；心为声变，若此其众。苟躁静由声，则何为限其哀乐，而但云至和之声，无所不感，托大同于声音，归众变于人情。得无知彼不明此哉？"

主人答曰："难云：批把筝笛，令人躁越。又云：曲用每殊而情随之变。此诚所以使人常感也。批把筝笛，间促而声高，变众而节数，以高声御数节，故使形躁而志越。犹铃铎警耳，锺鼓骇心，故闻鼓鞞之音，思将帅之臣；盖以声音有大小，故动人有猛静也。琴瑟之体，间辽而音埤，^①变希而声清，以埤音御希变，不虚心静听，则不尽清和之极，是以体静而心闲也。夫曲用不同，亦犹殊器之音耳。齐楚之曲多重故情一，变少故思专。姣弄之音，挹众声之美，会五音之和，其体赡而用博，故心役于众理；五音会，故欢放而欲惬。然皆以单复、高埤、善恶为体，而人情以躁静专散为应。譬犹游观于都肆，则目滥而情放；留察于曲度，则思静而容端。此为声音之体，尽于舒疾。情之应声，亦止于躁静耳。夫曲用每殊，而情之处变，犹滋味异美，而口辄识之也。五味万殊，而大同于美；曲变虽众，亦大同于和。美有甘，和有乐。然随曲之情，尽于和域；应美之口，绝于甘境，安得哀乐于其间哉？然人情不同，各师所解。则发其所怀；若言平和哀乐正等，则无所先发，故终得躁静。若有所发，则是有主于内，不为平和也。以此言之，躁静者，声之功也；哀乐者，情之主也。不可见声有躁静之应，因谓哀乐者皆由声音也。且声音虽有猛静，猛静各有一和，和之所感，莫不自发。何以明之？夫会宾盈堂，酒酣奏琴，或忻然而欢，或惨尔泣，非进哀于彼，导乐于此也。其音无变于昔，而欢戚并用，斯非'吹万不同'耶？夫唯无主于喜怒，亦应无主于哀乐，故欢戚俱见。若资偏固之音，含一致之声，其所发明，各当其分，则焉能兼御群理，总发众情耶？由是言之：声音以平和为体，而感物无常；心志以所俟为主，应感而发。然则声之与心，殊涂异轨，不相经纬，焉得染太和于欢戚，缀虚名于哀乐哉？"

秦客难曰："论云：猛静之音，各有一和，和之所感，莫不自发，是以酒酣奏琴而欢戚并用。此言偏并之情，先积于内，故怀欢者值哀音而发，

---

① 埤：通卑，低矮。

内感者遇乐声而感也。夫音声自当有一定之哀乐，但声化迟缓，不可仓卒，不能对易。偏重之情，触物而作，故今哀乐同时而应耳。虽二情俱见，则何损于声音有定理耶？"

主人答曰："难云：哀乐自有定声，但偏重之情，不可卒移。故怀感者遇乐声而哀耳。即如所言，声有定分；假使鹿鸣重奏，是乐声也。而令感者遇之，虽声化迟缓，但当不能便变令欢耳，何得更以哀耶？犹一燋之火，虽未能温一室，不宜复增其寒矣。夫火非隆寒之物，乐非增哀之具也。理弦高堂，而欢戚并用者，直至和之发滞导情，故令外物所感，得自尽耳。难云：偏重之情，触物而作，故令哀乐同时而应耳。夫言哀者，或见机杖而泣，或睹舆服而悲，徒以感人亡而物存，痛事显而形潜。其所以会之，皆自有由，不为触地而生哀，当席而泪出也。今无机杖以致感，听和声而流涕者，斯非和之所感，莫不自发也。"

秦客难曰："论云：酒酣奏琴，而欢戚并用。欲通此言，故答以偏情，感物而发耳。今且隐心而言，明之以成效。夫人心不懽则戚，不戚则欢，此情志之大域也。然泣是戚之伤，笑是欢之用。盖闻齐楚之曲者，唯睹其哀涕之容，而未曾见笑噱之貌。此必齐楚之曲，以哀为体，故其所感，皆应其度。岂徒以多重而少变，则致情一而思专耶？若诚能致泣，则声音之有哀乐，断可知矣。"

主人答曰："虽人情感于哀乐，哀乐各有多少。又哀乐之极，不必同致也。夫小哀容坏，甚悲而泣，哀之方也；小欢颜悦，至乐而笑，乐之理也。何以明之？夫至亲安豫，则恬若自然，所自得也。及在危急，仅然后济，则抃不及儛。由此言之，儛之不若向之自得，岂不然哉？至夫笑噱，虽出于懽情，然自以理成，又非自然应声之具也。此为乐之应声，以自得为主，哀之应感以垂涕为故。垂涕则形动而可觉，自得则神合而无变，是以观其异而不识其同，别其外而未察其内耳。然笑噱之不显于声音，岂独齐楚之曲耶？今不求乐于自得之域，而以无笑噱谓齐、楚体哀，岂不知哀而不识乐乎？"

秦客问曰："仲尼有言：移风易俗，莫善于乐。即如所论，凡百哀乐，皆不在声，即移风易俗，果以何物邪？又古人慎靡靡之风，抑惆耳之声，故曰：放郑声，远佞人。然则郑卫之音，击鸣球以协神人，敢问郑雅之体，隆弊所极；风俗移易，奚由而济？幸重闻之，以悟所疑。"

主人应之曰："夫言移风易俗者，必承衰弊之後也。古之王者，承天理物，必崇简易之教，御无为之治，君静于上，臣顺于下；玄化潜通，天人交泰，枯槁之类，浸育灵液，六合之内，沐浴鸿流，荡涤尘垢，群生安逸，自求多福，默然从道，怀忠抱义，而不觉其所以然也。和心足于内，和气见于外，故歌以叙志，儛以宣情。然后文之以采章，照之以风雅。播之以八音，感之以太和。导其神气，养而就之。迎其情性，致而明之。使心与理相顺，气与声相应，合乎会通，以济其美。故凯乐之情，见于金石，含弘光大，显于音声也。若以往，则万国同风，芳荣济茂，馥如秋兰，不期而信，不谋而成。穆然相爱，犹舒锦彩，而粲炳可观也。大道之隆，莫盛于兹，太平之业，莫显于此。故曰：移风易俗，莫善于乐。乐之为体，以心为主。故无声之乐，民之父母也。至八音会谐，人之所悦，亦总谓之乐。然风俗移易，不在此也。夫音声和比，人情所不能已者也。是以古人知情之不可放，故抑其所遁；知欲之不可绝，故因其所自。为可奉之礼，制可导之乐。口不尽味，乐不极音。揆终始之宜，度贤愚之中。为之检则，使远近同风，用而不竭，亦所以结忠信，著不迁也。故乡校庠塾亦随之变，丝竹与俎豆并存，羽毛与揖让俱用，正言与和声同发。使将听是声也，必闻此言；将观是容也，必崇此礼。礼犹宾主升降，然后酬酢行焉。于是言语之节，声音之度，揖让之仪，动止之数，进退相须，共为一体。君臣用之于朝，庶士用之于家，少而习之，长而不怠，心安志固，从善日迁，然后临之以敬，持之以久而不变，然后化成。此又先王用乐之意也。故朝宴聘享，嘉乐必存。是以国史采风俗之盛衰，寄之乐工，宣之管弦，使言之者无罪，闻之者足以自诫。此又先王用乐之意也。若夫郑声，是音声之至妙。妙音感人，犹美色惑志。耽槃荒酒，易以丧业，自非至人，孰能御之？先王恐天下流而不反，故具其八音，不渎其声；绝其大和，不穷其变；捐窈窕之声，使乐而不淫，犹大羹不和，不极勺药之味也。若流俗浅近，则声不足悦，又非所欢也。若上失其道，国丧其纪，男女奔随，婬荒无度，则风以此变，俗以好成。尚其所志，则群能肆之，乐其所习，则何以诛之？托于和声，配而长之，诚动于言，心感于和，风俗一成，因而名之。然所名之声，无中于淫邪也。淫之与正同乎心，雅郑之体，亦足以观矣。"

释私论

夫称君子者，心无措乎是非，而行不违乎道者也。何以言之？夫气静神虚者，心不存于矜尚[1]；体亮心达者，情不系于所欲。矜尚不存乎心，故能越名教而任自然[2]；情不系于所欲，故能审贵贱而通物情[3]。物情顺通，故大道[4]无违；越名任心，故是非无措也。是故言君子，则以无措为主，以通物为美。言小人，则以匿情为非，以违道为阙。何者？匿情矜吝[5]，小人之至恶；虚心无措，君子之笃行也。是以大道言及吾无身，吾又何患无以生为贵者，是贤于贵生也。由斯而言：夫至人之用心，固不存有措矣。是故伊尹不惜贤于殷汤[6]，故世济而名显；周旦不顾嫌而隐行[7]，故假摄而化隆[8]；夷吾不匿情于齐桓[9]，故国霸而主尊。其用心岂为身而系乎私哉？故《管子》曰：君子行道，忘其为身。斯言是矣！君子之行贤也。不察于有度而后行也。任心无邪，不议于善而后正也；显情无措，不论于是而后为也。

---

① 矜尚：自负，自夸。

② 名教：封建社会的等级制度与伦理规范。

③《易·乾卦·文言》：六爻发挥，旁通情也。《吕氏春秋·察传篇》：缘物质情，及人之情，以为所闻。

④《大戴礼记·哀公问五义篇》："所谓圣人者，知通乎大道，应变而不穷，能测万物质情情者。"

⑤ 吝：同咨，贪也。

⑥《史记·殷本纪》："伊尹处士，使汤人聘迎之，五反然后肯往从汤。言素王及九主事。汤举任以国政。"

⑦《史记·鲁周公世家》："周公旦，周武王弟也。武王既崩，成王少，在襁褓之中，周公恐天下闻武王崩而畔，乃践祚代成王摄行政当国。"

⑧ 化隆：变得崇高。《史记·礼书》："化隆者闳博。"

⑨《史记·管晏列传》："管仲夷吾者，颍上人也。少时常与鲍叔牙游，鲍叔知其贤。鲍叔事齐公小白，管仲事公子纠。及小白立为桓公，公子纠死，管仲囚焉。鲍叔遂进管仲。管仲既用，任政于齐，齐桓公以霸，九合诸侯，一匡天下，管仲之谋也。"《战国策·韩策》："得以其道为之，则主尊而身安。"

是故傲然忘贤，而贤与度会；忽然任心，而心与善遇；傥然无措，而事与是俱也。

故论公私者，虽云志道存善，心无凶邪，无所怀而不匿者，不可谓无私。虽欲之伐善，情之违道，无所抱而不显者，不可谓不公。今执必公之理，以绳不公之情，使夫虽为善者，不离于有私；虽欲之伐善，不陷于不公。重其名而贵其心，则是非之情，不得不显矣。是非必显，有善者无匿情之不是，有非者不加不公之大非。无不是则善莫不得，无大非则莫过其非，乃所以救其非也。非徒尽善，亦所以厉不善也。夫善以尽善，非以救非，而况乎以是非之至者，故善之与不善，物之至者也。若处二物之间，所往者，必以公成而私败。同用一器，而有成有败。夫公私者，成败之途，而吉凶之门也。

故物至而不移者寡，不至而在用者众。若资乎中人之体，运乎在用之质，而栖心古烈①，拟足公途，值心而言，则言无不是；触情而行，则事无不吉。于是乎同之所措者，乃非所措也；欲之所私者，乃非所私也。言不计乎得失而遇善，行不准乎是非而遇吉，岂非公成私败之数乎？夫如是也，又何措之有哉？故里凫显盗②，晋文恺悌③；勃鞮号罪④，忠立身存；缪贤吐衅⑤，言纳名称；渐离告诚，一堂流涕。然数子皆以投命之祸，临不测之机，表露心识，犹以安全；况乎君子无彼人之罪，而有其善乎？措善之情，其所病也。唯病病，是以不病，病而能疗，亦贤于病矣。

---

① 古烈：古代的道德风尚。

②《左传·僖公二十四年》："晋侯之坚头须，守藏者也，其出也。窃藏以逃，尽用以求纳之。及入，求见。公辞焉以沐。谓仆人曰：'居者为社稷之守，行者为羁绁之仆，其亦可也，何必罪居者？国军而雠匹夫，惧者其众矣'。仆人以告，公遽见之。"杨伯峻《春秋左传注》："头须，免须。"

③ 恺悌：平易近人；《诗·蓼萧》："既见君子，孔燕岂弟。"岂弟同恺悌。

④ 鞮，即寺人披。《左传·僖公二十四年》："吕、郤畏偪，将焚公而弑晋侯。寺人披请见。公使让之，且辞焉，曰：'蒲城之役，君命一宿，女即至。虽有君命，何其速也？夫祛犹在。女其行乎！'对曰：'君命无二，古之制也。齐桓公置射钩，而使管仲相。行者深众，岂唯刑臣。'公见之，以难告。"

⑤ 衅，罪也。《史记·廉颇蔺相如列传》：赵惠文王得楚和氏璧，秦昭王让人遗赵王书，愿以十五城易璧。赵王求人可报秦者，未得。宦者令缪贤曰："臣舍人蔺相如可使。"赵王问何以使之。对曰："臣尝有罪，窃计欲亡走燕，相如止臣曰：'夫赵强而燕弱，而君幸于赵王，故燕王欲结于君。今君乃亡赵走燕，燕畏赵，必不敢留君，而束君归赵矣。君不如肉袒伏斧质请罪，则幸得脱矣。'臣从其计，大王亦幸赦臣。臣窃以为其人勇士，有智谋，宜可使。"

然事亦有似非而非非，类是而非是者。不可不察也。故变通之机，或有矜以至让，贪以致廉，愚以成智，忍以济仁。然矜吝之时，不可谓无廉，猜忍之形，不可谓无仁，此似非而非非者也。或逸言似信，不可谓有诚；激盗似忠，不可谓无私，此类是而非是也。故乃论其用心，定其所趣，执其辞，以准其理，察其情以寻其变，肆乎所始，明其所终。则夫行私之情，不得因乎似非而容其非；淑亮之心，不得蹈乎似是而负其是。故实是以暂非而后显，实非以暂是而后明。公私交显，则行私者无所冀，而淑亮者无所负矣。行私者无所冀，则思改其非；立功者无所忌，则行之无疑，此大治之道也。故主妾覆醴①，以罪受戮；王陵庭争，而陈平顺旨。于是观之，非似非而非非者乎？

明君子之笃行，显公私之所在，阖堂盈阶，莫不寓目而曰："善人也！"然背颜退议而含私者，不复同耳。抱而匿情不改者，诚神以丧于所惑，而体以溺于常名，心以制于所愒②，而情有系于所欲，咸自以为有是而莫贤乎己。未有功肌之惨，骇心之祸，遂莫能收情以自反，弃名以任实。乃心有是焉，匿之以私；志有善焉，措之为恶。不措所措，而措所不措。不求所以不措之理，而求所以为措之道。故明为措，而暗于措，是以不措为拙，措为工。唯惧隐之不微，唯患匿之不密。故有矜许之容，以观常人；矫饰之言，以要俗誉。谓永年良规，莫盛于兹；终日驰思，莫窥其外。故能成其私之体，而丧其自然之质也。于是隐匿之情，必存乎心；伪怠之机，必形乎事。若是，则是非之议既明，赏罚之实又笃。不知冒阴之可以无景，而患景之不匿；不知无措之可以无患，而患措之不巧，岂不哀哉！是以申侯苟顺，取弃楚恭；宰嚭耽私，卒享其祸。由是言之，未有抱隐顾私，而身立清世，匿非藏情，而信著明君者也。

君子既有其质，又观其鉴，贵夫亮达，希而存之，恶夫矜吝，弃而远之。所措一非，而内愧乎神；贱隐一阙，而外惭其形。言无苟讳，而行无苟隐。不以爱之而苟善，不以恶之而苟非。心无所矜，而情无所系，体清神正，

---

① 醴：酒也。

② 愒：通愒，惧也。

附录　嵇康文选

187

而是非允当。忠感明天子，而信笃乎万民；寄胸怀于八荒，垂坦荡以永日。斯非贤人君子，高行之美异者乎！

或问曰：第五伦有私乎哉？曰：昔吾兄子有疾，吾一夕十往省，而反寐自安；吾子有疾，终朝不往视，而通夜不得眠。若是，可谓私乎非私也？非也？答曰：是非也。非私也。夫私以不言为名，公以尽言为称，善以无吝为体，非以有措为质。今第五伦[1]显情，是非无私也；矜往不眠，是有非也。无私而有非者，无措之志也。夫言无措者，不齐于必尽也；言多吝者，不具于不言而已也。故多吝有非，无措有是。然无措之所以有是，以志无所尚，心无所欲，达乎大道之情，动以自然，则无道以至非也。抱一而无措，则无私无非，兼有二义，乃为绝美耳。若非而能言者，是贤于不言之私，有非无措，亦非之小者也。今第五伦有非而能显，不可谓不公也；所显是非，不可谓有措也；有非而谓私，不可谓不惑公私之理也。

明胆论

有吕子者，精义味道，研核是非，以为人有胆不可无明，有明便有胆矣。嵇先生以为明胆殊用，不能相生。

论曰：夫元气陶铄，众生禀焉。赋受有多少，故才性有昏明。唯至人特锺纯美，兼周外内，无不毕备。降此已往，盖阙如也。或明于见物，或勇于决断。人情贪廉，各有所止。譬诸草木，区以别矣。兼之者博于物，偏受者守其分。故吾谓明胆异气，不能相生。明以见物，胆以决断；专明无胆，则虽见不断；专胆无明，则违理失机。故子家软弱，陷于弑君；左师不断，见逼华臣，皆智及之而决不行也。此理坦然，无所疑滞。故略举一隅，想不重疑。

"敬览来论，可谓论亦不加者矣。折理贵约而尽情，何尚浮秽而迂诞哉？今子之论，乃引浑元以为喻，何辽辽而坦谩也！故直答以人事之切要焉。汉之贾生，陈切直之策，奋危言之至。行之无疑，明所察也。忌鹏作赋，

暗所惑也。一人之胆，岂有盈缩乎？盖见与不见，故行之有果否也。子家、左师，皆愚惑浅弊，明不彻达，故惑于暧昧，终丁祸害。岂明见照察而胆不断乎？故霍光怀沈勇之气，履上将之任，战乎王贺之事。延年文生，夙无武称，陈义奋辞，胆气凌云，斯其验欤？及於期授首，陵母伏剑，明果之畴，若此万端，欲详而载之，不可胜言也。况有睹夷途而无敢投足，阶云路而疑于迄泰清者乎？若愚弊之伦，为能自托幽昧之中，弃身陷阱之间，如盗跖窜身于虎吻，穿窬先首于沟渎，而暴虎冯河，愚敢之类，则能有之。是以余谓明无胆，无胆能偏守。易了之理，不在多喻，故不远引繁言。若未反三隅，犹复有疑，思承后诲，得一骋辞。"

夫论理性情，折引异同，固当寻所受之终始，推气分之所由。顺端极末，乃不悖耳。今子欲弃置浑元，捃摭所见，此为好理纲目，而恶持纲领也。本论二气不同，明不生胆。欲极论之，当令一人播无刺讽之胆，而有见事之明。故当有不果之害。非谓中人血气无之，而复资之以明。二气存一体，则明能运胆，贾谊是也。贾谊明胆，自足相经，故能济事。谁言殊无胆，独任明以行事者乎？子独自作此言，以合其论也。忌鹏暗惑，明所不周，何害于胆乎？明既以见物，胆能行之耳。明所不见，胆当何断？进退相扶，何谓盈缩？就如此言，贾生陈策，明所见也；忌鹏作赋，暗所惑也。尔为明彻于前，而暗惑于后，明有盈缩也。苟明有进退，胆亦何为不可偏乎？子然霍光有沈勇，而战于废王，此勇有所挠也。而子言一人胆，岂有盈缩，此则非是也。贾生暗鹏，明有所塞也。光惧废立，勇有所挠也。夫唯至明能无所惑，至胆能无所亏耳。自非若此，谁无弊损乎？但当总有无之大略，而致论之耳。

夫物以实见为主。延年奋发，勇义凌云，此则胆也。而云夙无武称，此为信宿称而疑成事也。延年处议，明所见也。壮气腾厉，勇之决也。此足以观矣。子又言明无胆无，胆能偏守。案子之言，此则有专胆之人，亦为胆特自一气矣。五才存体，各有所生。明以阳曜，胆以阴凝。岂可为有阳可无阴，有阴可无阳耶？虽相须以合德，要自异气也。凡余杂说，於期陵母暴虎云云，万言致一，欲以何明邪？幸更详思，不为辞费而已矣。

管蔡论

或问曰：案记：管、蔡流言[①]，叛戾东都。周公征讨，诛以凶逆。顽恶显著，流名千载。且明父圣兄，曾不鉴凶愚于幼稚，觉无良之子弟；而乃使理乱殷之弊民，显荣爵于藩国；使恶积罪成，终遇祸害。于理不通，心所未安。愿闻其说。"

答曰：善哉！子之问也。昔文武之用管蔡以实，周公之诛管蔡以权。权事显，实理沈，故令时人全谓管蔡为顽凶，方为吾子论之。

夫管、蔡皆服教殉义，忠诚自然，是以文王列而显之，发旦二圣举而任之。非以情亲而相私也。乃所以崇德礼贤。济殷弊民，绥辅武庚，以兴顽俗，功业有绩，故旷世不废，名冠当时，列为藩臣。

逮至武卒，嗣诵幼冲。周公践政，率朝诸侯；思光前载，以隆王业。而管、蔡服教，不达圣权；卒遇大变，不能自通。忠于乃心，思在王室。遂乃抗言率众，欲除国患；翼存天子，甘心毁旦。斯乃愚诚愤发，所以徼祸也。

成王大悟，周公显复，一化齐俗，义以断恩。虽内信恕，外体不立，称兵叛乱，所惑都广。是以隐忍授刑，流涕行诛。示以赏罚，不避亲戚；荣爵所显，必锺盛德；戮挞所施，必加有罪，斯乃为教之正体。古今之明议也，管蔡虽怀忠抱诚，要为罪诛。罪诛已显，不得复理。内心幽伏，罪恶遂章。幽章之路大殊，故令奕世未蒙发起。

然论者承名信行，便以管、蔡为恶，不知管、蔡之恶，乃所以令三圣为不明也。若三圣未为不明，[②]则圣不祐恶而任顽凶，顽凶也不容于明世，则管蔡无取私于父兄；而见任必以忠良，则二叔故为淑善矣。今若本三圣之用明，思显授之实理，推忠贤之暗权，论为国之大纪，则二叔之良乃显，三圣之用有以，流言之故有缘，周公之诛是矣。

且周公居摄，邵公不悦。推此言之，则管蔡怀疑，未为不贤。而忠贤可不达权，三圣未为用恶，而周公不得不诛。若此，三圣所用信良，周公

---

① 参见《史记·管蔡世家》。
② 三圣：文王、武王、周王。

之诛得宜，管蔡之心见理，尔乃大义得通，内外兼叙，无相伐负者，则时论亦得释然而大解也。

难自然好学论

夫民之性，好安而恶危，好逸而恶劳，故不扰而其愿得，不逼则其志从。洪荒之世，大朴未亏，君无文于上，民无竞于下，物全理顺，莫不自得。饱则安寝，饥则求食。怡然鼓腹①，不知为至德之世也。若此，则安知仁义之端，礼律之文？及至人不存，大道陵迟，乃始作文墨，以传其意，区别群物，使有类族；造立仁义，以婴其心；制为名分，以检其外；劝学讲文，以神其教。故六经纷错，百家繁炽，开荣利之涂，故奔骛而不觉。是以贪生之禽，食园池之粱菽；求安之士，乃诡志以从俗。操笔执觚，足容苏息；积学明经，以代稼穑。是以困而后学，学以致荣；计而后习，好而习成。有似自然，故令吾子谓之自然耳。推其原也，六经以抑引为主，人性以从欲为欢。抑引则违其愿，从欲则得自然。然则自然之得，不由抑引之六经；全性之本，不须犯情之礼律。故知仁义务于理伪，非养真之要术；廉让生于争夺，非自然之所出也。由是言之：则鸟不毁以求驯，兽不群而求畜。则人之真性，无为正当自然耽此礼学矣。

论又云：嘉肴珍膳，虽所未尝，尝必美之，适于口也。处在暗室，睹丞烛之光，不教而悦得于心，况以长夜之冥，得照太阳，情变郁陶而发其蒙。虽事以未来，情以本应，则无损于自然好学。

难曰：夫口之于甘苦，身之于痛痒，感物而动，应事而作，不须学而后能，不待借而后有，此必然之理，吾所不易也。今子以必然之理，喻未必然之好学，则恐似是而非之议。学如米粟之论，于是乎在也。今子立六经以为准，仰仁义以为主，以规矩为轩驾，以讲诲为哺乳。由其途则通，乖其路则滞；游心极视，不睹其外；终年驰骋，思不出位。聚族献议，唯学为贵。执书摘句，俯仰咨嗟；伏膺其言，以为荣华。故吾子谓六经为太阳，不学为长

---

① 鼓腹：吃饱肚子。

夜耳。今若以明堂为丙舍，以诵讽为鬼语，以六经为芜秽，以仁义为臭腐，睹文籍则目瞧，修揖让则变伛，袭章服则转筋，谭礼典则齿龋。于是兼而弃之，与万物为更始，则吾子虽好学不倦，犹将阙焉。则向之不学，未必为长夜，六经未必为太阳也。俗语曰：乞儿不辱马医，若遇上古无文之治，可不学而获安，不勤而得志，则何求于六经，何欲于仁义哉？以此言之，则今之学者，岂不先计而后学耶？苟计而后动，则非自然之应也。子之云云，恐故得菖蒲菹耳。

宅无吉凶摄生论

阮德如

夫善求寿强者，必先知夭疾之所自来，然后其至可防也。祸起于此，为防于彼，则祸无自瘳矣。世有安宅葬埋阴阳度数刑德之忌，是何所生乎？不见性命，不知祸福也。不见故妄求，不知故干幸。是以善执生者，见性命之所宜，知祸福之所来，故求之实而防之信。夫多饮而走，则为痛支；数行而风，则为痒毒；久居于湿，则要疾偏枯；好内不怠，则昏丧女疾。若此之类，灾之所以来，寿之所以去也。而掘基筑宅，费日苦身以求之，疾生于形，而治加于土木，是疾无道瘳矣。诗曰："恺悌君子，求福不回"者，匪避诽谤而为义然也，盖知回匪所求福也。故善求寿强者，专气致柔，少私寡欲，直行情性之所宜，而合于养生之正度，求之于怀抱之内而得之矣。

尝有不知蚕者，出口动手，皆为忌祟，不得蚕滋甚，为忌祟滋多，犹自以犯之也。有教之知蚕者，其颛于桑火寒暑燥湿也，于是百忌自息，而为利十倍。何者，先不知所以然，故忌祟之情繁，后知所以然，故求之之术正。故忌祟生于不知。使知性犹如知蚕，则忌祟无所立矣。多食不消，舍黄丸而筮祝遣祟，或从乞胡求福者，凡人皆所笑之；何者，以智能达其无祸也。忌祟举生于不知，由知者言之，皆乞胡也。

设为三公之宅，而令愚民居之，必不为三公可知也。夫寿夭之不可求，甚于贵贱。然则择百年之宫，而望殇子之寿；弧逆魁冈，以速彭祖之夭，必不几矣。或曰愚民必不裕久居公侯宅，然则果无宅也，是性命自然，不可求矣。

有贼方至，不疾逃独安，须臾遂为所虏。然则避祸趣福，无过缘理；避贼之理，莫如速逃，则斯善矣。养生之道，莫如先和，则为尽矣。夫避贼宜速，章章然，故中人不难睹，避祸之理，冥冥然，故明者不易见。其于理动，不可欲求，一也。孔子有疾，医曰："子居处适也，饮食乐也，有疾天也，医焉能事？"是以知命不忧，原始反终，遂知死生之说。

夫时日遣祟，古之盛王无之，而季王之所好听也。制寿宫而得夭短，求百男而无立嗣；必占不启之陵，而陵不宿草。何者？高台深宫，以隔寒暑；靡色厚昧，以毒其精；亡之于实，而求之于虚，故性命不遂也。或曰：所问之师不工，则天下无工师矣。夫同栖之鸡，一栏之羊，宾至而有死者，岂居异哉？故命有制也，知命者则不滞于俗矣；若许负之相条侯，英布之黥而后王，彭祖七百，殇子之夭，是皆性命也。若相宅质居，自东徂西而得，反此是灭性命之宜。孔子登东山而小鲁，登泰山而小天下。立丘而观民居，则知东西非祸福矣。若乃忘地道之爽垲。而心制于帷墙，则所见滋褊。从达者观之，则夫乾确然示人易矣，夫坤隤然示人简矣；天地易简，而惧以细苛，是更所以为逆也。是以君子奉天明而事地察。

世之工师，占成居则验，使造新则无征；世人多其占旧，思求其造新，是见舟之行于水，而欲推之于陆，是不明数也。夫旧新之理，犹卜筮也：夫凿龟数荚，可以知吉凶，然不能为吉凶。何者，吉凶可知，而不可为也。夫先筮吉卦，而后居之无福，犹先筑利宅，而后居之无报也。占旧居以遣祟则可，安新居以求福则不可，则犹卜筮之说耳。

俗有裁衣种谷皆择日，衣者伤寒，种者失泽。凡火流寒，至则当授衣；时雨既降，则当下种；贼方至，则当疾走。今舍实趣虚，故二患随至。凡以忌祟治家者，求富而其极皆贫，故有"知星宿，衣不覆"之谚，古言无虚，不可不察也。

难宅无吉凶摄生论

夫神祇遐远，吉凶难明，虽中人自竭，莫得自端，而易以惑道，故夫子寝答于问终，慎神怪而不言。是以古人显仁于物，藏用于身，知其不可众共，非故隐之，彼非所明也。吾无意于庶几，而足下师心陋见，断然不疑，系决如此，足以独断。思省来论，旨多不通，谨因来言，以生此难。

方推金木，未知所在，莫有良法。世无自理之道，法无独善之术，苟非其人，道不虚行。礼乐政刑，经常外事，犹有所疏，况乎幽微者耶？纵欲辨明神微，祛惑起滞，立端以明所由，□断以检其要，乃为有征。若但撮提群愚，□□蚕种，忿而弃之，因谓无阴阳吉凶之理，得无似噎而怨粒稼，溺而责舟檝者耶？

论曰：百年之宫，不能令殇子寿；弧逆魁冈，不能令彭祖夭。又曰：许负之相条侯，英布之黔而后王，皆性命也。应曰：此为命有所定，寿有所在；祸不可以智逃，福不可以力致。英布畏痛，卒罹刀锯；亚夫忌馂，终有饿患。万物万事，凡所遭遇，无非相命也。然唐虞之世，命何同延？长平之卒，命何同短？此吾之所疑也。即如所论，虽慎若曾颜，不得免祸；恶若桀跖，故当昌炽。吉凶素定，不可推移，则古人何言："积善之家，必有余庆？""履信思顺，自天祐之？"必积善而后福应，信著而后祐来，犹罪之招罚，功之致赏也。苟先积而后受报，事理所得，不为暗自遇之也。若皆谓之是相，此为决相命于行事，定吉凶于知力，恐非本论之意，此又吾之所疑也。又云："多食不消，必须黄丸。"苟命自当生，多食何畏，而服良药？若谓服药是相之所一，宅岂非是一耶？若谓虽命犹当须药以自济，何知相不须宅以自辅乎？若谓药可论而宅不可说，恐天下或有说之者矣。既曰寿夭不可求，甚于贵贱；而复曰善求寿强者，必先知夭疾之所自来，然后可防也；然则寿夭果可求耶？不可求也？既曰彭祖七百，殇子之夭，皆性命自然，而复曰不知防疾，致寿去夭；求实于虚，故性命不遂。此为寿夭之来，生于用身；性命之遂，得于善求。然则夭短者，何得不谓之愚？寿延者，何得不谓之智？苟寿夭成于愚智，则自然之命，不可求之论，奚所措之？凡此数者，亦雅论之矛楯矣。

论曰：专气致柔，少私寡欲，直行情性之所宜，而合养生之正度。求之于怀抱之内，而得之矣。又曰：善养生者，和为尽矣。诚哉斯言！匪谓不然？但谓全生不尽此耳。夫危邦不入，所以避乱政之害；重门击柝，所以备狂暴之灾；居必爽垲，所以远风毒之患。凡事之在外能为害者，此未足以尽其数也，安在守一和而可以为尽乎？夫专静寡欲，莫若单豹，行年七十而有童孺之色，可谓柔和之用矣。而一且为虎所食，岂非恃内而忽外耶？若谓豹相正当给虎，虽智不免，则寡欲何益？而云养生可得？若单豹以未尽善而致灾，则辅生之道，不止于一和。苟和未足保生，则外物之为患者，吾未知其所齐矣。

论曰：工师占成居则有验，使造新则无征。请问占成居而有验者，为但占墙屋耶？占居者之吉凶也？若占居者而知盛衰，此自占人，非占成居也；占成居而知吉凶，此为宅自有善恶，而居者从之，故占者观表而得内也。苟宅能制人使从之，则当吉之人，受灾于凶宅；妖逆无道，获福于吉居。尔为吉凶之致，唯宅而已！更全由故也，新便无征耶？若吉凶故当由人，则虽成居，何得而云有验耶？若此，果可占耶？不可占耶？果有宅耶？其无宅也？

论曰：宅犹卜筮，可以知吉凶，而不能为吉凶也。应曰：此相似而不同。卜者吉凶无豫，待物而应，将来之兆也。相宅不问居者之贤愚，唯观已然，无有转者，已成之形也。犹睹龙颜，而知当贵，见纵理，而知当饿。然各有由，不为暗中也。今见其同于得吉凶，因谓相宅与卜不异，此犹见瑟而谓之箜篌，非但不知瑟也。纵如论宅与卜同，但能知而不能为，则吉凶已成，虽知何益。卜与不卜，了无所在。而古人将有为，必曰问之龟筮告，以定所由差，此岂徒也哉？此复吾之所疑也！武王营周，则曰考卜惟王，宅是镐京；周公迁邑，乃卜涧瀍，终惟洛食。又曰：卜其宅兆，而安厝之。古人修之于昔如彼，足下非之于今如此，不知谁定可从？

论曰：为三公宅，而令愚民居之，必不为三公，可知也。或曰，愚民必不得久居公侯宅，然则果无宅也。应曰：不谓吉宅能独成福，但谓君子既有贤才又卜其居，顺履积德，乃享元吉。犹夫良农，既怀善艺，又择沃土，复加耘籽，乃有盈仓之报耳。今见愚民不能得福于吉居，便谓宅无善恶；何异睹种田之无十千，而谓田无壤瘠耶？良田虽美，而稼不独茂；卜宅虽吉，而功不独成。相须之理诚然，则宅之吉凶，未可惑也。今信征祥，则弃人理之所宜；守卜相，则绝阴阳之吉凶，持智力，则忘天道之所存。此何异识时雨之生物，因垂拱而望嘉谷乎？是故疑怪之论生，偏是之议兴，所托不一，乌能相通？若夫兼而善之者，得无半非家宅耶？

论曰：时日谴祟，古盛王无之，季王之所好听。此言善矣，顾其不尽然。汤祷桑林，周公秉圭，不知是谴祟非也？吉日惟戊，既伯既祷，不知是时日非也？此皆足下家事，先师所立，而一朝背之，必若汤周未为盛王，幸更详之。又当校知三贤，何如足下耶？

论曰：贼方至，以疾走为务；食不消，以黄丸为先。子徒知此为贤于安须臾，与求乞胡，而不知制贼病于无形，事功幽而无跌也。夫救火以水，虽自多于抱薪，而不知曲突之先物矣。况乎天下微事，言所不能及，数所不能分；是以古人存而不论。神而明之，遂知来物；故能独观于万化之前，收功于大顺之后。百姓谓之自然，而不知所以然。若此，岂常理之所逮耶。今形象著明，有数者犹尚滞之；天地广远，品物多方，智之所知，未若所不知者众也。今执辟贼消谷之术，谓养生已备，至理已尽；驰心极观，齐此而还，意所不及，皆谓无之。欲据所见，以定古人之所难言，得无似蟪蛄之议冰耶？欲以所识，而决古人之所弃，得无似戎人问布于中国，睹麻种而不事耶？吾怯于专断，进不敢定祸福于卜相，退不敢谓家无吉凶也。

释难宅无吉凶摄生论

阮德如

《易》曰："河出图，洛出书，圣人则之。"《孝经》曰："为之宗庙，以鬼享之。"其立本有如此者。子贡称："性与天道，不可得而闻。"仲由问神，而夫子不答。其饬末有如彼者。是何也？兹所谓明有礼乐，幽有鬼神，人谋鬼谋，以成天下之亹亹也。是以墨翟著《明鬼》之篇，董无心设难墨之说。二贤之言，俱不免殊涂而两惑。是何也？夫甚有之则愚，甚无之则诞，故二子者，皆偏辞也。子之言神，将为彼耶？唯吾亦不敢明也。夫私神立，则公神废；邪忌设，则正忌丧；宅墓占，则家道苦，背向繁，则妖心兴。子之言神，其为此乎？则唯吾之所疾争也。夫苟获其类，不患微细，是以见瓶水而知天下之寒，察旋机而得日月之动。足下紬蚕种之说，因忽而不察；是噎溺未知所在，亦莫辨有舟稼也。

夫命者，所禀之分也；信顺者，成命之理也。故曰"君子修身以俟命""知命者不立于岩墙之下"。何者？是夭遂之实也。犹食非命，而命必胥食，是故然矣。若吾论曰：居怠行逆，不能立彭祖夭；则足下举信顺之难是也。论之所说，信顺既修，则宅葬无贵；故譬之寿宫无益疡子耳。足下不立殇子以宅延、彭祖亦以宅夭之说，使之灼然，若信顺之遂期，怠逆之夭性，而徒曰天下或有能说之者。子而不言，谁与能之？夫多食伤性，良药已病，是相之所一也；诬彼实此，非所以相证也。夫寿夭不可求之宅，而可得之和，故论有可不知。是足下忘于意，而责于文，抑不本矣。难曰：唐虞之世，命何同延？长平之卒，命何同短？今论命者，当辨有无，无疑众寡也。苟一人有命，千万皆一也。若此不得系命，将系宅耶？则唐虞之世，宅何同吉？长平之卒，居何同凶？亦复吾之所疑也。难曰：事之在外，而能为害者，不以数尽。单豹恃内而有虎。按足下之言，是豹忘所宜惧，与俱所宜忘，故张毅修表，亦有内热之祸。虽内外不同、钧其非和，一曙失之，终身弗复：是亦虎随其后矣。是谨于邪者慢于正，详于宅者略于和。走以为先，亦非齐于所称也。今足下广之，望之久矣。

元亨利贞，卜之吉繇；隆准龙颜，公侯之相者，以其数所遇，而形自然，不可为也。使准颜可假，则无相；繇吉可为，则无卜矣。今设为吉宅而幸福报，譬之无以异假颜准而望公侯也。是以子阳镂掌，巨君运魁，咸无益于败亡。故吾以无故而居者可占，何惑象数之理也？设吉而后居者不可，则假为之说也。然则非宅制人，人实征宅也！果有宅耶？其无宅也？似未思其本耳。猎夫从林，其所遇者，或禽或虎，遇禽所吉，逢虎则凶。而虎也，善卜可以知之耳。是故知吉凶，非能为吉凶也。故其称曰：无远近幽深，遂知来物；不曰遂为来物矣。然亦卜之，盖尽理所以成相命者也。至乎卜世与年，则无益于周录矣。若地之吉凶，有虎禽之类；然此地苟恶，则当所往皆凶。不得以西东有异，背向不同，宫姓无害，商则为灾。福德则吉至，刑祸则凶来也。故《诗》云："筑室百堵，西南其户。"古之营居，宗庙为先，廐库次之，居室为后，缘人理以从事。以此议之，即知无太岁刑德也。若修古无违，亦宜吾论；如无所咎，不知谁从？

难曰：不谓吉宅能独成福，犹夫良农，既怀善艺，又择沃土，复加耘籽，乃有盈仓之报。此言当哉！若三者能修，则农事毕矣。若盛以邪用，求之于虚，则宋人所谓予助苗长，败农之道也。今以冢宅喻此，宜何比耶？为树艺乎？为耘籽也？若三者有比，则请事后说；若其无征，则愈见其诬矣。今卜相有征如彼，冢宅无验如此，非所以相半也。

按书：周公有请命之事，仲尼非子路之祷。今钧圣而钧疾，何事不同也？故知臣子之情，尽斯心而已，所谓'礼为情貌者'。故于臣弟，则周公请命；亲其身，则尼父不祷。足下是图宅，将为礼耶？其为实也？为礼则事异于古，为实则未闻显理。如是未得，吾所以为遗，而足下失所愿矣。至于时日，先王所以诫不怠而劝从事耳。俗之时日，顺妖忌而逆事理；时名虽同，其用适反。以三贤校之，愈见其合，未知所异也。

难曰：智之所知，未若所不知者众；此较通世之常滞也。然智所不知，不可以妄求；智所能知，恶其以学哉？故古之君子，修身择术，成性存存，自尽焉而已矣。今据足下所言，在所知耶？则可辨也。所不知耶？则妄求也。二者宜有一于此矣。夫小知不及大知，故乃反于有。以无为有者，亦蟪蛄矣。子尤吾之验于所齐，吾亦惧子游非其域，傥有忘归之累也。

答释难宅无吉凶摄生论

夫先王垂训，开制中人，言之所树，贤愚不违，事之所由，古今不忒，所以致教也。若夫机神玄妙，不言之化，自非至精，孰能与之？故善求者观物于微，触类而长，不以己为度也。按如所论甚有则愚，甚无则诞，今使小有，便得不愚耶？了无乃得离之也？若小有则不愚，吾未知小有其所限止也。若了无乃得离之，则甚无者，省无为谓之诞也。又曰"私神立则公神废"，然则唯恶夫私之害公、邪之伤正，不为无神也。向墨子立公神之情，状不甚有之说，使董生托正忌之涂、执不甚无之言，二贤雅趣，可得合而一、两无不失耶？

今之所辨，欲求实有实无，以明自然不诡，持论有工拙，议教有精粗也。寻雅论之指，谓河洛不诚，借助鬼神；故为之宗庙，以神其本；不答子路，以救其末。然则足下得不为托心无神鬼，齐契于董生耶？而复顾古人之言，惧无鬼神之弊，貌与情乖。立从公废私之论，欲弥缝两端，使不愚不诞，两讥董墨，谓其中央可得而居。恐辞辨虽巧，难可俱通，又非所望于核论也。故吾谓古人合德天地，动应自然，经世所立，莫不有徵。岂匿设宗庙以欺后嗣，空借鬼神以调将来邪？足下将谓吾与墨不殊，今不辞同有鬼神，但不偏守一区，明所当然，使人鬼同谋、幽明并济，亦所以求衷，所以为异耳。

《论》曰：圣人钧疾而祷不同，"故于臣弟则周公请命，亲其身则尼父不祷，所谓"礼为情貌"者也。难曰：若于臣子则宜修情貌，未闻舜禹有请于君父也；若于身则否，未闻武王阕祷之命也。汤祷桑林，复为君父邪？推此而言，宜以祷为益，则汤周用之；祷无所行，则孔子不请。此其殊途同归，随时之义也。又曰：时日，先王所以诫不怠而劝从事。足下前论云时日非盛王所有，故吾问惟戊之事。今不答惟戊果是非，而曰所以诫劝，此复两许之言。纵令惟戊尽于诫劝，寻论按名，当有日耶？无日耶？又曰：俗之时日，顺妖忌而逆事理。按此言为恶夫妖逆，故去之，未为盛王了无日也。夫时日用于盛世，而来代袭以妖惑，犹先王制雅乐，而季世继以淫哇也。今忿妖忌，因欲去日，何异恶郑卫而灭韶武耶？不思其本，见其所弊，辄疾而欲除，得不为遇噎溺而迁怒耶？足下既已善卜矣，乾坤有六子，支于行刚柔，统以阴阳，错以五行，故吉凶可得，而时日是共所由，故古人顺之。焉有善其流而恶其源者，否未知其可也。至于河洛宗庙，则谓匿不信；类祃祈祷，则谓伪而无实；时日刚柔，则谓假以为劝。此圣人专造虚诈，以欺天下！匹夫之谅，且犹耻之，今议古人，得无不可乃尔也！凡此数事，犯陷于诬妄，冢宅之见伐，不亦宜乎？前论曰：若许负之相条侯，英布之黥而后王，一栏之羊，宾至而有死者，皆性命之自然也。今论曰：隆准龙颜，公侯之相，不可假求。此为相命自有一定。相所当成，人不能坏；相所当败，智不能救。陷当生于众险，虽可惧而无患；抑当贵于厮养，虽辱贱而必贵。若薄姬之困而后昌，皆不可为不可求，而暗自遇。全相之论，必当若此，乃一涂得通，本论不滞耳。吾适以信顺为难，则便曰信顺者，成命之理。必若所言，命以性顺成，亦以不信顺败矣。若命之成败，取足于信顺。故是吾前难寿夭成于愚智耳，安得云性命自然也？若信顺果成相命，请问亚夫由得几恶而得饿，英布修何德以致王？生羊积几善以获存？死者负何罪以逢灾耶？既持相命，复借信顺，欲饰二论，使得并通，恐何以矛楯，无俱立之势，非辩言所能两济也。

《论》曰：论相命当辨有无，无疑众寡，苟一人有命，则长平皆一矣。又曰：知命者不立岩墙之下。吾谓知命者，当无所不顺，乃畏岩墙，知命有在，立之何惧？若岩墙果能为害，不择命之长短，则知与不知，立之有祸，避之无患也。则何知白起非长平之岩墙，而云千万皆命，无疑众寡耶？若谓长平虽同于岩墙，故是相命宜值之，则命所当至，期于必然，不立之诫，何所施耶？若此果有相耶？无相也？此复吾之所疑也。又曰："长平不得系于命，将系宅耶？则唐虞之世，宅何同吉？吾本疑前论，无非相命，故借长平之异同，以难相命之必然；广求异端，以明事理；岂必吉宅以质之耶？又前论已明吉宅之不独行；今空抑此言，欲已谁难？又曰：长平之卒，宅何同凶？苟泰同足以致，则足下嫌多不愚于吾矣；适至守相，便言千万皆一，校以至理，负情之对，于是乎见。既虚立吉宅，翼而无获；欲救相命，而情以难显，故云如此，可谓善战矣。

论曰：卜之尽理，所以成相命者也。此复吾所疑矣。前论以相命为主，而寻益以信顺，此一离娄也；今复以卜成之，成命之具三，而犹不知相命竟须几个为足也！若唯信顺于理尚少，何以谓"成命之理"耶？若是相济，则卜何所补于命，复曰成命耶？请问卜之成命，使单豹行卜，知将有虎灾，则隐居深宫，严备自卫，若虎犹及之，为卜无所盖也。若得无恙，为相败于卜，何云成相耶？若谓豹卜而得脱，本无厄虎相也，卜为妄语矣，急在蠲等。若谓凡有命，皆当由卜乃成，则世有终身不卜者，皆失相天命耶？若谓卜亦相也，然则卜是相中一物也，安得云以成相耶？若此，不知卜筮故当于相命通，相成为一，为不当各自行也。

论曰：无故而居可占，犹准颜可相也。设为吉凶而后居，以幸福报，无异假颜准而望公侯也。然则人实征宅，非宅制人也。案如所言，无故而居可占者，必谓当吉之人瞑目而前，推遇任命，以暗营宅，自然遇吉也。然则岂独吉人，凡有命者，皆可以暗动而自得正，是前论命有自然，不可增减者也。骤以可为之信顺卜筮，成不可增减之命矣，奚独禁可为之宅，不尽相命，唯有暗作，乃是贞宅耶？若瞑目可以得相，开目亦无所加也。智者愈当识之。周公营居，何故踌躇于涧瀍，问龟筮而食洛耶？若龟筮果有助于为宅，则知暗作可有不尽善之理矣。苟暗作有不尽，则不暗岂非求之术耶？若必谓龟筮不能善相于暗作，想亦不失相于考卜也。则卜与不卜，为与不为，皆期于自得。自得苟全，则善占者所遇当识，何得无故则能知，有故则不知也？今疾夫设为，比之假颜；贵夫毋故，谓之贞宅。然贞宅之与设为，其形不异，同以功成，俱是吉宅也；但无故为贞宅，有故为设为，贞宅授吉于暗遇，设为减福于用知尔。然则吉凶之形，果自有理，可以有故而得，故前论有占成之验也。然则占成之形，何以言之？必遂远近得宜，堂廉有制，坦然殊观，可得而别。利人以福，故谓之吉；害人以祸，故谓之凶。但公侯之相，暗与吉会尔。然则宅与性命，虽各一物，犹农夫良田，合而成功也。设公侯迁后，方乐其吉，而往居之吉宅，岂选贤而后纳，择善而后福哉？苟宅无情于择贤，不惜吉于设为，则屋不辞人，田不让耕，其所以为吉凶薄厚，何得不均？

前吉者不求而遇，后闻吉而往，同于居吉宅，而有求与不求矣！何言诞而不可为也？由是言之，非从人而徵宅，亦成人明矣。若挟颜状，则英布黥相，不灭其贵；隆准见剠，不减公侯。是知颜准是公侯之标识，非所以为公侯也。故标识者，非公侯质也。吉宅字与吉名者，宅实也。无吉征而字吉宅，以征假见难可也。若以非质之标识，难有征之吉宅，此吾所不敢许也。子阳无质而镂其掌，既知当字长耳；巨君篡国而运其魁，即偏恃之祸，非所以为难也。至公侯之命，禀之自然，不可陶易；宅是外物，方圆由人，有可为之理。犹西施之洁不可为，而西施之服可为也。黼黻芳华，所以助仪；吉宅善家，所以成相。故世无作人方，而有卜宅说，是以知人宅不可相喻也。安得以不可作之人，绝可作之宅耶？至刑德皆同，此自善家，非本论占成居而得吉凶者也。且先了此，乃议其余。

论曰：猎夫从林，所遇或禽或虎，虎凶禽吉，卜者筮而知之，非能为吉凶也。案如所言：地之善恶，犹禽吉虎凶。猎夫先筮，故择而从禽；如择居，故避凶而从吉。吉地虽不可为，而可择处；犹禽虎虽不可变，而可择从。苟卜筮所以成相，虎可卜而地可择，何为半信而半不信耶？又云：地之吉凶，有若禽虎，不得宫姓则无害，商则为灾也。案此为怪所不解，而以为难，似未察宫商之理也。虽此地之吉，而或长于养宫，短于毓商，犹良田虽美，而稼有所宜。何以言之？人姓有五音，五行有相生，故同姓不昏，恶不殖也。人诚有之，地亦宜然。故古人仰准阴阳，俯协刚柔，中识性理，使三才相善，同会于大通，所以穷理而尽物宜也。夫同声相应，同气相求，自然之分也。音不和，则比弦不动，声同则虽远相应。此事虽著，而犹莫或识。苟有五音各有宜，五气有相生，则人宅犹禽虎之类，岂可见宫商之不同，而谓之地无吉凶也？

论曰：徒曰天下或有能说之者，子而不言，谁与能之？难曰：足下前论以云，有能占成居者，此即能说之矣。故吾曰：天下当有能者。今不求之于前论，而复责吾难之于能言，亦当知冢宅有吉凶也。又曰：药之已病为一也实，而宅之为一也诬。既曰：成居可占，又复曰诬耶？药之已病，其验交见，故君子信之；宅之吉凶，其报赊遥，故君子疑之。今若以交赊为虚实，则恐所以求物之地鲜矣。吾见沟浍不疑江海之大；睹丘陵则知有泰山之高也。若守药则弃宅，见交则非赊，是海人所以终身无山木，山客白首无大鱼也。

论曰：智之所知，未若所不知者众，此较通世之常滞。然智所不知，不可以妄求也。难曰：智所不知，相必亦未知也。今暗许便多于所知者，何耶？必生于本谓之无，而强以验有也。强有之验，将不盈于数矣，而并所成验者，谓之多于所知耳。苟知果有未达之理，何不因见求隐，寻端究绪，由子午而得丑未。夫寻端之理，犹猎师寻迹以得禽也。纵使寻迹，时有无获；然得禽，曷尝不由之哉？今吉凶不先定，则谓不可求，何异兽不期，则不敢举足，坐守无根也？由此而言，探赜索隐，何谓为妄？

太师箴

浩浩太素，阳曜阴凝；二仪陶化①，人伦肇兴。爰初冥昧，不虑不营。欲以物开，患以事成。犯机触害，智不救生。宗长归仁，自然之情。故君道自然，必托贤明。芒芒在昔，罔或不宁。赫胥既往，绍以皇羲。默静无文，大朴未亏。万物熙熙，不夭不离。爰及唐虞，犹笃其绪。体资易简，应天顺矩。绨褐其裳，土木其宇。物或失性，惧若在予。畴咨熙载，终禅舜禹。夫统之者劳，仰之者逸。至人重身，弃而不恤。故子州称疾，石户乘桴，许由鞠躬，辞长九州。先王仁爱，愍世忧时。哀万物之将颓，然后莅之。

下逮德衰，大道沈沦。智惠日用，渐私其亲，惧物乖离，擘义画仁。利巧愈竞，繁礼屡陈，刑教争驰，夭性丧真。季世陵迟，继体承资，凭尊恃势，不友不师。宰割天下，以奉其私。故君位益侈，臣路生心。竭智谋国，不吝灰沉。赏罚虽存，莫劝莫禁。若乃骄盈肆志，阻兵擅权，矜威纵虐，祸崇丘山。刑本惩暴，今以胁贤。昔为天下，今为一身。下疾其上，君猜其臣。丧乱弘多，国乃陨颠。故殷辛不道，首辍素旗；周朝败度，彘人是谋。楚灵极暴，乾溪溃叛；晋厉残虐，栾书作难。主父弃礼，彀胎不宰；秦皇荼毒，祸流四海。是以亡国继踵，今古相承。丑彼摧灭，而袭其亡征。初安若山，后败如崩。临刃振锋，悔何所增。故居帝王者，无曰我尊，慢尔德音；无曰我强，肆于骄淫。弃彼佞倖，纳此謇颜。谔言顺耳，染德生患。

悠悠庶类，我控我告。唯贤是授，何必亲戚。顺乃造好，民实胥效。

---

① 陶化：变化、陶冶。

治乱之原，岂无昌教？穆穆天子，思闻其愆。虚心导人，允求谠言。师臣司训，敢献在前。

家　诫

人无志，非人也。但君子用心，所欲准行，自当量其善者，必拟议而后动。若志之所之，则口与心誓，守死无二，耻躬不逮，期于必济。若心疲体解，或牵于外物，或累于内欲，不堪近患，不忍小情，则议于去就。议于去就，则二心交争。二心交争，则向所以见役之情胜矣！或有中道而废，或有不成一匮而败之。以之守则不固，以之攻则怯弱，与之誓则多违，与之谋则善泄；临乐则肆情，处逸则极意。故虽繁华熠耀，无结秀之勋；终年之勤，无一旦之功。斯君子所以叹息也。若夫申胥之长吟，夷齐之全洁，展季之执信，苏武之守节，可谓固矣。故以无心守之，安而体之，若自然也，乃是守志之盛者耳。

所居长吏，但宜敬之而已矣；不当极亲密，不宜数往，往当有时。其有众人，又不当独在后，又不当前。所以然者，长吏喜问外事，或时发举，则恐为人所说，无以自免也。宏行寡言，慎备自守，则怨责之路解矣。其立身当清远。若有烦辱，欲人之尽命，托人之请求，谦言辞谢，某素不预此辈事，当相亮耳。若有怨急，心所不忍，可外违拒，密为济之。所以然者，上远宜适之几，中绝常人淫辈之求，下全束脩无玷之称。此又秉志之一隅也。凡行事先自审其可。若于宜，宜行此事，而人欲易之，当说宜易之理。若使彼语殊佳者，勿羞折遂非也。若其理不足，而更以情求守人，虽复云云，当坚执所守，此又秉志之一隅也。不须行小小束脩之意气，若见穷乏而有可以赈济者，便见义而作。若人从我有所求欲者，先自思省，若有所损废多，于今日所济之义少，则当权其轻重而拒之。虽复守辱不已，犹当绝之。然大率人之告求，皆彼无我有，故来求我，此为与之多也；自不如此，而为轻蝎，不忍面言，强副小情，未为有志也。

夫言语，君子之机，机动物应，则是非之形著矣，故不可不慎。若于意不善了，而本意欲言，则当俱有不了之失，且权忍之。后视向不言此事，无他不可，则向言或有不可；然则能不言全得其可矣。且俗人传吉迟，传凶疾，又好议人之过阙，此常人之议也。坐中所言，自非高议，但是动静消息，小小异同，但当高视，不足和答也。非义不言，详静敬道，岂非寡悔之谓？人有相与变争，未知得失所在，慎勿预之。且默以观之，其是非行自可见。或有小是不足是，小非不足非，至竟可不言以待之，就有人问者，犹当辞以不解，近论议亦然。若会酒坐，见人争语，其形势似欲转盛，便当无可舍去之，此将斗之兆也。坐视必见曲直，傥不能不有言，有言必是在一人，其不是者方自谓为直，则谓曲我者有私于彼，便怨恶之情生矣。或便获悖辱之言，正坐视之，大见是非，而争不了，则仁而无武，于义无可，故当远之也。然大都争讼者小人耳，正复有是非，共济汗漫。虽胜，何足称哉？就不得远，取醉为佳。若意中偶有所讳，而彼必欲知者，若守人不已，或劫以鄙情，不可惮此小辈，而为所搀引，以尽其言。今正坚语，不知不识，方为有志耳。自非知旧邻比，庶几以下，欲请呼者，当辞以他故勿往也。外荣华则少欲。自非至急，终无求欲，上美也。不须作小小卑恭，当大谦裕。不须作小小廉耻，当全大让。若临朝让官，临义让生，若孔文举求代兄死，此忠臣烈士之节。

凡人自有公私，慎勿强知人知。彼知我知之，则有忌于我，今知而不言，则便是不知矣。若见窃语私议，便舍起，勿使忌人也。或时逼迫，强与我共说，若其言邪险，则当正色以道义正之。何者？君子不容伪薄之言故也。一旦事败，便言某甲昔知吾事，是以宜备之深也。凡人私语，无所不有，宜预以为意；见之而走者，何哉。或偶知其私事，与同则可，不同则彼恐事泄，思害人以灭迹也。非意所钦者，而来戏调嗤笑人之阙者，但莫应从小共转至于不共，亦勿大冰矜，趋以不言答之，势不得久，行自止也。

自非监临，相与无他宜适，有壶榼之意，束脩之好，此人道所通，不须逆也；通此以往，自非通穆，匹帛之馈，车服之赠，当深绝之。何者？人皆薄义而重利，今以自竭者，必有为而作，鬻货徼欢，施而求报。其俗人之所甘愿，而君子之所大恶也。被酒必大伤，志虑又愦，不须离搂，强劝人酒，不饮自已，若人来劝，辄当为持之，勿稍逆也，见醉熏熏便止，慎不当至困醉，不能自裁也。

圣人高僧传赞

广成子

广成子在崆峒之上，黄帝问曰：吾欲取天地之精，以养万物，为之奈何？广成子蹶然而起，曰："至道至精，窈窈冥冥。无视无听，抱神以静。我守其一，以处其和。故千二百岁，而形未尝衰。得吾道者，上为皇，下为王。才失吾道者，上见光，而下为土。吾将去汝入无穷之闲，游无极之野，与日月参光，与天地为常。"

襄城小童

黄帝将见大隗于具茨之山，方明为御，昌寓参乘。黄帝曰：异哉，请问天下！小童曰："予少游六合之外，适有瞀病，有长者教予乘日之车。游于襄城之野。今病少损，将复六合之外。为天下者，予奚事焉？夫为天下亦奚异牧马哉？去其害马而已。黄帝再拜称天师而还。

奇哉难测，襄城小童。倦游六合，来憩兹邦。

巢 父

巢父，尧时隐人，年老，以树为巢，而寝其上，故人号为巢父。尧之让许由也，由以告巢父，巢父曰："汝何不隐汝形，藏汝光？非吾友也！"乃击其膺而下之。许由怅然不自得，乃过清冷之水。洗其耳，拭其目，曰："向者闻言负吾友，"遂去，终身不相见。

许 由

许由字武仲，尧舜皆师也之，与啮缺论尧而去，隐乎沛泽之中。尧舜乃致天下而让焉，曰："十日并出，而爝火不息，其光也不亦难乎！夫子为天子，则天下治，我由尸之，吾自视缺然！"许由曰："吾将为名乎？

名者实之宾，吾将为宾乎？”乃去，宿于逆旅之家，且而遗其皮冠。巢父闻由为尧所让，以为污，乃临池水而洗其耳。池主怒曰：“何以污我水？”由乃退而遁耕于中岳，颖水之阳、箕山之下。许由养神，宅于箕阿。德真体全，择日登遐。

壤　父

壤父者，尧时人，年五十而击壤于道，观者曰：“大哉帝之德也。”壤父曰：“吾日出而作，日入而息，凿井而饮，耕地而食，帝何德于我哉！”

子州友父

子州友父者，尧、舜各以天下让友父，友父曰：“我适有幽劳之病，方治之。未暇在天下也。”遂不知所之。

善　卷

善卷者，舜以天下让之，卷曰：“予立宇宙之中，冬衣皮毛，夏衣絺葛，日出而作，日入而息，逍遥天地间，何以天下为哉？”遂入深山，莫知其所终。

石户之农

石户之农，不知何许人也，与舜为友。舜以天下让之，石父夫负妻戴，携子以入海，终身不返。

伯成子高

伯成子高，不知何许人也。唐、虞时为诸侯，至禹，复去而耕。禹往趋而问曰：“昔尧治天下，吾子立为诸侯。尧授舜，舜授予，吾子去而耕，敢问其故何耶？”子高曰：“昔尧治天下，至公无私，不赏而民劝，罚而不畏。今子赏而不劝，罚而不畏，德自此衰，刑自此作。夫子盍行，无留吾事！”侣侣然，遂复耕而不顾。

卞随 务光

卞随、务光，不知何许人也。汤将伐桀，因卞随而谋，曰："非吾事也。"汤遂伐桀，以天下让随，随曰："后之伐桀，谋于我，必以我为贼也；而又让我，必以我为贪也，吾不忍闻。"乃自投桐水。又让务光，光曰："废上非义，杀民非仁；无道之世，不践其土，况于尊我哉？"乃抱石而沈庐水。

康市子

康市子者，圣人之无欲者也。见人争财而讼，推千金之璧于其旁，而讼者息。

小臣稷

小臣稷者，齐人，抗厉希古，桓公三往而不得见。公曰："吾闻士不轻爵禄，无以易万乘之主；万乘之主不好认义，无以下布衣之士。"于是五往，乃得见焉。

涓 子

涓子，齐人，饵术，接食甚精。至三百年后，钓于河泽，得鲤鱼中符。后隐于宕石山，能致风雨。告伯阳九仙法，淮南王少得其文，不能解其旨。

商 容

商荣，不知何许人也。有疾，老子曰："先生遗教以告弟子乎？"容曰："将语子，过故乡而下车，知之乎？"老子曰："非谓不忘故耶！"容曰："过乔木耳趋，知之乎？"老子曰："非谓其敬老耶"容张口曰："吾舌存乎？"曰："存"曰："吾齿存乎？"曰："亡。""知之乎？"老子曰："非为其刚亡而弱存乎！"容曰："嘻！天下事尽矣！"

老 子

良贾藏深，外形若虚；君子盛德，容貌若不足。

关令尹喜

关令尹喜，周大夫也。善内学、星辰、服食。老子西游，喜先见气，物色遮之，果得老子。老子为著书。因与老子俱之流沙西，服巨胜实，莫知所终。

亥　唐

亥唐，晋人也，高恪寡素，晋国惮之。虽蔬食菜羹，平公每为之欣饱。公与亥唐坐，有间，亥唐出，叔向入，平公申一足曰："吾向时与亥子作，腓痛足痹，不敢伸。"叔向勃然作色不悦。公曰："子欲贵乎？吾爵子！子欲富乎？吾禄子！夫亥先生乃无欲也，吾非正坐，无以养之，子何不悦哉？"

项　橐

孔子问项橐曰："居何在？"曰："万流屋是也。"注曰："言与万物同流匹。"大项橐与孔子俱学于老子，俄而大项为童子，推蒲车而戏。孔子侯之，遇而不识，问："大象居何在？"曰："万流屋是。到家而知向是项子也，交之，与之谈。

狂接舆

狂接舆，楚人也，耕而食。楚王闻其贤，使使者持金百镒聘之，曰："愿先生治江南。"接舆笑而不应。使者去，妻从市来，曰："门外车马迹何深也？"接舆具告之。妻子曰："许之乎？"接舆曰："富贵，人之所欲，子何恶之？"妻曰："吾闻至人乐道，不以贫易操，不为富改行。受人爵禄，何以待之？"接舆曰："吾不许也。"妻曰："诚然，不如去之。"夫负釜甑纴器，变姓名，莫知所之。常见仲尼，歌而过之，曰："凤兮凤兮，何德之衰！往者不可谏，来者犹可追。"后更名陆通，在蜀峨眉山上，世世见之。

荣启期

荣启期，不知何许人也，披裘带索，鼓琴而歌。孔子曰："先生何乐也？"

对曰："天生万物，唯人为贵，吾得为人，是一乐也。以男为贵，吾得为男，二乐也；人生有不免于襁褓，吾行年九十五矣，是三乐也。贫者士之常，死者民之终，居常以待终，何不乐也。"

长沮　桀溺

长沮、桀溺者，不知何许人也，耦而耕。孔子过之，使子路问津焉。长沮曰："夫执舆者为谁？"子路曰："是孔子。""是鲁孔丘欤？"曰："是也"曰："是知津矣！"问于桀溺，桀溺曰："子为谁？"曰："仲由。"孔丘之徒欤？"对曰："然"曰："与其从避人之士，岂若从避世之士哉！"耰而不辍。子路以告孔子，孔子怃然，曰："鸟兽不可与同群，吾非斯人之徒欲而谁与！"

荷篠丈人

荷篠丈人，不知何许人也。子路从而后，问曰："子见夫子乎？"丈人曰："四体不勤，五谷不分，孰为夫子？"植其杖而耘。子路行以告，子曰："隐者也。"使子路反见之，至，则行矣。

太公任

太公任者，陈人。孔子围陈，七日不火食，太公往吊之，曰："子几死乎？夫直木先伐，甘井先竭，子其饰智以警愚，修身以明污，昭昭如揭日月而行，故汝不免于患也。孰能削迹捐势，不为功名者哉？无责于人，人亦无责焉！"孔子曰："善！辞其交游，巡大于泽。入兽不乱群，而况人也！"

汉阴丈人

汉阴丈人者，楚人也。子贡适楚，见丈人为圃，入井抱瓮而灌，用力甚多。子贡曰："有机于此，后重前轻，名曰桔槔，用力寡而见功多。"丈人作色曰："闻之吾师，有机事者，必有机心，机心存于凶胸，则纯白不备。"子贡愕然惭不对。有间，丈人曰："子奚为？"曰："孔丘之徒也。"丈人曰："子非博学以疑圣智，独弦歌以买声名于天下者乎？方且亡汝神气，堕汝形体，何暇治天下乎！子往矣，勿妨吾事！"

被裘公

被裘公者，吴人。延陵季子出游，见道中有遗金，顾而谓公曰："取彼金。"公投镰，瞋目拂手而言曰："何子之高而视之卑！五月被裘而负薪，岂取金者哉！"季子大惊，既谢而问姓名，公曰："吾子皮相之士，而安足语姓名也！"

延陵季子

延陵季子名札，吴王之子，最少而贤。使上国还，会阖闾使专诸刺杀王僚，致国于札，札不受，去之延陵，终身不入吴国。初适鲁听乐，论众国之风。及过徐，徐君欲剑，札心许之。及还，徐君已死，即解剑带树而去。

原　宪

原宪味道，财寡义丰。栖迟荜门，安贱固穷。弦歌自乐，体逸心冲。进应子贡，邈有清风。

范　蠡

范蠡者，徐人也，相越灭吴。去之齐，号鸱夷子，治产数千万，去止陶，为朱公，复累巨万。一曰：蠡事周，师太公，服桂饮水。去越入海，百馀年乃见于陶。一旦弃资财，卖药于兰陵，世世见之。

屠羊说

屠羊说者，楚人也，隐于屠肆。昭王失国，说往从王。王反国，欲将赏说，说曰："大王失国，说失屠羊；大土反国，说亦屠羊。臣之爵禄已复矣，又何赏之有？"王使司马子綦延之以三珪之位，说曰："愿长反屠羊之肆耳。"

市南宜僚

市南宜僚，楚人也，姓雄。白公为乱，使石乞告之，不从，承之以剑，而僚弄丸不辍。鲁侯问曰："吾学先王之道，勤而行之，然不免于忧患，何也？"僚曰："君今能刳形洒心，而游无人之野，则无忧矣。"

周 丰

周丰，鲁人也，潜居自贵。哀公执贽请见之，丰辞。使人问曰："有虞氏未施信于民而民信，夏后氏未施敬于民而民敬，何施而得斯于民也？对曰："墟墓之间，未施哀于民而民哀；宗庙社稷之中，未施敬于民而民敬；殷人作誓而民始叛，周人作会而民始疑。苟无礼义忠信诚悫之心已莅之，虽固乘结之，民其两不解乎！"

颜 阖

颜阖者，鲁人也。鲁君闻其贤，以币聘焉。阖方服布衣，自饮牛，使者问曰："此颜阖家耶？"曰："然。"使者致币，阖曰："恐听误而遗使者羞。"使者反，复来求之，阖乃凿坏而遁。

段干木

段干木者，治清节，游西河，守道不仕。魏文侯就造其门，干木逾垣而避之。文侯以客礼出，过其庐则式，其仆问之，文侯曰："干木不趣势，隐处穷巷，声驰千里，敢勿式乎！"文侯所以名过齐桓公，能尊段干木，敬卜子夏，友田子方也。

庄 周

庄周少学老子，梁惠王时为蒙县漆园吏，以卑贱不肯仕。楚成王以百金聘周，周方钓于濮水之上，曰："楚有龟，死三千岁矣，今巾笥而藏于庙堂之上，此龟宁生而掉尾涂中耳。子往矣，吾方掉尾于涂中。"后齐宣王又以千金之币迎周为相，周曰："子不见郊祭之牺牛乎？衣以文绣，食以刍菽，及其牵入太庙，欲为孤豚，其可得乎？"遂终身不仕。

闾丘先生

闾丘先生，齐人也。宣王猎于社山，社山父老十三人，相与劳王；王赐父老不租，父老皆谢，先生不独败拜。王曰："少也？复赐无徭役。"先生复独不拜。王曰："父老辛劳之，故答以二赐；先生不独拜，何也？"闾丘曰："闻王之来，望得寿、得富、得贵、于大王也。"王曰："死生有命，非寡人也。仓廪备灾，无以富先生；大官无阙，无以贵先生。"闾丘曰："非所敢望。愿选良吏，平法度，臣得寿矣；赈乏以时，臣得富矣；令少敬长，臣得贵矣。"

颜歜

颜歜者，齐人也，宣王见之，王曰："歜前！"歜曰："王前！"王不悦。歜曰："夫歜前为慕势，王前为趋士。"王作色曰："士贵乎？"歜曰："昔秦攻齐，令曰：'敢近柳下惠垄樵者，罪死不赦；有能得齐王头者，封万户。'由是观之，生王之头，不如死士之垄！"齐王曰："愿先生与寡人游，食太劳，乘安车。"歜曰："愿得蔬食以当肉，安步以当舆，无事以当贵，清净以自娱。"遂辞而去。

鲁连

鲁连，好奇伟俶傥。尝游赵，难新垣衍以秦为帝，秦军为却。平原君欲封连，连三辞，平原君乃以千金为连寿，连笑曰："所贵于天下之士者，为人排患释难也，即有取之，是商贾之事尔。"及燕将守聊城，田单攻之不能下。连乃为书射城中，遗燕将；燕将见书，泣三日，乃自杀。城降，田单欲爵连，连曰："吾与于富贵而诎于人，宁贫贱轻世而肆意。"

於陵仲子

於陵仲子，齐人。常归省母，人馈其兄鹅，仲子嗼蹙曰："恶用是鶂鶂者哉！"

田　生

田生菅床茅屋，不肯仕宦。惠帝亲自往，不出屋。

河上公

河上公，不知何许人也，谓之丈人。隐德无言，无德而称焉。安丘先生等从之，修其黄、老业。

安丘望之

安丘望之，字仲都，京兆长陵人。少持老子经，恬净不求进宦，号曰安丘丈人。成帝闻，欲见之。望之辞不肯见，为巫医于人间也。长灵安丘生病笃，弟子公沙都来省之，与安共于庭树下。闻李香，开目见双赤李著枯枝，自堕掌中，安食之，所苦除尽。

司马季主

司马季主者，楚人也，卜于长安。汉文帝时，宋忠、贾谊为太中大夫，谊曰："吾闻圣人不居朝廷，必在巫瞖，试观卜数中。"见季主闲坐，弟子侍而论阴阳之纪。二人曰："观先生之状，听先生之辞，世未尝见也。尊官高位，贤者所处，何业之卑？何行之污？"季主笑曰："观大夫类有道术，何言之陋！夫相引以势，相导以利，所谓贤者，乃可谓羞耳。夫内无饥寒之累，外无劫夺之忧，处上而有敬，居下而无害，君子道也。卜之为业，所谓上德也。凤凰不与燕雀为群，公等喁喁，何知长者！"二人忽忽不觉自失。后遂不知季主所在。

董仲舒（史通品藻篇引）

司马相如

司马相如者，蜀郡成都人，字长卿。初为郎，事景帝。梁孝王来朝，从游说士邹阳等，相如说之，因病免游梁。后过临邛，富人卓王孙女文君新寡，好音，相如以琴心挑之，文君奔之，俱归成都。后居贫，至临邛买酒舍，文君当垆，相如著犊鼻裈，涤器市中。为人口吃，善属文，仕宦不慕高爵，常托疾不与公卿大事，终于家。其赞曰：长卿慢世，越礼自放。犊鼻居市，不耻其状。托疾避官，蔑此卿相乃赋大人，超然莫尚。

韩 福

韩福者，以行义修洁。汉昭帝时以德行征，病不进。元凤元年，诏赐帛五十匹，遣长吏时以存问，常以八月赐羊酒。不幸死者，赐复衾一，祠以中牢。自是至今为征士之故事。福终身不仕，卒于家。

班 嗣

班嗣，楼烦人也。世在京师，家有赐书，内足于财，好老庄之道，不屑荣宦。桓君山从借庄子，报曰："若庄子者，绝圣弃智，修性保身，清虚淡泊，归之自然。钓鱼于一壑，则万物不干其智志；栖迟于一丘，则天下不易其乐。今吾子伏孔氏之轨迹，驰颜、闵之极艺，既系挛于世教矣，何用大道，为自炫耀也？昔有学步邯郸者，失其故步，匍匐而归。恐似此类，故不进也。"其行己持论如此。遂终于家。

蒋 诩

蒋诩字元卿，杜陵人，为兖州刺史。王莽为宰衡，诩奏事，遇灞上，称病不进。归杜陵，荆棘塞门，舍中有三经，终身不出。时人谚曰："楚国三龚，不如杜陵蒋翁。"

求仲 羊仲

求仲、羊仲二人，不知何许人也，皆治车为业，挫廉逃名。蒋元卿之去兖，还杜陵，荆棘塞门，舍中有三经，不肯出，唯二人从之游，时人谓之"二仲"。

尚长

尚长字子平，禽庆字子夏，二人相善，隐避，不仕王莽。长通易、老子，安贫乐道。好事者更馈遗，辄受之，自足还馀，如有不取也，举措必于中和。

司空王邑辟之连年，乃欲荐之于莽，固辞乃止，遂求退。读易至损益卦，喟然叹曰："吾知富贵不如贫贱，未知存何如亡尔！"为子嫁娶毕，敕："家事断之，勿复相关，当如我死矣。"是后肆意，与同好游五岳名山，遂不知所在。

王真李邵公

王真，字叔平，杜陵人。李邵公，上郡人。真世二千石，王莽辟不至，尝为杜陵门下掾，终身不窥长安城，但闭门读书，未尝问政，不过农田之事。邵公，王莽时避地河西，建武中窦融欲荐之，固辞，乃止。家累百金，优游自乐。

薛　方

薛方，齐人，养德不仕。王莽安车迎方，因谢曰："尧、舜在上，下游巢许；今明王方欲隆唐、虞之德，亦由小臣欲守箕山之志。"莽悦其言，遂终于家。

绛父　楚老

龚胜，楚人，王莽时遣使征聘，义不仕二姓，遂绝食而死。有老父来吊，甚哀，既而曰："嗟乎，薰以香自烧，膏以明自销。龚先生竟夭天年，非吾徒也。"趋而出，终莫知其谁也。隐德容身，不求名利。避乱远害，安于贱役。

逢荫　徐房　李昙　王遵

北海逢荫，子子康，北海徐房，字，平原李昙，字子云，平原王遵，字君公，皆怀德秽行，不仕乱世，相与为友，时人号之四子。君公明易，为郎。数言事不用，乃自污与官婢通，免归。诈狂侩牛，口无二价。

孔　休

孔休元尝被人斫之，至见王莽，以其面有疮瘢，乃碎其玉剑璏与治之。

王莽征孔休，休饮血，于使者前吐之，为病笃，遂不行。

扬雄（史通品藻篇引）

井 丹

井丹，字太春，扶风郿人。博学高论，京师为之语曰："五经纷纶井太春。"未尝书刺谒一人。北更五王更请，莫能致。新阳侯阴就使人要之，不得已而行，侯设麦饭葱菜，以观其意。丹推却曰："以君侯能供美膳，故来相过，何谓如此？"乃出盛馔。侯起，左右进辇，丹笑曰："闻桀、纣驾人车，此所谓人车者邪？"侯即去辇。越骑梁松，贵震朝廷，请交丹，丹不肯见。后丹得时疾，松自将医视之，病愈。久之，松失大男磊，丹一往吊之。时宾客满廷，丹求褐不完，入门，坐者皆悚，望其颜色。丹四向长揖，前与松语，客主礼毕后，长揖径坐，莫得与语。不肯为吏，径出，后遂隐遁。其赞曰：井丹高洁，不慕荣贵。抗节五王，不交非类。显讥辇车，左右失气。被褐长揖，义陵群萃。

郑 均

郑均不仕汉朝，章帝自往，终不肯起。帝东巡，过仕城，乃幸均舍，敕赐尚书禄以终其身。时人号为白衣尚书。

郑仲虞，不知何许人也。汉章帝自往，终不肯起，曰："愿陛下何惜不为太上君，令臣得为偃息民？"天子以尚书禄终其身。世号之白衣尚书。

高 凤

高凤，字文通，南阳叶人。少为诸生，家以农亩为业，凤专精诵习。妻尝之田，曝麦于庭，令凤护鸡。时天暴雨，凤持竿诵经，不觉潦水流麦。妻还怪问，乃省。其后遂为名儒。

壹 佟

刺史执枣栗之贽往。

孔 嵩

赞曰：仲山通达，卷舒无方。屈身厮役，挺秀含芳。

（注：文选部分注释根据戴明扬《嵇康集校注》、夏明钊《嵇康集译注》所采用）

主要参考文献

[1]（晋）陈寿：《三国志》，中华书局，1982 年。

[2]（唐）房玄龄：《晋书》，上海古籍出版社，1982 年。

[3]（南朝．宋）刘义庆著、余嘉锡疏：《世说新语笺疏》，上海古籍出版社，1982 年。

[4] 戴明扬校注：《嵇康集校注》，人民文学出版社，1962 年版。

[5] 夏明钊译注：《嵇康集译注》，黑龙江人民出版社，1987 年。

[6] 苏舆撰：《春秋集露义征》，中会书局，1992 年。

[7] 黄叔琳等：《文心雕龙校注》，中华书局，2012 年。

[8]（台湾）庄万寿：《嵇康研究及年谱》，学生书局，1990 年。

[9] 李泽厚：《美的历程》，北京：文物出版社，1981 年。

[10] 汤用彤：《魏晋玄学论稿》，北京：生活·读书·新知三联书店，2009 年。

[11] 徐公持：《阮籍与嵇康》，上海古籍出版社，1986 年。

[12] 冯契：《中国古代哲学的逻辑发展》，上海人民出版社，1984 年。

[13] 冯友兰：《中国哲学史》，华东师范大学出版社，2000 年。

[14] 钱穆：《中国学术思想史论丛》，安徽教育出版社，2004 年。

[15] 刘大杰：《魏晋思想论》，上海古籍出版社，2001 年。

[16] 牟宗三：《才性与玄理》，广西师范大学出版社，2006 年。

[17] 余敦康：《魏晋思想史》，北京大学出版社，2004 年。

[18] 张节末：《嵇康美学》，浙江人民出版社，1994 年。

[19] 徐复观：《中国艺术精神》，华东师范大学出版社，2001 年。

[20] 谢大宁：《历史的嵇康与玄学的嵇康》，台北文史哲出版社，1997 年。

[21] 任继愈：《中国哲学发展史》魏晋玄学卷，人民出版社，1988 年。

[22] 唐长儒：《魏晋南北朝史论拾遗》，中华书局，1983 年。

[23] 陈立疏证、吴则虞点校《白虎通疏证》，中华书局，1994 年。

[24] 李志才：《逻辑学纲要》，吉林人民出版社，1980 年。

[25] 康中乾：《魏晋玄学》，人民出版社，2008 年。

[26] 陈伯君：《阮籍集校注》，中华书局，2012 年。

[27] 楼宇烈：《王弼集校释》，中华书局，1980 年。

[28] 余嘉锡：《世说新语笺疏》，中华书局，2015 年。

[29] 范文澜：《中国通史简编》，河北教育出版社，2000 年。

[30] 张岱年：《中国哲学史大纲》，江苏教育出版社，2005 年。

[31] 王晓毅：《中国文化的清流》，中国社会科学出版社，1991 年。

[32] 仇鹿鸣：《魏晋之际的政治权利和家族网络》，上海古籍出版社，2012 年。

后　记

　　转眼间，一年的时间过去了。本书能够完善和出版，首先要感谢安徽省社会科学院哲学与文化研究所李季林所长的帮助与支持、科研处陈瑞处长的指导、各位师友的不吝赐教，感激我的家人的鼓励与默默付出。

　　在书稿的截稿之际，李季林所长带领我们参观了位于安徽省亳州市涡阳县石弓镇的嵇康墓。嵇墓的地势是座"小山"，与四周平坦无垠的麦田形成鲜明的对比，显得很"孤独"。初冬的皖北大地，其风呼啸，让人凉而不寒，这也许是另一种"广陵绝响"。嵇康的一生就像这风一样，饱满而透着缺失，困惑中带有信念，逍遥太玄却又彷徨无依。

　　在中国思想史上，无论是在哲学、文学，还是在音乐美学上，嵇康都有一席之地。嵇康的文章思辨性强，不去深深体味，很难悟透背后的深意。在思想形态上，魏晋哲学虽然不同于传统儒学，但是并没有离开儒学的轨道。嵇康，是一个典型的"援道入儒"式的人物，高举"越名教而任自然"的大旗，却又坚守"家国情怀"。

　　本书是从哲学、文学、音乐美学、政治、伦理等角度对嵇康思想进行介绍，因为时间关系，很多细节不能深入探讨，亦是我的遗憾。所以，虽然完成书稿，却意犹未尽。这也是我日后要探索的目标与方向！

作者